콘텐츠 시대,
나만의 기획으로
승부하라

콘텐츠 시대, 나만의 기획으로 승부하라

(노동형 지음)

콘텐츠기획 가이드북

콘텐츠에 답이 있다

우리는 콘텐츠의 시대에 살고 있다. 매일 아침 침대에서 일어나는 순간부터 카톡을 체크하고 모바일 뉴스를 보며 출근 한다. 퇴근길에 넷플릭스, 티빙을 저녁식사를 하면서 유튜브를 본다. 그리고 침대에 누워 페이스북과 인스타그램을 통해 친구들의 근황을 살펴보다 잠이 든다.

지금은 K-콘텐츠의 시대다.

영화에서는 오스카 4관왕을 기록한 〈기생충〉을 시작으로 〈미나리〉, 〈헤어질 결심〉까지, 음악에서는 방탄소년단, 블랙핑크, NCT DREAM이, 캐릭터/애니메이션에서는 핑크퐁의 아기상어가 유튜브 조회수 126억 회라는 경이적인 숫자로 세계 시장을 이끌며 주목을 받고 있다.

코로나시대, 가장 크게 성장한 OTT에서 〈오징어게임〉은 94개국 홍행 1위라는 엄청난 기록을 수립하며 28일 만에 넷플릭스 시가총액을 24조 원이나 상승시키는 믿을 수 없이 놀라운 결과를 낳기도 했다.

세계가 주목하는 K-콘텐츠는 어떻게 만들어졌을까? 영화, 음악, 방송, 게임, 캐릭터, 애니메이션 등 문화 콘텐츠 장르별로 조금씩 기획 및 제작 방법이 다르겠지만 〈기생충〉의 봉준호 감독, 〈오징어게임〉의 황동혁 감독의 이야기를 빌어 간단하게 말하자면, '한국적인 기획'이라는 것이다. 즉 한국적인 것이 세계적인 것이라는 화두로, 우리의 정체성을 살린 한국만의 색채로 전 세계인이 공감하는 이야기를 콘텐츠로 만들었다는 것이다. 한국적인 것으로 세계적인 콘텐츠를 만들기 위해서는 이처럼 나만의 차별화된 '기획'이 가장 중요하다.

기획企劃이라는 단어를 한 글자씩 살펴보면 '꾀할 기企'는 사람 '인人'과 그칠 '지止'가 합쳐진 것으로, 사람이 그쳐야(멈춰야) 비로소 꾀할 수 있다는 의미다. '새길 획劃'은 그림 '화畵'와 칼 '도刀'가 합쳐진 것으로 칼로 그림을 새겨 그린다는 뜻이다. 따라서 '꾀할 기企'와 '새길 획劃'을 합치면 기획은 사람이 멈추어 서서 생각한 것을 상대방에게 그림처럼 이미지로 새겨주는 것을 말한다. 즉 생각한 것을 이미지로 만들어 상대방의 머리와 가슴에 남게 하는 것이 기획이다.

그러므로 세계적인 콘텐츠가 되기 위해서는 생각한 것을 세계인의 가슴에 남게 하는 한국적인 기획이 필요하다.

지금 우리는 세계인이 주목하는 콘텐츠 강국이 되었다. 우리가 만들면 세계시장이 주목을 하고 오리지널 콘텐츠를 만들기 위해 글로벌 기업들이 한국 콘텐츠에 투자하기 위해 줄을 서고 있다. 코로나의 위기 속에서도 최고의 기회를 가진 우리는 과거 속에서 현재를 바라보고 미래를 여는 한국적인 기획으로 콘텐츠 강국의 위치를 더욱 견고히 해야 할 것이다.

이를 위해 콘텐츠기획과 마케팅에 관심 있는 학생들과 관련업계에 진출하려는 많은 취업준비생, 직장 새내기들의 나만의 콘텐츠기획에 도움을 주고자 이전 출간했던 책들 중 핵심 자료들에 최근의 자료를 업데이트하여 부족하나마 지혜를 나누고자 이 책을 출간하게 되었다.

2021년, 2022년 코로나 기간에도 대면수업을 하며 창의적인 프로젝트(기업 연계 포함)를 기획한 사례 또한 책 마지막에 싣게 되었다. 함께 고민하고 기획, 제안했던 내용을 흔쾌히 원고로 싣게 해 준 한양대학교 문화 콘텐츠학과 학생들에게 감사의 마음을 전한다.

급변하는 콘텐츠 환경 속에서 보완하고 채워야 할 부분이 많지만 아무쪼록 이 책을 통해 세계 시장에서 주목받고 성공하는 K-콘텐츠 및 문화 예술과 비즈니스 기획에 조금이나마 도움이 되었으면 하는 바람이다.

조사와 분석, 그리고 아이템의 선정

트렌디한 차별화, 아이디어 업그레이드

기획의 시작, 생각

기획을 하려고 할 때 제일 먼저 하는 일은 무엇인가?

무언가를 기획하려고 하면 제일 먼저 무엇을 하는가? 대부분의 사람들은 컴퓨터나 스마트폰으로 기획을 하고자 하는 키워드 검색부터 한다.

하지만 네이버나 구글로 검색을 하고 알려주는 대로 기획을 하면 창의적인 기획이 아니라 어디서 본 듯한 차별성이 없는 밋밋한 기획이 된다. 검색엔진을 통해 얻은 정보는 누구나 동일하게 주어지기 때문이다.

검색은 컴퓨터가 대신 해 주는 것으로 멈춰서 꾀하는 기획의 개념에 반대되는 것이다. 컴퓨터나 인터넷에 물어보면 모두 동일한 답을 제공하므로 이것을 가지고 차별화된 기획을 할 수는 없다.

기획을 하기 위해서는 하던 일을 멈추고 무엇을 할 것인가 '생각' 해야 한다. 생각을 해야 고민하게 되고 이를 통해 문제해결의 방법을 찾을 수 있다.

생각을 하려면 먼저 스마트폰을 내려놓고 잠시 멈추어야 한다. 멈춰야 비로소 보인다는 말처럼 문제를 해결하려면 하던 일을 멈추고 왜, 무엇을, 어떻게 할 것인지를 깊이 생각해야 한다. 기획은 상대방의 마음에 내 생각을 저장시키는 것으로 기회의 시작은 '생각'이다.

2023년 화두가 되고 있는 ChatGPT(Open AI가 2022년 12월 1일 공개한 대화 전문 인공지능 챗봇으로 Open AI에서 만든 대규모 인공지능 모델인 'GPT-3.5' 언어 기술을 사용)라고 할지라도 과거의 데이터를 학습하여 많은 것을 만들고, 해결할 수 있겠지만 미래를 위한 창의적인 생각은 하기 어렵다.

생각의 중요성 1 : Think Different vs Something Different의 차이

'Think Different'는 애플의 마케팅 슬로건이고, 'Something Different'는 TV, 음향기기 생산부터 엔터테인먼트 사업까지 하는 소니의 슬로건이다. 생각을 달리하는 것과 무엇인가를 달리 만들고자 했던 두 회사는 현재 어떤 결과를 낳았을까?

2023년 4월 기준, 애플은 시가총액 3,390조 원으로 세계 1위이며 소니는 144조로 애플의 약 24분의 1이다. 애플은 2022년 1월 세계 최초로 시가총액 3조 달러를 돌파하기도 하였다. 2조 달러를 돌파한 지 1년 4개월 만의 일로 실로 경이적인 기록이다.

소니는 1946년에 설립한 기업으로 1976년에 창립한 애플보다 무려 30년을 앞선다. 전자왕국을 넘어 콜롬비아 픽처스, 트라이스타 픽처스 등 영화를 중심으로 한 엔터테인먼트 산업까지 진출한 소니가 어떻게 애플의 24분의 1에 불과한 기업 가치를 가지게 되었을까? 이유는 무엇일까?

'생각을 달리 하라'와 '무엇인가를 달리 하라'는 애플과 소니의 시작에서 그 차이에 대한 이유가 있을 것이다.

우리가 잘 아는 맥킨토시 컴퓨터, 아이팟, 아이폰, 아이패드, 에어팟, 애플TV 등 기존의 제품을 뒤집는 혁신적인 생각으로 신제품을 낸 애플은 아이폰을 통해 스마트시대를 열며 모바일혁명을 일으켰다. 현재 애플의 시가총액은 한국 주식시장 전체 시가총액보다 크다.

"일은 우리 인생의 많은 시간을 차지한다. 당신의 삶에 만족할 수 있는 유일한 방법은 당신이 하는 일이 '위대하다'고 믿는 것이다. 위대한 일을 하는 유일한 방법은 당신의 일을 사랑하는 것이다. 사랑하는 일을 찾지 못했다면 계속 찾아라." 라는 스티브잡스의 말에서 우리는 새로운 생각을 위해 세상과 타협하지 말고 자신이 좋아하는 일에 최선을 다할 때 최고가 될 수 있다는 확신을 갖게 한다.

새로움을 만들기 위해서는 무엇인가를 달리 하려고 하는 대신 생각을 달리 하는 발상의 전환이 먼저 이루어져야 한다.

생각의 중요성 2 : 빌 게이츠의 '생각 주간'

마이크로 소프트사의 창업자이자 세계적인 부자인 빌 게이츠가 1년에 두 번 '생각주간Think Week'을 갖는다는 것은 잘 알려진 이야기다. 이 시간 동안 빌 게이츠는 홀로 호숫가 통나무집에서 모든 연락을 끊은 채 아무에게도 방해받지 않고 독서를 하며 온전히 자신의 생각에 몰입하며 문제해결의 방법을 구상한다고 한다. 매일 새벽 4시에 일어나 회사와 재단의 일로 매우 바쁜 시간을 보내는 빌 게이츠가 왜 생각주간이라는 특별한 시간을 갖는 것일까?

10년 후의 미래 사업을 찾기 위해 고민하고 있는 기업의 CEO들처럼 빌 게이츠도 생각주간을 통해 세상의 변화를 읽고 새로운 사업 방향을 구상하기 위함일 것이다. 우리도 빌 게이츠처럼 주기적으로 생각을 갖는 시간이 필요하다.

다음은 빌 게이츠가 2022년 생각주간에 읽은 책들의 목록이다. 글로벌한 문제를 해결하기 위한 빌 게이츠만의 생각에 어떠한 영향을 미쳤는지 살펴보면 창의적인 기획에 도움이 될 것이다.

『파워』 나오미 앨더만 / 『우리는 왜 서로를 미워하는가』 에즈라 클라인 / 『링컨 하이웨이』 에이모 토울스 / 『The Ministry for the Future』 킴 스탠리 로빈슨 / 『How the World Really Works』 바츨라프 스밀

생각은 어떻게 탄생되는가?

앞에서 살펴본 것처럼 콘텐츠를 창의적으로 기획하기 위해서는 '생각'이 매우 중요하고 제일 먼저 해야 한다.

그렇다면 생각은 어떻게 탄생할까?

미시간 주립대학 교수이며 창조성을 연구하는 사학자인 미셀 루트번스타인과 로버트 루트번스타인 부부가 공동으로 저술한 『생각의 탄생』은

다빈치에서 파인먼까지 창조성을 빛낸 사람들의 13가지 생각 도구를 설명하며 새로운 '생각'을 탄생시키는 다양한 방법을 제시해 준다. 이 책은 삼성그룹을 세계적인 기업으로 성장시킨 고^故 이건희 회장이 여러 번 읽으며 탐독한 책으로 그룹 임직원들에게 필독서로 권유한 것으로도 유명하다. 이건희 회장은 무한경쟁의 세상 속에서 창조경영을 위해서는 과거의 사고방식에서 탈피하는 것이 중요하다고 강조하며 역사적으로 가장 창조적이었던 사람들은 어떻게 남들과 다른 생각을 할 수 있었는지 13가지의 사고법을 경영에 접목하려 하였다.

창조적 발상법을 갖기 위한 첫걸음은 '생각'이다.

콘텐츠기획의 차별화를 위해 '무엇을 생각하는가'에서 '어떻게 생각하는가'로 사고 방법을 바꾸어야 한다. 즉 외워서 문제를 푸는 것이 아니라 문제를 정확히 이해하고 이를 깊게 생각한 후에 창조적인 해결 방법을 찾아야 한다.

우리는 이 책을 매개로 하여 '발상의 전환을 통한 창조적 발상법으로 13가지의 생각 도구를 융합하고 복합함으로써' 새로운 창조적 사고를 해야 할 것이다.

정보의 접근성이 용이한 시대에는 역설적으로 '생각'이 더 중요하다. 생각을 생활화하기 위해서는 언제든지 관찰하고, 기록하고, 질문하고 해석하는 '생각연습'을 해야 한다. 이를 위해 방송, 드라마, 게임, 음악, 패션, 음식 등 콘텐츠에 대한 관심을 갖고 왜 인기가 있는지 살펴보는 것도 좋은 방법일 것이다. 그리고 책, 신문, 잡지는 물론 유튜브, 페이스북, 인스타그램 등을 통해 트렌디한 이슈를 관찰하는 것도 새로운 생각을 만드는 좋은 방법이다.

생각의 쓰임을 높이기 위해서는 생각을 기록하고 공유하는 것이 좋다. 생각을 기록하고, 기록을 콘텐츠로 만드는 과정에 대한 고민이 필요하다. 사소한 생각이라도 나만의 콘텐츠로 만들다 보면 사람들이 찾아오는 채널이 만들어질 것이다.

블로그, 브런치, 티스토리, 유튜브 등 소셜 미디어 채널에 나만의 생각을 기록으로 만들어 보자. 자신의 생각을 글 또는 스크랩 하며 정리할 수 있고, 타인과 소통을 할 수 있는 경험을 축적하며 꾸준하게 무언가를 기록할 수 있게 된다. 일단 관심 있는 것, 좋아하는 것을 써보는 것이 중요하다. 생각을 정리하면 진짜 나를 찾는 여행을 즐길 수 있고 기획의 첫걸음을 내딛을 수 있다.

생각의 차이가 일류를 만든다. 기획을 오랫동안 잘 하기 위해서는 계속 배우고자 하는 지구력이 중요하다. 창의적 기획은 의미와 재미를 찾는 것으로 창조적인 생각을 위해서는 호기심과 재미를 연결하는 것이 필요하다.

생각의 차이 성공 사례 1 : 아기상어와 펭수 '눈높이 타깃팅과 SNS'

유튜브 콘텐츠로서 최고 조회수를 가진 것은 다음 4가지 중 무엇일까? 1. 싸이의 강남 스타일, 2. BTS의 DNA, 3. 핑크퐁의 아기상어, 4. 블랙핑크의 뚜두 뚜두.

정답은 핑크퐁 아기상어(baby shark)다. 미국 전래동요를 원작으로 재

탄생시킨 베이비 샤크는 아이들 율동과 함께 하는 영상이 너무 재미있다. 아기상어 유튜브 영상 조회수는 2023년 4월 현재, 126억 회로 세계 1등이다. 이전 1등이었던 루이스 폰시의 데스파시토(80억 회)를 누르고 2020년 11월 세계 1등이 되었다. 그 이전의 세계 1등은 싸이의 강남스타일로 46억 회이다. 아기상어가 놀라운 것은 코로나-19가 시작되기 전인 2019년 12월에 38억 회에서 1년 동안 무려 36억 회, 월 평균 3억 회가 늘어났으며 현재와 비교할 때 거의 4배가 증가했다.

이렇게 폭발적으로 증가한 이유는 무엇일까? 코로나-19로 인해 개학이 늦어지고 온라인수업이 병행되면서 유아를 중심으로 어린이들과 부모님들의 조회수가 폭증하게 된 것이다.

핑크퐁의 현재 구독자 수는 7,790만 명(한국, 글로벌 포함)으로 세계적인 아이돌그룹 방탄소년단의 7,430만 명보다 더 많은 구독자수를 보유하고 있으며, 우리나라 1등인 블랙핑크 8,640만 명의 뒤를 이은 2등이다. 특히 1억뷰 이상 콘텐츠가 46개(방탄소년단 51개)나 된다.

2011년부터 핑크퐁은 글로벌 시장 공략을 위해 모바일앱을 애플 앱스토어, 구글 플레이스토어 등 앱 마켓에 글로벌 동시 출시해 해외시장에 진출했다. 164개국을 대상으로 앱스토어에서 약 125종의 앱 시리즈를 출시, 1억 5,000만 건 다운로드를 돌파했고, 전 세계 112개국에서 교육 카테고리 1위를 기록하고 있다.

핑크퐁을 만든 더 핑크퐁 컴퍼니의 김민석 대표는 "모바일보다 큰 TV, 영화(극장)시장 진출을 통해 매출을 더욱 키움과 동시에 미국 아마존에 입점해 사운드북 등 오프라인 제품을 전 세계에 판매하는 식으로 상품 판매도 늘려나갔고 동남아 지역의 상어 가족 인기(베이비 샤크 챌린지)를 계기로 인도네시아, 베트남, 필리핀 소재 백화점에 상품 출시 계약을 했다. 두바이 관광청의 초청으로 아랍 에미레이트의 수도 아부다비에서 핑크퐁 투어 콘서트를 통해 9일간 공연에 10만 명의 관객이 모였고 쇼핑몰에서 동요콘서트를 열기도 했다. 장기적으로는 디즈니와 같이 글로벌시장을 대상으로 성공적인 콘텐츠 IP 사업을 하는 '글로벌 콘텐츠 회사'를 목표로 한다"고 말하였다.

놀랍게도 2019년 1월 8일에는 "아기상어 뚜두두두두" '핑크퐁'이 빌보드 싱글 32위를 차지하기도 했다

그리고 2019년 미국 프로야구 결승전에서 창단 50년 만에 우승한 워싱턴 내셔널스팀은 응원가로 아기상어를 썼으며, 유튜브에 결승전 중 응원하는 동영상이 주목을 끌었다. 그리고 우승 반지에 아기상어 베이비 샤크를 직접 심볼로 새겨 그 의미를 더하였다.

핑크퐁의 인기는 군대에까지 이어졌다. 미국 육군의 신병교육대 행군 중 군가로 불리는 베이비 샤크송은 아기상어의 인기가 군대까지 미친다는 사실이 놀랍고 재미있다.

코로나-19시대에 핑크퐁은 어떤 콘텐츠로 다가갈까? 핑크퐁은 코로나바이러스와 싸우기 위해 손을 잘 씻고, 양치질 잘 하고, 밥도 잘 먹고, 주사도 1년에 한 번씩 꼭 맞아야 한다고 보여주는 영상, 사회적 거리두기 영상, 마스크를 잘 쓰자는 영상 등 코로나 예방과 관련된 다양한 영상을 관공서와 공동으로 제작하고 있다.

BTS를 뛰어넘은 아기상어는 엘사를 꿈꾸고 있다. "핑크퐁과 아기상어가 세계시장에서 인기를 얻은 게 우연은 절대로 아니다. 아기들이 지식을 노래로 배운다는 점에 착안한 뒤 철저한 전략과 전술로 만들어낸 성과."

라고 김민석 대표는 핑크퐁의 성공비결에 대해 이야기했다.

핑크퐁은 이 회사가 만든 분홍 여우 모양의 캐릭터이고, 아기상어는 노란색 상어 캐릭터이다. 현재 핑크퐁과 아기상어는 전 세계 0~3세 아기들에게 가장 인기 있는 캐릭터로 2019년 10월부터 미국에서 시작한 '베이비 샤크(아기상어) 라이브' 뮤지컬 투어는 이미 보스턴, 새너제이, 필라델피아 등 33개 도시에서 9만 명의 관람객을 끌어 모았다. 이처럼 전세계 시장에서 승승장구하고 있는 아기상어 베이비 샤크는 세계 최대 규모의 키즈 엔터테인먼트 채널 니켈로디언과 공동 제작하는 2D 애니메이션 시리즈 '베이비샤크 빅 쇼(가제)' 크리스마스 스페셜 영상을 2021년 12월 공개하였다. 더 핑크퐁 컴퍼니와 니켈로디언 애니메이션 스튜디오가 공동 제작하는 애니메이션 시리즈 '베이비 샤크 빅쇼'는 약 30분 분량의 에피소드 26편으로, 아기상어가 단짝 친구인 물고기 '윌리엄'과 함께 바닷속을 탐험하며 새로운 친구들을 만나고 함께 노래 부르는 재미있고 신나는 모험 이야기다. '베이비샤크 빅 쇼'는 크리스마스 스페셜 영상 첫 공개를 시작으로 2022년 봄 니켈로디언 유아동 플랫폼에 첫 방영되었다. 또한 미국 출시를 기점으로, 전 세계 니켈로디언과 닉 주니어 채널을 통해 순차적으로 방영되었다.

이상과 같이 글로벌 넘버원이 된 핑크퐁, 아기상어는 유아용 캐릭터로 시작하여 뮤지컬, 애니메이션, TV 시리즈로 업그레이드 발전되고 있으며 유통 및 제품과 함께 콜라보 마케팅도 전개하고 있다.

코로나 시대, 아기상어 핑크퐁의 인기와 더불어 2020년 우리나라 대세 캐릭터로 펭수가 있다. EBS 연습생으로 자이언트 펭TV의 메인 호스트인 펭수는 남극에서 온 펭귄으로 펭귄의 펭, 빼어날 수秀의 이름으로 빼어난 펭귄이라는 이름 뜻을 가지고 있다. 어른들의 뽀로로, 장성규의 순한 맛이라는 별명을 가지고 있으며 존경하는 인물이나 자신으로 자존감이 높은 펭수는 2030 직장인의 애환을 솔직한 화법으로 어루만져 주고, 자의식이 강한 젊은 세대의 공감을 높이 산 것이 대세 캐릭터가 된 비결로 꼽히고 있다.

펭수 이모티콘은 출시되자마자 최단 기간 최다 판매의 기록을 세웠다. 출시 전부터 화제가 된 펭수 이모티콘은 직장인들의 대통령이라는 '직통령'으로 10대, 20대, 30대 전체 1등에 올랐다.

대세가 된 펭수는 관련주인 예스 24, 유엔젤의 주가도 쑥쑥 오르게 만들었다. '니가 왜 거기서 나와'라는 노래처럼 펭수가 증권가에도 영향을 미친 것이다.

펭수는 셀럽과의 콜라보레이션은 물론 방송가를 넘나드는 활동을 통해 인기를 더하였고, 가수로도 데뷔하였다.

이러한 펭수의 다채로운 활동은 불황에도 콜라보한 상품이 완판되는 성과를 거두기도 했다. 사례로 스파오와 펭수의 콜라보 상품은 판매 10분 만에 수면 파자마 3종 세트가 완판되는 놀라운 기록을 세웠다.

유튜브 시대의 펭수는 고객과의 지속적인 소통을 위해 '자이언트 펭 TV'에 트렌디한 콘텐츠를 계속 올리며 단기간 내에 200만이 넘는 구독자를 확보하게 되었다.

펭수의 성공 요인은 크게 캐릭터, 스토리텔링, 마케팅, 이 3가지로 말할 수 있다.

첫째, 캐릭터는 푸근한 곰 스타일의 단순한 외곽 라인이 호감인 외형과

배짱과 솔직한 내면이 주목을 끌었다.

둘째, 스토리텔링은 미래 스타를 꿈꾸는 크리에이터 '연습생'으로 세상과 좌충우돌 부딪치며 살아가는 펭수로부터 자신의 모습을 발견하고 동질감을 느끼며, 제작진이 2030 타깃고객층의 마음을 가장 잘 이해, 대변하는 연령대로 시청자가 원하는 것을 헤아리고 공감대 형성을 유도하였다.

마지막으로, 마케팅 측면에서도 방송사를 넘나드는 다양한 채널 노출, 셀럽과의 콜라보레이션을 통한 인지도 확산, 온오프라인 이벤트를 통해 팬들과의 소통을 통한 공감대 확대가 성공 요인이라고 할 수 있다.

이러한 펭수가 핑크퐁처럼 글로벌하게 성공하기 위해서는 어떻게 해야 할까? 미키마우스, 헬로키티, 쿠마몬 등 글로벌하게 성공한 사례를 벤치마킹하여 펭수의 글로벌 진출을 도모해야 할 것이다.

생각의 차이 성공 사례 2 : 방탄소년단의 '팬덤+스토리+SNS'

They're in a league of their own! (아무도 가보지 못한 그들만의 리그로 가고 있다!)
이 글은 2020년 11월 미국 출판 및 미디어 기업이자 경제잡지인 「포브스」지에 실린 방탄소년단을 소개한 글의 제목이다.

「포브스」가 집중한 대목은 온전한 한국어 노래로 방송노출이 미미했음에도 빌보드 1위에 등극한 것, 아티스트와 팬덤 '아미'가 한 몸으로 움직이는 새로운 표본을 보여준 것이다.

그렇다면 어떻게 이전에는 생각지도 못했던 한국어 노래로 빌보드 1위라는 세계 최정상에 오를 수 있었을까? 먼저 방탄소년단의 성공 과정에 대한 분석이 중요하다.

방탄소년단은 데뷔 이전 전국적인 오디션을 통하여 힙합 실력을 인정받은 레퍼 RM(김남준)을 중심으로 멤버를 선발하고 2013년 앨범 '2 COOL 4 SKOOL'로 데뷔하며 멜론 뮤직어워드에서 신인상을 수상하였다. 2014년에는 서울, 일본, 필리핀, 싱가포르, 태국 등 아시아콘서트 투어를 통해 팬클럽 'ARMY'를 결성하였다. 2015년 기존 아이돌과는 차별화되게 멤버 전원이 작사, 작곡에 참여한 청춘 2부작 앨범 '화양연화'로 각종 음악방송에서 1위를 차지하였다. 2016년에는 전 세계에서 가장 많이 리트윗된 아티스트로 선정되었고 '화양연화', 'Young Forever', 'Wings'로 미국, 영국, 일본, 중국 등의 음원차트 상위권에 진입하였다. 2017년에는 칠레, 브라질, 미국 등 월드투어를 하며 빌보드 탑 소셜 아이트스상을 수상하였으며, DNA로 미국 AMA 초청공연을 통해 미국시장에 본격적으로 이름을 알렸다. 2018년에는 'Love Yourself 轉 Tear'로 빌보드 200 1위를 기록하였고, 수록곡 'Fake Love'는 빌보드 핫100 10위를 차지하고 UN 본부에서 "내가 누구인지, 내가 누구였는지, 내가 누구이고 싶은지를 모두 포함해 나를 사랑하세요." 라는 감동적인 메시지로 전 세계 청년들에게 "여러분의 목소리와 신념을 듣고 싶다"고 호소하였다. 2020년 첫 번째 영어 싱글 '다이너마이트'로 빌보드 핫 1위 3회, 미니앨범 'BE' 타이틀곡 'Life Goes On'은 핫 1위 1회(1위 시, 다이너마이트는 2위 기록)라는 놀라운 기록을 수립하였다.

2021년 두 번째 영어 싱글 '버터'는 빌보드 63년 역사상 10주 이상 1위를 차지한 40번째 싱글로 기록되었다. '버터'는 역주행으로 1위를 재달성하며 12주 1위라는 엄청난 기록을 수립하였으며, 그룹으론 비틀스 이래 최단 기간에 핫100 1위에 6곡을 올리는 신기록을 수립하였다.

이러한 방탄소년단의 성공은 차별화된 콘텐츠 생산과 '아미'와의 공유, 타깃이 공감할 수 있게 하는 스토리라고 할 수 있다. 전 세계 MZ세대의 생각과 고민을 공감할 수 있게 SNS를 통해 실시간으로 소통하며 내 이야기처럼 팬들과의 신뢰를 바탕으로 가사를 만든 자발적 참여를 이루어낸 결과이다. 특히 모든 앨범을 관통하는 주제로 MZ세대들이 겪고 있는 '청춘'을 스토리텔링으로 연결시킨 것이 기존 아이돌들과는 차별화된 성공 전략일 것이다. 특히 인문학적 세계관을 담은 뮤직비디오 '피땀눈물'은 분석이 필요한 작품으로 니체의 『짜라투스투라는 이렇게 말했다』부터 피터 브뤼겔의 명화 '타락 천사들의 추락', '추락하는 이카루스가 있는 풍경' 등 기호학과 상징이 수수께끼처럼 얽혀 있어 '아미'들이 이를 이해하기 위해 책을 읽는 진풍경까지 일어났다. 이처럼 난해한 세계관을 담은 방탄소년단의 노래를 향유하기 위해서 『데미안』, 『호밀밭의 파수꾼』, 『파랑새』, 『해변의 카프카』, 『해저 2만리』, 조지오웰 『1984』 등이 방탄 덕질을 위한 '아미 필독도서'로 권장되고 있다.

그리고 음악을 기반으로 하되, 음악 안에 머무르지 않고 세계관을 기반으로 영상, 캐릭터, 게임, 웹툰 등 향유자의 다양한 참여를 유도, 확산하는 트랜스 미디어 스토리 월드의 구축으로 주변 장르와 자연스럽게 융·복합 전략을 구사하며 듣는 음악을 넘어 함께 보고, 즐기는 향유의 범위를 확장하였다.

방탄소년단의 가장 큰 성공 포인트는 팬덤인 '아미(ARMY : Adorable Representative MC for Youth, 청춘을 대변하는 사랑스러운 대변인 MC)와 함께 성장한 것이다. 방탄소년단의 홍보대사로서 아미는 미국의 라디오 캠페인을 통해 BTS를 홍보하는 트위터 계정, BTS 관련 트윗, 영상 등을 다국어로 번역 후 공유하는 트위터 계정의 운영, 자발적으로 보라색 리본을 묶어 공공장소에서의 질서를 유지하는 퍼플캠페인 등 다양한 활동을 전개하고 있다. 특히 방탄소년단은 유니세프와 함께하는 LOVE MYSELF 캠페인을 통해 선한 영향력을 퍼뜨리고 있으며, 한국문화를 세계에 알리는 홍보대사의 역할도 충실히 수행하고 있다.

콘텐츠와 재미를 연결한 창조적 사례 : 포켓몬 콜라보

2022년 어린이를 중심으로 키덜트에게 가장 관심 받은 캐릭터 상품은 포켓몬빵일 것이다. 20여 년 전 포켓몬빵을 추억을 소환하는 마케팅 방식으로 '대박'을 친 것이다. 원작인 포켓몬의 세계관을 포켓몬빵에 접목하여 편의점에는 구입하기 위한 오픈런이 벌어졌고 중고거래플랫폼에선 포켓몬빵 안에 들어 있는 포켓몬 스티커(띠부씰)가 정가보다 5~10배 비싸게 거래되기도 했다.

이러한 인기는 스마트폰 상품기획에도 연결되어 갤럭시와 포켓몬을 콜라보한 '갤럭시Z 플립3 포켓몬 에디션'을 출시, 단 5분 만에 완판되는 기록을 세웠다.

포켓몬 마니아들에게 '갤럭시Z 플립3 포켓몬 에디션'은 클리어 커버, 피카츄 키링, 포켓몬 팔레트, 포켓몬 도감 디자인의 가죽 파우치, 몬스터볼 3D 그립톡, 인기 포켓몬 스티커 5종 등 포켓몬 액세서리에다 10% 확률로 희귀 포켓몬인 '뮤' 홀로그램 스티커도 추가로 포함돼 포켓몬 컬렉터들의 관심을 모은 것이다.

포켓몬의 인기는 명품에도 이어졌다. 발망×포켓몬 콜라보는 발망의 시그니처 의류, 액세서리, 풋웨어 등에 주요 캐릭터 '피카츄'가 더해진 디자인으로 팀배틀 게임인 〈포켓몬 유나이트〉 게임 내 컬렉션 아이템으로 착용할 수 있게 한 것을 상품화하여 더욱 주목을 끌었다.

다음은 게임 내 아이템을 상품화한 사례이다.

출처 : BALMAIN

검색보다 사색이 중요한 시대, 시대의 지성이셨던 고 이어령 선생의 글을 되새겨 보자.

검색 아닌 사색 _ 이어령

검색은 외부를 살피는 것이고
사색은 나를 살피는 것입니다.
사색하는 사람이 아름답습니다.

컴퓨터나 스마트폰으로 생활하고 있는 요즘
젊은이들은 사색을 하지 않고 검색을 합니다.
숙제도 검색으로 하고
친구와 밥 먹는 것도 검색으로 하고
검색하지 않으면 쇼핑도 사랑도 못 합니다.

그러나 저녁노을을 보는 감동
새가 날아가는 경이로움
마른 가지에서 꽃이 피는 기적을
한번 검색해 보세요.
사랑하는 사람 앞에서 뛰는 심장을
심전도로 측정할 수 없듯이
죽음의 슬픔, 삶의 기쁨을 검색해 보세요
지난여름 사랑하는 친구와 함께 손을 잡고
해변을 달리던 때의 그 바다를 한번 검색해 보세요

검색 결과는 없습니다.
아무것도 말하지 못할 것입니다.

기획을 창의적으로 변화시키려면?

창조적인 생각을 창의적인 콘텐츠기획으로 변화시키려면 요리사의 차별화된 레시피처럼 기획자로서 통찰력, 논리력, 표현력 세 가지 역량이 요구된다.

첫째, 통찰력은 사물이나 현상을 예리한 관찰로 환히 꿰뚫어보는 능력으로 미래를 창조하는 기획자로서 앞날을 바라보고 무엇을 어떻게 할 것인가를 생각하는 힘이다.

요즘과 같이 스피디하게 변화하는 시대에는 미래를 보는 통찰력이 최우선이다. 즉 기획자는 현 상황 속에서 미래를 위해 무엇을 할 것인가를 정확히 파악하고, 결정하여 남들보다 먼저 실천해야 한다. 통찰력을 기르기 위해서는 독서가 좋다.

둘째, 논리력이다.

논리력은 창의적 기획에 있어 설득력을 높이기 위해 짜임새 있게 내용과 형식을 전개하는 힘이다. 즉 콘텐츠를 기획서로 작성하거나 보고할 때 올바르게 잘 인식하고 판단할 수 있도록 조리 있게 글을 쓰는 것이다. 논리력을 높이기 위해서는 인문학 서적과 신문을 읽고 이를 자신의 글로 옮겨보는 연습이 필요하다.

셋째, 표현력이다.

표현력은 자신의 생각을 다른 사람에게 전달할 때 이해하기 쉽고, 관심을 가지고 볼 수 있도록 콘텐츠를 보기 좋게 잘 만드는 힘이다. 즉 단순한 글Text보다는 도표, 이미지, 영상, 애니메이션, 인포그래픽Infographic 등을 활용하여 디자인적으로 보기 좋게 꾸며주는 것이 표현력을 높이는 것이다.

표현력을 기르려면 디자인, 광고 관련 책을 많이 보고, 문화예술 관련 행사를 자주 관람하는 것이 좋다. 즉 창의적인 콘텐츠기획을 위해서는 통찰력 있는 생각, 논리적인 글쓰기, 표현이 살아 있는 기획서 작성이 복합적으로 잘 이루어져야 한다.

창의적 기획을 위해서는 통찰력이 가장 중요!

창의적인 기획을 하기 위해 가장 중요하고 필요한 힘은 통찰력이다.

통찰력을 이해하고 기획자로서 적용하기 위해 뛰어난 통찰력으로 세계적으로 성공한 기업인과 기업의 사례를 살펴보도록 하자.

통찰력이 뛰어난 사람을 뽑자면 워렌 버핏을 꼽을 것이다. 워렌 버핏은 미국의 기업인이자 투자가로서 뛰어난 투자 실력과 기부 활동으로 인해 흔히 '오마하의 현인'이라고 불린다. 2023년 4월 현재, 워렌 버핏의 재산은 145조 원으로 '블룸버그 억만장자 지수Bloomberg Billionaires Index'에서 세계 부자 순위 5위에 올라 있다.

우리나라의 제일 부자인 삼성전자의 이재용 회장의 재산이 9조 원으로 334위인 것과 비교하면 워렌 버핏의 재산은 상상을 초월한다. 엄청난 부자임에도 워렌 버핏은 자신의 재산 중 85%를 기부한 것으로도 세상의 존경을 받고 있다.

축구선수 메시, 여성 방송인 오프라 윈프리, 투자의 귀재 워렌 버핏, 싱어송라이터이자 배우인 테일러 스위프트 중 어느 사람과의 점심 식사가 가장 비쌀까?

세상에서 가장 비싼 식사는 몇 년 전 언론에 보도된 적이 있는 중국에서 12명의 손님들이 특별 주문해서 먹었다는 5,500만 원짜리 식사다. 한 사람당 약 460만 원 정도로 한 끼 식사비용으로는 엄청난 금액이다.

그런데 이보다 훨씬 비싼 점심이 있다. 바로 세계적인 투자회사인 버크셔 헤서웨이BERKSHIRE HATHAWAY INC의 대표이사인 워렌 버핏과의 점심식사이다.

워렌 버핏과 함께하는 점심식사 가격은 과연 얼마일까? 참고로 미국 증시 시가총액 1위인 애플의 CEO 팀쿡과 1시간 동안 커피 한 잔을 마시는 가격은 61만 달러(6억 9천만 원)로 경매에서 낙찰되었다.

워렌 버핏과의 식사는 매년 글라이드 재단에서 빈곤의 대물림을 타파하기 위한 기금 마련을 목적으로 이베이를 통해 경매를 한다. 2000년부터 시작된 이 자선모금 경매는 매년 6월에 있으며 평균적으로 20억 원 내외에 낙찰이 되었다. 웨렌 버핏과의 점심식사가 고가인 이유는 2시간 동안 특별하고 구체적인 투자전망을 알려주기 때문이다. 불황에도 매년 30% 이상의 수익을 올리는 웨렌 버핏의 가치 있는 투자정보를 직접 듣는 것은 실로 의미 있는 일일 것이다.

그래서 많은 투자자와 회사들이 이 점심식사 경매에 참여한다. 실제로 그와 점심을 먹었던 투자회사들은 그해 30% 이상의 수익을 거두었다.

실례로 홍콩 펀드 투자가 자오단양이 211만 달러(약 23억)에 낙찰되어 점심식사를 하였다. 그는 워렌 버핏에게 자기 회사의 재무제표를 보여 주고 조언을 받은 후 다음 날 회사 주가가 2배 이상 올라 시세차익만 1400만 달러(166억)를 얻음으로써 투자한 금액보다 약 7배 정도의 이익을 얻었다. 자오단양은 비싼 점심 값을 지불하고도 충분히 남는 장사를 한 셈이다.

워렌 버핏의 비즈니스 경쟁력

워렌 버핏과의 점심식사 가격은 왜 이렇게 비쌀까?

이유는 세상을 읽고 투자하여 최고의 승률을 거두는 눈, 즉 세상을 읽고 미래를 내다보는 뛰어난 통찰력이 있기 때문이다.

워렌 버핏은 코카콜라, 존슨&존슨, P&G, 월마트 등 단순한 프로세스를 가진 기업들에 집중 투자하였으나, 시장의 변화와 트렌드에 맞추어 투자 방향을 바꾸었다.

시장의 변화에 따라 존슨&존슨, 엑손모빌 등의 주식을 팔고 미국 최고 인기 스포츠인 미식축구리그 NFL을 중계하는 미국 최대 디지털 위성방송사인 다이렉TV의 주식을 매입하였고 2019년에는 IBM 주식을 팔고 애플 주식을 20조 원어치나 샀다.

이유는 우리 모두에게 있다.

세상 사람들 모두가 스마트폰을 가지고 있고, 아침에 일어나면서부터 저녁에 잠들 때까지 스마트폰 없이는 생활을 할 수 없는 시대가 되었기 때문이다. 워렌 버핏이 좋은 주식을 팔고 다이렉TV와 애플 주식을 산 이유는 디지털/모바일 시대로의 변화에 따라 스마트한 콘텐츠 비즈니스에 투자가 많은 수익을 거둘 수 있다고 판단하였다는 것을 알 수 있다.

2022년 11월에는 중국 1위 전기차 업체인 비야디^{BYD} 주식 133만 주를 매각하고 세계 최대 파운드리(반도체 위탁 생산) 업체인 대만 TSMC 주식을 41억 달러(약 5조 4300억 원) 어치나 사들인 것은 모바일 트렌드와 세계 시장변화에 맞춘 전략적인 투자라는 의미에서 유의해서 볼 일이다. 즉 워렌 버핏처럼 좋은 투자를 위해서는 시대의 변화를 읽고 이에 맞춘 투자를 하는 것이 중요하다.

아이팟, 아이폰을 만들고 애플을 전 세계 최고의 혁신기업으로 만든 스티브 잡스는 통찰력을 얻기 위해 "소크라테스와 오후 한나절을 보낼 수 있다면 우리 회사의 모든 테크놀로지를 주어도 아깝지 않다."라고 말한 바 있다. 창의적인 콘텐츠기획을 위해서는 워렌 버핏처럼 지금의 현상을 보고 미래를 전망해 투자하는 통찰력과 스티브 잡스처럼 인문학적 사고를 바탕으로 기업과 서비스의 방향을 결정하는 통찰력이 있어야 한다.

삼성전자, 국내를 넘어 세계로

세계 최고의 전자회사는 가전, 통신, 반도체 등 부품에서 완성품까지 생산하는 삼성전자다.

삼성전자는 코로나-19로 인한 경기침체 가운데도 2022년 매출액 302조, 영업이익 43조 원으로 전년(2021 매출액 279조) 대비 크게 성장한 실적을 거두었으며 반도체, 스마트폰, TV 등의 분야에서 시장점유율 세계 1위를 차지하고 있다. 삼성전자의 2022년 매출액은 우리나라 콘텐츠 총 매출액 147조 원보다 150조 원 이상 많다. 기업가치인 시가총액에 있어서는 2023년 4월 현재, 393조 원으로 1990년대 벤치마킹 대상이었던 소니, 파나소닉, 샤프, 도시바, 히타치의 시가총액 합계보다 많아지게 되었다.

삼성전자는 2022년 인터브랜드에서 조사한 브랜드 순위 5위(브랜드 가치 877억 달러(108조 원), 포브스에서 조사한 브랜드 가치 7위(1073억 달러 (133조 원), 페이스북 브랜드 부문 팬 수 1위를 차지하는 세계적인 기업으로 성장하였다.

창립한 지 54년 만에 수백만 배의 폭발적인 매출 성장을 거둔 삼성전자의 비결은 무엇일까?

세계 최고의 기업이 된 삼성전자의 모태인 삼성은 1938년 말 '별표국수'란 상표로 대구에서 사업을 시작하였다. 국수 판매로 시작된 삼성은 이후 삼성물산, 제일제당, 제일모직, 삼성전자 등으로 사업 영역을 확장하였다. 전자 분야에서는 1958년에 창립한 LG전자(전 금성사)보다 늦게 1969년에 사업을 시작하였지만 1989년 국내시장 점유율 1위를 달성하고, 1993년 신경영선언과 함께 세계로 도약하기 위해 회사 로고를 글로벌 이미지로 바꾸면서 새로운 발판을 마련하였다.

삼성전자는 어떻게 세계 1위의 전자회사가 될 수 있었을까?

경영자의 탁월한 리더십일까, 반도체 시장의 선점일까, 삼성맨들의 뛰어난 업무 추진 능력일까?

이 모두가 복합적으로 이루어진 결과라고 할 수 있겠지만 삼성전자가 세계 1위가 될 수 있었던 비결은 국내를 넘어 세계를 대상으로 시야를 넓혀 글로벌 마케팅을 전개한 것에 있다고 볼 수 있다. 삼성전자는 세계에 브랜드를 알리기 위한 방법으로 1997년 5월 7일 처음으로 올림픽 스폰서십 획득을 통해 공식 파트너가 되었다.

보통 올림픽 공식 파트너가 되기 위해서는 국제올림픽위원회[IOC]에 2020년 도쿄올림픽 기준으로 「블룸버그Bloomberg」의 보고서에 따르면 4년

간의 기본 스폰서십 패키지는 2억 달러(한화 약 2,309억 원)이며, 이를 마케팅으로 활용하기 위해서는 10배 정도의 비용을 더 사용해야 한다. 즉 올림픽 스폰서로서 권리를 획득하고 마케팅을 통해 효과를 보기 위해서는 2조 원이라는 매우 큰 비용이 들게 된다. 즉 삼성전자는 국내를 넘어 세계에 브랜드를 알리기 위해 과감하게 올림픽 스폰서십을 획득하였고 1998년 나가노 동계올림픽을 시작으로 2028년 로스엔젤레스 올림픽까지 무선통신 분야의 메인 스폰서로서 세계적인 브랜드를 확고히 하기 위한 활동을 계속 하고 있다.

삼성전자의 1990년대 초반 매출액은 2022년 매출액의 약 1/60 수준으로 총매출이 5조 원 정도였다. 그러나 올림픽 스폰서로 활동을 시작한 1998년부터 매출이 급성장하며 올림픽이 열리던 해마다 매출이 2배씩 상승하였다. 2조 원이 넘는 엄청난 비용에도 불구하고 삼성전자는 세계에 브랜드를 알리기 위해 과감하게 투자를 함으로써 반도체 1등 신화를 바탕으로 스마트폰, TV, 모니터, LCD 패널 등의 세계 1등 제품과 더불어 세계적인 브랜드 반열에 오를 수 있게 되었다. 이는 세계를 목표로 정하고 이에 맞는 마케팅과 경영지원 시스템을 만듦으로써 세계 1등을 가능하게 한 것이다.

세계 1등이 되기 위해서는 세계를 향한 목표와 이를 달성하기 위한 투자와 노력이 반드시 있어야 한다. 즉 삼성전자의 세계 1위 비결은 세계시장을 목표로 마케팅을 시행한 글로벌한 통찰력에 기인한다고 볼 수 있다.

스마트 시대로의 변화를 읽지 못하고 역사 속으로 사라진 기업들

매일 매일 급변하는 디지털 환경 속에서 새로운 제품으로 급부상하였다가도 세상의 흐름과 고객의 변화를 감지하지 못해 몰락하는 기업들을 많이 볼 수 있다. 노키아, 모토로라, 코닥 등 세계 일류 브랜드들이 스마트폰의 등장으로 인해 역사 속으로 사라졌고, 코로나-19로 더욱 어려워진 세계 경제 속에서 변화에 대응하지 못한 수많은 1등 기업들이 어려움을 겪고 있다.

치열한 경쟁 속에서 살아남고 1등을 하기 위해서는 변화하는 트렌드와 고객의 기호에 맞춘 통찰력 있는 기획과 전략적 실행이 절대적으로 요구된다.

앞에서 우린 워렌 버핏, 스티브 잡스, 삼성전자 등의 차별화된 통찰력으로 성공한 사례를 살펴보았다.

워렌 버핏처럼 지금의 현상을 보고 미래를 투자하는 통찰력, 스티브 잡스의 인문학적 사고를 바탕으로 제품과 서비스의 방향을 결정하는 통찰력, 삼성전자의 글로벌 비즈니스를 위한 통찰력 등이 세계 1등을 만들었다.

이와 같이 글로벌 시장에서 성공하는 1등 콘텐츠기획을 위해서는 세상의 변화를 읽고 인문학적으로 사고하며 이를 글로벌하게 사업할 통찰력을 가져야 할 것이다.

그런데 요즘은 세상이 너무 빠르게 변하기 때문에 통찰력만 가지고는 성공할 수 없게 되었다. 그렇다면 통찰력을 높이기 위해서는 어떤 방법이 있을까?

새로운 시장을 개척하는 '창조적 통찰력'

급변하는 디지털전환Digital Transportation의 시대에는 새로운 통찰력이 있어야 한다. 예측하지 못했던 코로나-19로 변화는 더욱 심화되었다. 마이크로 소프트의 CEO인 사티아 나델라는 "2년이 걸릴 디지털전환이 코로나-19가 트리거Trigger가 되어 2개월 만에 이루어졌다"고 말했다. 코로나-19가 2년의 변화를 2개월 만에 만든 것이다.

포스트 코로나시대에는 미래를 예측하기가 더욱 힘들기 때문에 현재에 안주하지 않고 새로운 세상을 개척하여야 하며, 이를 위해서는 새로운 시장을 만들고 선점하는 창조적 통찰력이 요구된다.

아마존의 제프 베조스, 구글의 래리 페이지, 페이스북의 마크 주커버그, 테슬라의 일런 머스크는 스마트 시대, 디지털 시대로의 변화를 예측하고 미리 준비하여 세계적으로 성공을 거둔 CEO들이다. 이들의 공통점은 '창조적 통찰력'으로 새로운 시장을 개척하고 선점하여 세계 1등 기업이 되었다는 것이다.

이미 세상의 모든 시장은 포화 상태이다. 그래서 많은 기업들이 새로운 시장을 선점하기 위해 10~20년 후의 미래사업을 고민하고 이를 준비하기 위해 많은 자원을 투자하고 있다. 그런데 제프 베조스, 래리 페이지, 마크 주커버그, 일런 머스크는 10년 후보다 더 먼 미래를 생각하고 개척자처럼 새로운 세상을 발견하고 신시장을 넘어 신세계를 구축하고 있다.

이 위대한 CEO들 중에서도 전기자동차를 만든 테슬라의 일런 머스크는 가장 도전적인 창조적 통찰력을 가진 사람이라고 할 수 있다. 많은 기업들이 돈을 벌 수 있는 최고의 방법은 무엇인가를 생각하지만 일런 머스크는 '인류의 미래에 지대한 영향을 줄 수 있는 핵심은 무엇인가를 생각'하는 모험가로서 전기자동차를 만드는 테슬라부터 민간 우주여행시대를 연 스페이스X, 태양에너지 서비스를 제공하는 솔라시티, 대용량 데이터를 스스로 학습해 인간처럼 종합적 추론이 가능한 차세대 인공지능AI으로, 기존 AI보다 수백 배 이상의 데이터 학습량이 필요하며 판단 능력도 향상된 것이 특징인 오픈 AI 개발 등 인류의 미래와 관련된 다양한 분야를 선구적으로 개척하고 있다.

전기자동차의 상용화에 힘쓴 테슬라는 14주년이 되던 2017년에 창립 114년의 자동차 제국 포드의 시가총액을 넘어섰고, 2020년 들어서는 주가가 급등하며 시가총액 세계 자동차생산 1위인 토요타를 누르고 시가총액 1위에 올랐다. 이로 인해 일런 머스크는 세계 2등 부자가 되었다. 그리고 2021년 10월에는 주당 1천 달러를 돌파하며 '천슬라'로 불리기도 하였다.

어떻게 이런 일이 가능하게 되었을까?

일런 머스크의 미래 시장을 개척하는 모험가적 도전정신으로 투자자들을 모은 것이다. 일런 머스크는 전기차 외에도 차세대 이동수단으로 '하이퍼루프Hyperloop'를 고안하고 시운전에 성공하였다. 하이퍼루프는 최고 시속 1,200km로 달리는 초고속 진공튜브 캡슐 열차로 서울에서 부산까지 20분이면 도착할 수 있다. 도심 근처까지 이동하는 철도의 특성을 고려하면 비행기보다 빠른 교통수단이 될 것이다. 킹스맨에서 나오는 튜브 열차처럼 영화에서나 상상할 수 있던 것들이 일런 머스크의 멋진 상상과 실천력으로 현실 속에서 가능하게 된 것이다.

과학과 기술의 발전 속도가 급속히 빨라지는 요즘, 달 여행을 꿈꾸는 사람이 많다. 일런 머스크는 이를 현실화 하고자 우주개발기업 '스페이스X'를 이끌고 있다. 스페이스X는 펠컨 헤비로 본격적인 민간 우주시대의 문을 열었다. 2018년 2월 8일 펠컨 헤비 로켓이 발사에 성공해 화성 주위의 소행성단을 향해 순항 중이다. 2018년 9월 CNBC 보도에 따르면 머스크는 스페이스X 차세대 우주선 BFR^{Big Falcon Rocket}과 함께 일본 최대 온라인쇼핑몰 '스타트 투데이'와 '조조타운'의 창업자인 마에자와 유사쿠가 2023년에 달에 가는 계약을 체결했다. 1972년 아폴로의 달 탐사 이후 사람이 발을 딛는 것은 처음이다. 2020년 11월에는 유인우주선 발사를 성공하며 4명의 우주인을 국제우주정거장^{International Space Station}에 2021년 봄까지 머물렀다.

스페이스X의 미래 모습은 2017년 10월 우리나라에서 개봉했던 영화 〈지오스톰^{Geostorm}〉에서 엿볼 수 있다. 영화를 보면 기후재난을 예방하기 위해 세계 인공위성 조직망을 통해 날씨를 조종할 수 있는 '더치보이 프로그램'에 문제가 생기자 주인공(제러드 버틀러)은 공항으로 가서 우주로 가는 비행선을 타게 된다. 항공우주국^{NASA}에나 가야 탈 수 있는 우주선을 민간인이 운영하는 공항에서 타게 되는 것이다.

지금은 달 여행을 하려면 수십억에서 수백억 원의 엄청난 돈이 든다. 천문학적인 비용을 낮추기 위해 일론 머스크는 발사 추진체를 재활용하는 방법을 10년간의 노력 끝에 성공하며 발사 비용을 기존의 10분의 1로 낮추는 쾌거를 이루었다. 남들은 그냥 버린다고 생각하는 엔진체를 재활용한다는 단순한 발상의 전환으로 놀라운 성과를 거둔 것이다. 이로 인해 2020년 11월에 발사한 유인우주선의 비용은 기존의 운임 1,000억 원(러시아 소유즈 우주선 이용 비용, 1인당)에 비해 200분의 1 수준인 5억 원 정도로 낮추었다.

이후에도 일런 머스크는 세계 최초로 전원 민간인을 태운 우주왕복선 인스피레이션 Inspiration 4호를 성공적으로 발사, 3일 간의 우주여행 동안 다양한 과학 실험을 수행하고 무사히 귀환하는 쾌거를 이루었다.

다음은 일런 머스크의 융·복합적으로 사업 기획을 업그레이드한 것을 정리한 것이다.

최고시속 300km의 테슬라를 시작으로 1,200km의 하이퍼루프, 초음속의 우주선 속도까지 단계적으로 기술력을 업그레이드하며 최종적으로는 ESG를 고려한 테슬라 봇까지 변화하는 시장과 환경에 맞추어 사업 기획을 업그레드 함을 볼 수 있다.

일런 머스크의 말처럼 인류의 미래에 영향을 주기 위해서는 빅 픽처를 그려야 할 것이다.

일런 머스크의 Upgrade 융복합 전략

1. 전기차(테슬라, 구독경제, ESG)
↓ (진공)
2. 고속열차(하이퍼루프)
↓ (항공)
3. 우주선(스페이스 X, 발사대)
↓ (우주인)
4. 유인 우주선(리질리언스, 우주정거장 ISS)
↓ (여행)
5. 우주왕복선(Inspiration, 달/화성)
↓ (ESG)
6. 테슬라봇(자동차에서 인간로봇으로 진화)

일런 머스크의 스페이스X를 시작으로 우주선 사업은 아마존 제프 베조스의 블루 오리진, 버진그룹 리처드 브랜슨의 버진 갤럭틱 등 민간 우주기업들이 달 관광, 달까지 화물운송 등 우주 비즈니스 경쟁으로 확대되고 있다. 일론 머스크와 제프 베조스의 목표는 화성에 사람이 살 수 있는 주거지를 만드는 것으로 그들은 2025년 유인 우주선 발사를 계획하며 100년 내에 100만 명을 화성으로 이주시키겠다고 발표하였다. 이를 위해 공중급유 방식으로 연료를 보충하며 80일이 걸릴 것으로 예상되는 이동 시간을 30일로 단축하는 방법을 찾고 있다.

이러한 추세에 맞추어 방송, 영화 등에 다양한 우주 관련 콘텐츠가 기획되고 만들어지고 있다. 그 예로서 2018년 tvN에서 방송된 〈갈릴레오 깨어난 우주〉, 영화로는 〈인터스텔라〉, 〈마스〉, 〈 그래비티 애드 아스트라〉 등을 시작으로, 최근 넷플릭스의 〈어웨이Away〉 시리즈, 〈승리호〉 등 우주를 배경으로 한 다양한 콘텐츠가 만들어지고 있다.

이밖에 신시장을 창조하는 통찰력의 사례로 '알파벳Alphabet'이 있다. 알파벳은 구글의 지주회사로 산하 기업인 칼리코를 통해 2013년부터 노화의 원인과 수명 연장을 연구하고 있다. 칼리코 프로젝트는 벌거숭이 두더지쥐의 수명이 32년으로 다른 쥐보다 10배나 되고 암에 걸리지도 않으며 고통도 느끼지 않는 점에 주목하여 한 생물이 가지는 모든 유전정보, '유전체', 즉 게놈 해독으로 항노화, 수명 연장의 유전자를 추적하며 '인간 500세 프로젝트'를 추진하고 있다.

이밖에도 구글은 아트엔컬쳐artsandculture.google.com 프로젝트를 통해 구글과 파트너 관계인 박물관, 미술관 등의 소유 작품을 온라인에서 고해

상도로 감상할 수 있는 콘텐츠를 제공하고 있다. 현재 전 세계 40여 개국 151개 박물관, 미술관이 참여하고 있으며 3만 점 이상의 작품을 구글 아트앤컬처 홈페이지에서 온라인으로 재미있고 다양한 콘텐츠를 즐길 수 있다.

　세상을 변화시키고 미래를 창조하기 위해서는 이처럼 창조적인 통찰력과 열정적인 실행력이 요구된다. 일론 머스크, 래리 페이지, 제프 베조스 등 세계적인 CEO들은 오늘도 원대한 목표와 열정을 가지고 변화의 주도권을 쥐기 위해 새로운 미래를 창조하기 위해 부단히 새로운 시장을 만드는 것에 주력하고 있다.

　신시장을 개척하기 위해서는 새로운 통찰력이 필요하다.

　구글은 검색사업자 시장에서 '검색엔진'이라는 지식의 패러다임을 바꾸어 새로운 시장을 만들었고, 페이스북은 기존 미디어들을 모아 플랫폼화 하여 모두의 미디어를 만듦으로써 29억 명이 쓰는 거대한 소셜 미디어 기업이 되었다. 아마존은 대시버튼, 아마존고, 알렉사, 드론배송 등 편리한 쇼핑과 배송 방법을 변화하는 환경에 맞추어 만들어냄으로써 새로운 커머스의 세계를 열며 세계 1등 인터넷쇼핑 기업이 되었다. 애플은 ios라는 자신들만의 폐쇄 플랫폼으로 아이폰이라는 모바일 세상을 창조하였으며 유튜브는 콘텐츠의 플랫폼으로 영상 공유, 검색 분야에서 최고의 기업이 되었다. 콘텐츠기획자들도 우주, 인공지능, 로봇, 의료 등 미래 주력 분야에 관심을 가지고 창의적인 콘텐츠를 기획하는 데 적극적으로 활용해야 할 것이다.

통찰력을 키우기 위해서는 관심, 질문, 관점, 관찰, 정의 5가지 키워드가 중요하다.

통찰력을 키우기 위해서는 가장 먼저 생각의 출발점으로 관심을 갖고 질문을 하게 되면 보는 관점이 생기고, 이를 통해 현상을 자세하게 관찰하여 세상을 보는 기준으로서 정의를 할 수 있게 된다.

통찰력을 얻기 위해서는 중요한 것은 관심과 질문이다. 즉 무엇에 관심을 가지는 것이 첫째이고, 관심을 가지게 되면 자연스럽게 질문을 하게 된다.

왜 저렇게 되었을까? 왜 그렇게 하였을까? 성공 요인은 무엇일까? 어떻게 1등이 될 수 있었을까? 비용은 얼마나 들었을까? 언제부터 시작하였을까? 어디서부터 시장을 공략 하였을까? 누가 기획하고 추진하고 있는가? 등 무언가에 관심을 가지면 문제에 대한 다양한 질문을 하게 된다. 질문은 생각을 하게 만들고 답을 찾기 위해 다양한 정보를 수집하게 되며 이를 분석하여 문제해결을 하기 위한 보는 눈, 즉 관점을 가지게 된다.

관점은 현상을 자세하게 관찰할 수 있는 시각을 갖게 해 주며 나만의 통찰력을 갖게 한다. 즉 관심은 질문을, 질문은 관점을, 관점은 관찰을 하게 만들어 현상과 사물에 대한 통찰의 힘을 단계적으로 가지게 만들어 준다. 통찰력을 지속적으로 유지, 발전시키기 위해서는 '관심-질문-관점-관찰'의 프로세스를 반복하여 업그레이드해야 한다.

질문력을 높이기 위한 5WHY와 최고의 질문법

삼성그룹을 탄생시킨 이병철 회장은 생전에 다섯 가지의 질문법을 통해 잘못된 부분을 바로 잡으며 새로운 사업에 대한 아이디어와 사업 운영에 대한 방향을 얻었다.

첫째, 왜 그럴까? 둘째, 어떻게 그렇게 됐나? 셋째, 뭐가 잘못된 건가? 넷째, 어떻게 되고 있나? 다섯째, 어떻게 해야 하는가?

세상을 읽는 통찰력의 출발점으로 이병철 회장의 5WHY처럼 모든 일에 관심과 호기심을 가지고 나만의 차별화된 생각을 만들어 봐야 한다.

질문력을 높이기 위한 방법으로 현대 경영학을 창시한 학자로 평가받는 피터 드러커의 '최고의 질문'에서 구체적인 답을 얻을 수 있다.

최고의 질문은 "질문이 없다면 통찰도 없다!"는 말처럼 글로벌 대기업에서부터 떠오르는 스타트업까지 전 세계 리더들이 실천하고 증명한 5가지의 질문으로, 미션은 무엇인가, 고객은 누구인가, 고객가치는 무엇인가, 결과는 무엇인가, 계획은 무엇인가 등 5가지 질문을 통해 통찰력을 얻는 방법을 단계적으로 제시하고 있다.

다음은 5가지 질문의 항목별 세부 질문들이다. 콘텐츠기획을 위한 질문에 활용하면 좋을 것이다.

1. 미션은 무엇인가.

- 왜, 무엇을 위해 존재하는가.
- 우리의 미션이 무엇이라고 알고 있는가.
- 우리는 이 일을 왜 하고 있는가.
- 우리가 직면하고 있는 외부의 도전은 무엇인가.
- 어떤 중요한 외부 기회들이 등장하고 있는가.
- 우리가 당면한 결정적인 이슈는 무엇인가.

2. 고객은 누구인가.

- 반드시 만족시켜야 할 대상은 누구인가.
- 우리가 만든 콘텐츠(제품)를 누가 사용하는지 목록을 적어보라.
- 고객에게 어떤 가치를 제공해야 하는가.
- 우리의 강점, 역량, 지원이 고객의 니즈를 충족시키고 있는가.
- 새로 관심을 둬야 할 고객은 누구인가, 왜 그런가.
- 새로운 고객에게 제공할 수 있는 특별한 역량은 무엇인가.

3. 고객가치는 무엇인가.

- 그들은 무엇을 가치 있게 생각하는가.
- 다른 곳에서 줄 수 없는 특별한 것을 주기 위해 할 것은 무엇인가.
- 우리로부터 기대하는 가치는 무엇인가.
- 고객들의 장기적 꿈은 무엇인가.
- 그런 꿈을 실현하도록 돕기 위해 보유한 역량/능력은 무엇인가.
- 고객들이 원하는 가치는 무엇인가.

4. 결과는 무엇인가.

- 어떠한 결과가 필요하며, 그것은 무엇을 의미하는가.
- 결과 달성에 도움이 된 주요 활동이나 프로그램은 무엇인가.
- 정량적, 정성적 차원에서 앞으로 결과를 어떻게 측정할 것인가.
- 우리는 인적자원을 얼마나 잘 활용하고 있는가.
- 우리는 재무적 자원을 잘 활용하고 있는가.
- 고객가치를 잘 다루고 있으며 브랜드를 잘 포지셔닝을 시켰는가.

5. 계획은 무엇인가.

- 앞으로 무엇을 어떻게 할 것인가.
- 우리가 초점을 맞춰야 하는 영역을 목록과 이유는 무엇인가.
- 새로이 추가해야 할 프로그램, 활동, 고객 유형은 무엇인가.
- 결과 달성을 가능케 하는 목표는 무엇인가.
- 세부 목표 달성을 측정 가능케 하는 방법은 무엇인가.

'아마존' 제프 베조스의 통찰력 넘치는 14가지 명언

세계 최대 인터넷쇼핑몰을 운영하며 아마존의 제프 베조스 의장은 비즈니스의 혁신을 이끌고 있는 CEO라고 할 수 있다. 그는 온라인 사이트 아마존을 열고 인터넷으로 책을 판매하면서 사업을 시작한 후 수없이 많은 혁신을 거듭하면서 아마존을 세계 1등 기업으로 성장시켰다.

신시장을 개척하며 세계 최고의 기업을 만든 제프 베조스가 내놓은 14가지 명언을 온라인 미디어 「비즈니스 인사이더」에 소개한 글을 공유하고자 한다. 많은 사람들에게 통찰력을 준 제프 베조스의 명언을 참고하여 나만의 빛나는 통찰력을 만들어보면 좋겠다.

1. 만족 : "회사는 화려하게 보이는 데 연연해서는 안 된다. 빛나는 것은 지속되지 않는다." (On complacency: "A company shouldn't get addicted to being shiny, because shiny doesn't last.")

2. 혁신 : "다른 통제 요소와 마찬가지로 절약할 수밖에 없는 상황도 혁신을 채찍질한다. 비좁은 박스에서 탈출하기 위해선 빠져나가는 특별한

방법을 고안해내야 한다." (On innovation: "I think frugality drives innovation, just like other constraints do. One of the only ways to get out of a tight box is to invent your way out.")

3. 발전 : "경쟁자만 바라본다면, 경쟁자가 무언가 새로운 것을 할 때까지 기다려야 한다. 고객에 집중하면 보다 선구자가 될 것이다." (On progress: "If you're competitor-focused, you have to wait until there is a competitor doing something. Being customer-focused allows you to be more pioneering.")

4. 신생 기업의 조직 문화 : "회사 문화의 여러 부분은 경로 의존적이다. - 길을 가면서 배워 쌓는 것이다." (On developing company culture: "Part of company culture is path-dependent — it's the lessons you learn along the way.")

5. 새로운 아이디어 : "발명을 하다보면, 늘 예기치 않은 행운이 따르기 마련이다." (On new ideas: "There'll always be serendipity involved in discovery.")

6. 비판자들 : "비판받는 것을 두려워 한다면, 그냥 아무것도 하지 않으면 된다." (On haters: "If you never want to be criticized, for goodness' sake don't do anything new.")

7. 동기 : "나는 선구자가 더 좋은 제품을 만든다고 확신한다. 그들은 더 많이 고민한다. 선구자에게는 어떤 일이 단순한 사업이 아니다. 돈이 돼야 하고, 말이 돼야 하지만 그게 전부가 아니다. 선구자는 자신을 설레게 만드는, 가치 넘치는 일을 한다." (On motivation: "I strongly believe that missionaries make better products. They care more. For a missionary, it's not just about the business. There has to be a business, and the business has to make sense, but that's not why you do it. You do it because you have something meaningful that motivates you.")

8. 친구 사귀기 : "지혜롭지 않은 사람과 어울리기에는 우리의 인생은 너무 짧다." (On choosing friends: "Life's too short to hang out with people who aren't resourceful.")

9. 도덕 : "가장 끔찍했던 경험은 은행에서 사람들에게 '휴가를 즐기기 위해 집을 두 번째로 저당 잡혀라' 라고 광고하는 것을 본 것이었다. 악마처럼 돈을 벌어선 안 된다." (On morals: "The one thing that offends me the most is when I walk by a bank and see ads trying to convince people to take out second mortgages on their home so they can go on vacation. That's approaching evil.")

10. 전략 : "아마존은 18년 동안 3가지 생각으로 성공을 이룩했다. 고객을 우선 생각하라, 개발하라, 그리고 인내하며 기다려라." (One strategy: "We've had three big ideas at Amazon that we've stuck with for 18 years, and they're the reason we're successful: Put the customer first. Invent. And be patient.")

11. 성장 : "모든 사업은 계속해서 젊어져야 한다. 고객이 당신과 함께 늙어간다면 당신은 지루하다고 불평하는 사람이 될 것이다." (On growth: "All businesses need to be young forever. If your customer base ages with you, you're Woolworth's.")

12. 방향 선회 : "당신이 고집스럽지 않다면 실험을 너무 빨리 포기할 것이다. 당신이 유연하지 않다면 벽에 머리를 박기만 할 뿐 문제를 풀 다른 해결책을 찾을 수 없을 것이다." (On pivoting: "If you're not stubborn, you'll give up on experiments too soon. And if you're not flexible, you'll pound your head against the wall and you won't see a different solution to a problem you're trying to solve.")

13. 마케팅 : "과거에는 멋진 서비스를 만드는 데 30%, 이를 알리는 데 70% 시간을 썼다. 새 시대에는 반대다." (On marketing: "In the old world, you devoted 30% of your time to building a great service and 70% of your time to shouting about it. In the new world, that inverts.")

14. 가격 : "세상에는 두 종류의 회사가 있다. 고객에게서 돈을 더 받기 위해서 일하는 회사와 덜 받기 위해서 일하는 회사. 아마존은 후자다." (On pricing: "There are two kinds of companies, those that work to try to charge more and those that work to charge less. We will be the second.")

창의적 콘텐츠기획자의 6가지 역량

통찰력을 가지고 창의적인 콘텐츠를 만들어내기 위해 기획자는 6가지의 역량이 필요하다.

① 시장 및 정보 분석 능력이 있어야 한다. 시장을 조사하고 수집한 정보를 분석하여 적용할 수 있도록 데이터를 가공, 융합하는 능력을 길러야 한다.

② 프로모션 및 이벤트 기획력이 있어야 한다. 기획한 내용을 사람들

에게 알리고 오게 하고 사게 할 수 있도록 판매 촉진을 기획하는 힘이다.

③ 커뮤니케이션 능력이 있어야 한다. 기획한 내용을 공유하고 이를 효과적으로 수행할 수 있도록 관련된 사람들, 기관과 소통하는 힘을 말한다.

④ 매체 및 광고 집행력이 있어야 한다. 콘텐츠 홍보를 성공적으로 시행하기 위한 온오프 광고매체 수단을 선정하고 예산을 효율적으로 책정하는 능력이다.

⑤ 제휴 및 협상 능력이 있어야 한다. 예산의 효율적 운영 및 마케팅 효율 극대화를 위해 관련된 기업, 기관과의 공동마케팅을 하기 위한 협상 능력을 말한다.

⑥ 문서작성 능력이 있어야 한다. 기획 내용을 내외부적으로 설득, 실행할 수 있도록 문서를 논리적으로 작성하는 힘이다.

글로벌 No 1. 콘텐츠를 기획하려면

코로나-19, 예상치 못했던 바이러스로 인해 혼란이 가속화된 지금, 문제해결을 위한 질서를 발견하고 이를 글로벌 No 1 콘텐츠로 기획하려면 어떻게 해야 할까?

다음 문제를 풀며 답을 찾아보자.

세계에서 가장 높은 산은 어디일까?

네팔 히말라야산맥에 있는 8,848미터 에베레스트봉이다.

그렇다면 이 산은 누가 처음 올랐을까? 1921년부터 세계의 많은 등반가들이 팀을 이루어 도전을 했다. 무려 10차례에 걸쳐 많은 사람들이 목숨을 잃으면서도 이 산을 정복하려고 했으나 실패하고 말았다.

처음으로 에베레스트 등정에 성공한 사람은 1953년 5월 29일 영국 출신의 에드먼드 힐러리와 세르파 텐징 노르게이였다. 등정에 성공한 요인은 여러 가지가 있겠지만 에베레스트를 오를 수 있도록 그 길을 안내한 세르파 텐징 노르게이의 수고가 한 몫 했을 것이다.

그런데 이렇게 어렵게 올랐던 에베레스트를 요즘도 힘들게 오를까?

그렇지 않다. 몇 년 전 뉴스 방송에서 정상에 오르기 위해 줄을 서서 기다리고 있는 사진을 보여주었다. 등반하기 최적인 3~5월 봄에는 전 세계 산악인들이 몰려 베이스캠프부터 정상 부근까지 병목 현상이 속출하고 정상 가까이에서 체류하는 시간이 길어져 산소 부족과 찬바람으로 인해 저체온으로 인한 사망이 속출한다는 안타까운 소식을 전해 주었다.

유능한 세르파와 전문 가이드, 첨단 디지털 장비를 갖추게 된 요즘에는 전문 등반가들은 물론 유튜버, 일반인에 이르기까지 많은 사람들이 에베레스트 정상에 오르게 되었다.

세계 최고의 산도 이제 체력과 노하우만 있다면 누구든지 오를 수 있는 것처럼 콘텐츠 시장도 많은 경쟁자들이 존재하게 되었다. OTT시장의 문을 열고 최고의 위치에 오른 넷플릭스도 현재는 많은 경쟁자들로 인해 차별화를 모색하고 있다. 2013년 〈하우스 오브 카드〉 시즌1 '몰아보기'로 선풍적인 인기를 구가했던 넷플릭스는 디즈니 플러스, 애플TV+, 티빙, 웨이브 등 경쟁이 치열해지자 '쪼개보기'로 전략을 바꾸었다. '몰아보기'

가 넷플릭스만의 전유물이 아니기 때문이다.

이것은 OTT시장 경쟁이 치열해지자 넷플릭스가 위기의식을 느끼면서 비롯된 차별화된 전략 수정이라고 할 수 있다. 2023년 1월 세계적으로 주목받은 〈더 글로리〉 파트1은 쪼개보기 전략으로 기획된 콘텐츠로 구독자 '락인Lock-in'과 '바이럴'의 2가지 효과를 거두었다.

나아가 넷플릭스는 수익 확대와 신시장 진출을 위해 자사의 IPIP(지식재산권, Intellectual Property)를 활용한 게임사업을 시작하였다. 오리지널 콘텐츠 〈기묘한 이야기〉 IP를 활용한 모바일게임 5종을 게임 개발사 나이트 스쿨 스튜디오를 인수하여 출시하였다. 〈기묘한 이야기〉는 총 1,820만 명이 시청한 넷플릭스 최고 인기 시리즈 중 하나로 그 내용이 주로 활용된 시즌 3 16비트 레트로 게임의 경우에는 공개 이후 첫 나흘 동안에만 407만 명이 시청한 것으로 집계되어 성공을 거두었다. 자체 IP와 구독 서비스로 게임시장에 승부수를 던진 것이다. 또한 넷플릭스는 게임과 자체 IP를 기반으로 굿즈를 판매하는 오피셜 스토어 'Netfiix.shop'을 런칭하여 수익모델을 다변화하고 있다. 넷플릭스샵에서는 〈오징어게임〉, 〈종이의 집〉, 〈기묘한 이야기〉, 〈오티스 비밀상담소〉, 〈더 위쳐〉, 〈루팡〉 등 오리지널 시리즈의 IP를 바탕으로 라이프스타일, 장난감, 머천다이즈 등 다양한 카테고리의 상품이 있다. 가장 인기를 끈 〈오징어게임〉은 주인공 성기훈의 456번 츄리닝을 비롯하여 목걸이, 티셔츠, 인형 등 다양한 굿즈가 있으며 456번 로고가 새겨진 목걸이는 199달러에 판매되고 있다.

이처럼 콘텐츠기획의 세계에도 정상에 오르기 위해 세계적으로 유명한 기업과 기획자들이 차별화된 기획을 하기 위해 최선을 다하고 있다.

그렇다면 걸어서 정상을 오르는 것을 뛰어넘는 다른 방법은 없을까?

KBS 다큐멘터리에서 방송된 영상을 보면 히말라야의 거봉들을 가볍게 넘는 한 무리의 새들을 볼 수 있다. 쇠재두루미와 줄기러기는 몸집이 큰 새이면서도 최대한 에너지를 줄이고 상승 기류를 이용하는 롤러코스터식 비행으로 히말라야를 넘는다.

경쟁이 치열한 시장을 넘어 2등과의 초격차를 벌이기 위해서는 쇠재두루미처럼 변화의 흐름을 타고 앞날의 장애물을 넘을 수 있는 차별화되고 새로운 방식의 시도가 있어야 한다.

글로벌 성공 콘텐츠를 만들려면?

최고의 맛있는 요리를 만들려면 무엇이 필요할까?

첫 번째, 재료. 두 번째, 차별화된 레시피Recipe. 마지막으로 재료와 차별화된 레시피로 조리할 요리사가 필요하다.

맛있는 요리를 만드는 것은 창의적 콘텐츠를 기획하는 것과 같다.

① 재료는 시장에 나가 구하는 아이템

요리를 하기 위해 무슨 재료를 살 것인가를 생각하고 리스트를 적은 후에 시장에 나가 재료, 즉 아이템을 사게 된다. 콘텐츠기획에 있어서도 기존의 콘텐츠와 차별화된 아이템을 구하는 것이 최우선이다.

② 레시피는 아이디어, 즉 기획력

같은 재료라 하더라도 요리하는 방법에 따라 다양한 맛을 낼 수 있다. 이는 아이템을 시장과 트렌드, 타깃에 맞게 차별화된 아이디어로 만드는 기획력이라고 할 수 있다.

③ 요리사는 기획자

맛있게 요리하는 쉐프chef로 콘텐츠를 창의적으로 기획하려면 기획자가 있어야 한다. 그런데 TV나 인터넷에서 황금 레시피를 보고 그대로 따라해 보면 생각한 것보다 맛이 안 나는 것처럼 콘텐츠기획의 방법을 알고도 막상 하려면 쉽지 않다.

안 되는 이유는 무엇일까?

그것은 콘텐츠기획에 대한 정확한 개념과 프로세스를 이해하지 못했기 때문일 것이다. 최고의 요리를 만들 때도 재료의 속성을 정확히 알고, 조리 순서에 맞추어 요리를 해야 하듯이 콘텐츠기획도 콘텐츠에 대한 정확한 개념과 기획 프로세스를 알고 타깃과 트렌드, 시장 상황을 고려하여 기획해야 한다.

콘텐츠기획의 기본, 개념과 프로세스 이해

무슨 일이든 잘 하려면 기본이 튼튼해야 하듯이 콘텐츠기획을 잘 하려면 개념과 프로세스에 대해 단계별로 정확히 이해하고 적용하는 것이 중요하다.

첫째, 콘텐츠기획을 위해서는 개념 파악이 필요하다.

개념이란 무엇인가? 사전을 찾아보면 개념(槪念, Concept은 개개의 사물로부터 공통적, 일반적 성질을 뽑아내서 이루어진 표상表象이라고 나와 있다. 즉 여러 가지에서 공통된 것을 뽑아내어 종합한 하나의 정의가 개념이다. 그래서 기획한 것을 한마디로 표현하고자 할 때 '컨셉'이라는 용어를 우리는 사용한다.

사업의 개념 정립이 회사 운영의 출발점이며, 기획서를 작성(제안)할 때도 컨셉, 즉 개념이 가장 중요하다.

우리는 콘텐츠 시대에 살고 있다. 콘텐츠 생태계는 CPND(콘텐츠(C) 플랫폼(P) 네트워크(N) 디바이스(D의 약자)로 이루어진다. 그렇다면 CPND의 개념은 무엇인가?

단순하게 콘텐츠, 플랫폼, 네트워크, 디바이스라고 이해할 것이 아니라 이것이 어우러져 만들어내는 하나의 표상으로 이해해야 한다. 예를 들어 우리는 지상파 방송사의 콘텐츠를 유료방송업체라는 플랫폼을 통해 5G 네트워크를 활용, 스마트폰 디바이스로 볼 수 있는 것이다. 즉 콘텐츠가 운영될 수 있는 플랫폼이라는 무대에서 상호 유기적인 네트워크가 이루어져야 하며, 이는 디바이스를 통해 구현될 때 콘텐츠 생태계가 이루어지고 성장할 수 있다는 것이다.

둘째, 콘텐츠기획을 위해서는 프로세스를 알아야 한다.

사전을 보면 프로세스Process는 과정過程으로 여러 가지 현상이 관련을 맺으면서 법칙적으로 진행하는 것을 말한다. 즉 기획을 하기 위해서는 법칙적으로 정해진 순서에 맞추어야 한다는 것이다.

그럼 콘텐츠기획을 위한 개념과 프로세스를 알아보도록 하자.

요즘 분야를 막론하고 '콘텐츠가 관건이다', '콘텐츠가 풍부해야 한다' 등 콘텐츠라는 말이 회자되고 있다.

우리나라도 세계 5대 콘텐츠 강국 진입을 목표로 하고 있다. 이처럼 중요한 콘텐츠를 우리가 미래 경쟁력으로 확보하기 위해서는 콘텐츠의 정확한 개념 이해와 활용 방법을 고민해야 할 것이다.

콘텐츠Contents란 사전적으로 내용물, 목차라는 의미이며, 일반적으로 콘텐츠를 칭하는 데 있어 멀티미디어 콘텐츠, 디지털 콘텐츠, 인터넷 콘텐츠 등으로 혼동되어 사용되고 있다. 일반 텍스트 정보, 비디오, 음악 등 멀티미디어 상품이나 서비스를 형성하는 지적재산권을 콘텐츠라 정의할 수도 있다. 즉 문자, 음성, 영상 등의 다양한 정보형태가 통합되어 생성, 전달, 처리되도록 하는 시스템 및 서비스에서 활용되어지는 정보 서비스 내용물인 것이다.

콘텐츠의 시대에 가장 주목받는 것이 문화 콘텐츠이다. 문화 콘텐츠는 문화culture와 콘텐츠contents의 복합어로 창조성이 있는 문화적 요소가 내포된 형태의 제품, 소프트웨어, 서비스 등의 내용물을 말한다.

문화 콘텐츠는 정보, 데이터 등의 지식을 기반으로 인터넷, 디지털, SNS 등으로 전 세계가 네트워크화 되고 스마트라는 플랫폼으로의 기술 기반을 바탕으로 전통 자원, 문화 예술, 생활양식, 이야기 등의 문화적 요소에 창의적 상상력 및 감성적인 스토리텔링을 통해 형성된 문화 산물(영화, 게임, 애니메이션, 캐릭터, 뮤지컬, 콘서트, 모바일 어플리케이션 등)이다. 즉 문화 콘텐츠는 문화적 요소(생활양식, 역사적 기록, 이야기, 경험 등)에 창의적 기획력을 가미하여 경제적 부가가치를 창출하는 문화 상품을 일컬으며, 문화 콘텐츠 산업은 "문화 상품을 기획 · 제작 · 가공하여 생산하거나 유통, 마케팅 및 소비 과정에 참여하여 경제 가치를 창출하거나, 이를 지원하는 모든 연관 산업"이라고 말할 수 있다.

문화 콘텐츠는 사회가 발전할수록 사람들이 일상을 통해 받은 스트레스를 풀고, 재충전하기 위해 더욱 문화에 열중하게 되는 측면에서 매우 중요한 요소이다.

그래서 21세기 고부가가치 신성장동력 산업으로 국내외적으로 경쟁이 치열하게 이루어지고 있으며, 세계 각국과 주요 기업에서는 콘텐츠산업 시장 선점을 위해 지원 및 투자를 경쟁적으로 늘려 가는 중이다. 즉 문화 콘텐츠는 국가 경쟁력의 시작점이다.

한류^{韓流}를 일으킨 드라마로부터 현재 전 세계에 열풍을 일으키고 있는 K-POP, 영화, 방송, 게임, 캐릭터, 에니메이션 등 다양한 문화 콘텐츠가 우리나라의 대외 경쟁력을 고양시키고 있다.

우리 문화 콘텐츠의 세계적인 확산은 단계적으로 살펴보면 첫째, 우리 문화에 대한 관심을 높이고 둘째, 이를 통해 한국에 대한 이미지가 상승하게 된다. 셋째, 이는 우리 기업에서 생산한 스마트폰, TV, 자동차, 패션상품 등 상품의 구매로 연결되고 마지막으로 한국 문화 콘텐츠를 직접 보고 체험하기 위해 우리나라를 방문하는 관광산업과 비즈니스 체결이라는 커다란 결실을 맺게 된다.

방송, 영화, 게임, 캐릭터, 음악 등 문화 콘텐츠 산업은 아날로그에서 디지털로의 변화에 따라 디지털 영상, e-러닝, 디지털 음악, 전자출판, 콘텐츠 유통, 어플리케이션^{Application}, 소셜 네트워크 서비스^{Social Network Service}, 클라우드 컴퓨팅^{Cloud Computing}, 메타버스, NFT^{Non-fungible token, 대체 불가능 토큰)} 등의 디지털화 된 콘텐츠로 다양하게 발전하고 있다. 특히, 하드웨어, 소프트웨어, 네트워크 서비스가 합쳐지는 3중 융합의 트라이 버전스 현상이 일어나고 있다. 이는 PC 기반의 인터넷, TV 기반의 미디어, 스마트폰 기반의 커뮤니케이션이 하나로 합쳐지는 것으로 디지털 융합화는 더욱 가속화되어 새로운 디지털 콘텐츠가 다양한 장르의 콘텐츠로 재창조될 것이다. 즉 OSMU^{One-Source Multi-Use}가 더욱 활성화 되어 끊임없는 부가가치를 창출하게 된다.

그런데 현재 우리나라 콘텐츠 산업에서 가장 취약한 부분은 '기획'과 '마케팅'으로 이에 대한 보강이 필요하다. 〈오징어게임〉이라는 세계적으로 주목받은 콘텐츠를 만들었음에도 수익 부분을 살펴보면 투자한 넷플릭스만 막대한 이익을 보게 되었다는 점에서 기획과 마케팅에 대한 문제를 발견할 수 있다.

이를 극복하기 위해서는 첫째, 시장에 맞게 콘텐츠를 제작, 기획할 수 있는 '안목'이 있어야 한다. 즉 시장을 읽을 수 있는 기획 역량이 무엇보다 중요하다. 이를 위해 콘텐츠기획자에게는 문화, 사업, 시장 등을 분석하고 각 시장에 맞는 콘텐츠를 창조할 수 있는 복합적인 역량이 요구된다.

둘째, 기획한 콘텐츠를 판매하는 역량 특히, 글로벌 마케팅을 효과적으로 수행해야 한다. 나라, 기업별로 비즈니스 관행의 차이와 계약 조건이 천양지차이므로 이에 대한 정확하고 차별화된 마케팅 역량이 요구된다. 특히 나라별로 콘텐츠 관련 법(특히 IP)에 대해 유의해야 한다.

콘텐츠기획 프로세스

그렇다면 콘텐츠의 기획 프로세스는 어떻게 이루어지고 어떻게 적용해야 될까?

성공적인 기획 프로세스를 수립하기 위해 세계 1등을 하고 있는 스마트폰의 기획 프로세스를 살펴보며 벤치마킹하면 좋을 것 같다.

스마트폰을 기획하기 위해서는 가장 먼저 시장조사를 해야 한다. 새로운 스마트폰을 만들려면 세계와 국내를 대상으로 고객은 어떤 제품을 선호하고, 경쟁자는 어떤 상품과 서비스를 팔고, 만드는지를 파악하는 시장조사가 제일 먼저 이루어져야 한다. '현장에 답이 있다'라는 말에서도 기획의 첫 걸음이 시장조사에 있음을 알 수 있다.

시장조사를 하게 되면 새로운 정보를 파악하게 되고 이를 바탕으로 새로운 아이템을 어떻게 개발할지 방향을 설정하게 된다. 시장조사자료를 분석하여 새로운 방향으로의 아이템, 즉 신제품의 컨셉이 결정되면 이를 토대로 신상품기획이 이루어지고 동시에 잘 알리고, 팔기 위해 마케팅 기획을 하게 된다. 그리고 마지막으로 신제품이 완성되면 내부 필드 테스트 Field Test를 통해 문제점을 사전에 파악하고 개선한 후 최종적으로 고객에게 신제품을 선보이게 된다.

이처럼 스마트폰 기획은 '시장조사 → 아이템 선정 → 컨셉 수립 → 신상품 및 마케팅 전략 기획 → 필드 테스트 → 런칭'의 프로세스에 맞추어 이루어진다.

예를 들어 삼성전자 갤럭시S23은 어떻게 세계 최고의 스마트폰이 될 수 있었을까? 2012년 애플을 제치고 세계 1위가 된 삼성전자 갤럭시S는 삼성 스마트폰만의 정확한 개념 정립과 더불어 시장조사에서 런칭 단계까지 세분화된 출시 프로세스를 수립하고 이를 철저히 실행하고 문제점을 피드백 했기 때문에 가능했다.

글로벌 시장에서 성공하는 콘텐츠기획도 이와 마찬가지로 시장조사에서 런칭까지 콘텐츠의 특성과 환경에 맞추어 정해진 순서에 따라 법칙적으로 기획되고 만들어져야 한다. 즉 콘텐츠기획 프로세스는 "시장조사 → 아이템 선정 → 아이디어 차별화 → 스토리텔링과 스토리두잉 → 기획과 마케팅"에 이르기까지 총 5단계로 이루어진다.

조금 더 구체적으로 프로세스를 설명하면 성공하는 콘텐츠기획은 국내외 콘텐츠 시장을 조사를 제일 먼저 하고, 이를 통해 얻은 정보를 바탕으로 새롭게 기획할 콘텐츠의 아이템을 선정한다. 아이템은 아직 가공되지 않은 순수한 현장 정보이므로 이를 차별화하기 위해 트렌드, 고객, 경쟁자를 고려하여 한 단계 업그레이드된 아이디어로 가공한 후 지속적인 경쟁력을 확보하기 위해 시기와 계절감을 살려 바이럴이 될 수 있는 스토리텔링을 한다.

예를 들어 1인 미디어 콘텐츠를 기획하기 위해서는 국내외 미디어 시장 및 유튜버들의 콘텐츠 조사를 통해 새롭게 제작할 콘텐츠 아이템을 선정하고 이에 아이디어를 더해 기존 1인 미디어와 차별화하며 재미있고 설득력 있게 전달하기 위해 스토리를 만들고 향유자들이 참가하여 즐길 수 있도록 테스트를 거친 후 새로운 1인 미디어를 테스팅하고 런칭하면 된다.

우리의 콘텐츠를 지금처럼 세계시장에 지속적으로 성공시키기 위해서는 개념과 프로세스를 바탕으로 3단계 전략을 따라야 한다.

첫째, 콘텐츠에 대한 정확한 개념과 현황을 이해하는 것이며 둘째, 콘텐츠기획 프로세스에 대한 단계별 연구와 적용 방안을 모색하는 것이고 셋째, 세계 1위 콘텐츠의 기획과 마케팅을 롤모델로 벤치마킹하여 성공 방정식을 콘텐츠에 적용하여 우리만의 차별화된 콘텐츠를 만드는 것이다.

콘텐츠기획 프로세스

우리는 생각의 차이를 통해 기획이 차별화되고 세계적인 콘텐츠가 탄생함을 아기상어와 방탄소년단의 사례를 통해 알 수 있었다. 다르게 생각하는 방법을 통한 차별화된 기획의 방향을 정한 후에는 이를 직접 확인하고 실현할 수 있을지 현장에서 구체적으로 살펴봐야 한다.

콘텐츠기획의 시작은 어디서부터 해야 할까?

마케팅의 그루라 불리는 필립 코틀러는 "모든 전략은 기획에서 시작되고 기획은 시장조사에서 출발한다." 라고 말하였다. 생각을 확인하기 위해서는 온오프, 국내외 전방위적으로 시장조사를 해야 한다. 시장조사는 3C 분석, SWOT 분석, PEST 분석 등 다양한 방법이 있으며 조사와 분석을 통해 문제를 발견하고 이를 해결하기 위한 방법을 찾아낼 수 있다.

문제는 현재의 수준AS-IS에서 목표 수준TO-BE의 차이GAP를 말하는 것으로 현재의 상황을 정확이 파악해야 문제를 발견할 수 있고 목표에 도달하기 위한 방법을 모색할 수 있다. 즉 콘텐츠를 기획하고자 할 때 처음 시작하는 일이 '시장조사'다.

일을 순조롭게 잘 하려면 첫 단추를 잘 꿰어야 하는 것처럼 콘텐츠기획의 첫 단계인 시장조사는 매우 중요하다. 철저한 시장조사를 해야만 콘텐츠기획의 방향을 잘 정할 수 있기 때문이다. 그래서 기획을 할 때 시장조사에 80% 이상의 시간이 소요된다.

시장조사에 대해 정확히 알고 제대로 시행해야 성공적인 콘텐츠를 기획할 수 있게 된다. 문제의 개념을 분명히 파악해야 문제를 잘 풀 수 있듯이 시장조사를 잘 하기 위해서는 '시장조사'에 대한 개념을 정확히 알아야 한다.

시장조사를 사전에서 찾아보면 '상품의 판매촉진이나 제품 개량 따위를 목적으로 생산자가 소비와 생산과의 관계나 상품의 질과 양, 구매동기 따위의 자료를 과학적으로 조사하는 일'이라고 나와 있다. 즉 '시장조사'란 시장에 나가 상품(또는 서비스, 콘텐츠 등)이 판매(유통) 되는 상황을 구체적으로 살펴보고 과학적으로 조사하여 살펴보는 것으로, 간략하게 말하자면 '시장에 나가 현장을 살펴보고 현황 및 문제점을 알아보는 것'이다. 콘텐츠기획을 시작하기 위해서는 시장조사, 즉 현재의 국내외 글로벌 환경에 대한 조사와 분석을 해야 한다.

다음은 2023년 경제 및 콘텐츠 전망과 글로벌 환경을 살펴본 내용으로 이러한 시장조사를 바탕으로 세밀화 된 분석을 통해 인사이트를 발견하고 세계 시장에서 성공할 수 있는 아이템을 선정해야 할 것이다.

2023년 경제 및 콘텐츠 산업 전망

IMF의 올해 경제성장률은 세계 평균 2.7%이며 중국 4.4%, 미국 1.0%, 한국은 2.0%로 매우 낮다. 특히 환율, 물가, 금리가 높아져 경제성장률 대비 물가상승률이 2배 이상으로 한동안 지속될 것으로 예상된다. 이러한 경제불황 속에서도 물가상승이 동시에 발생하는 스태그플레이션으로 2023년 불황은 최악의 상황이 될 가능성이 있다고 언론과 경제연구원에서 발표하였다.

삼정KPMG의 2023년 국내 주요산업 전망에 따르면 고물가·고금리 기조에 따라 국내외 경기회복이 둔화될 것으로 예상되고 국내 주요 산업은 전반적으로 위축될 것으로 예측하였다. 그러나 엔데믹에 따른 회복세 및 시장 외연 확대, 공급망 및 원자재 수급 불안 개선, 일부 업종 대기 수요 등으로 하반기 이하 업종별 수요는 소폭 개선될 가능성도 상존한다고 전망하였으며, 다음은 삼정 KPMG의 2023년 산업전망 기상도이다.

산업	2023년 전망	산업	2023년 전망	산업	2023년 전망
반도체	일부 부정적	제약·바이오	일부 긍정적	패션	일부 부정적
디스플레이	일부 부정적	건설	부정적	화장품	일부 긍정적
휴대폰	일부 긍정적	항공	일부 긍정적	은행	일부 부정적
자동차	일부 긍정적	관광	일부 긍정적	증권	부정적
철강	일부 부정적	게임	일부 긍정적	카드	일부 부정적
조선·해운	일부 부정적	미디어·엔터테인먼트	일부 긍정적	생명보험	일부 부정적
정유·화학	일부 긍정적	유통	일부 긍정적	손해보험	일부 긍정적
에너지·유틸리티	일부 긍정적	식품·외식	일부 부정적		

Source: 삼정KPMG 경제연구원

표에서 볼 수 있듯이 절반 정도의 산업 부문이 부정, 일부 부정으로 많은 어려움이 예상됨을 볼 수 있다. 이러한 불황을 지혜롭게 돌파하기 위해서는 다음 3가지 측면을 고려하여 차별화된 기획과 마케팅 전략을 수립해야 할 것이다.

① 디지털 전환의 시대, 엔데믹 등 시장환경의 변화에 맞추어 전략을 수립해야 한다.

② 유통은 옴니채널, O2O^{Online to Offline}에서 O4O^{Online for Offline}로 움직이므로 온라인에서는 판매와 정보 제공을, 오프라인에서는 체험과 소통, 팝업 스토어의 운영에 주력해야 할 것이다.

③ 프로슈머^{Prosumer}의 시대로 타깃의 소비 스타일 변화에 맞추어 매장(공간)이 변화를 도모하고 판매 방식도 라이브 커머스, 라이크 커머스, 콘텐츠 커머스 등으로 다변화해야 할 것이며 자연스러운 소비자 공략을 위해 콘텐츠 크리에이터를 적극 활용해야 할 것이다.

다음은 한국콘텐츠진흥원에서 발표한 2023년 콘텐츠 산업 전망으로 글로벌 시장을 공략할 문화 콘텐츠기획 및 마케팅 전략에 참고해야 한다.

먼저 2022년 콘텐츠산업 매출액은 146.9조 원, 수출액은 130.1억 달러, 종사자수 65.7만 명이며, 산업별 매출은 방송〉출판/지식정보〉게임〉광고〉캐릭터〉음악 등의 순으로 성과를 거두었다.

2023년은 경기 침체의 위기 속에서도 콘텐츠산업이 새로운 기회를 모색하며 성장을 이어나가기 위한 10가지 키워드를 제시하였다.

첫 번째 키워드 'W 곡선'은 경기 침체의 영향에도 불구하고 즐거움을 누리는 콘텐츠 소비 심리가 증가하며 2023년이 콘텐츠산업의 새로운 기회가 될 것이라고 전망했다.

두 번째 키워드 '이탈주의보'는 플랫폼 간 경쟁 심화와 외부 활동시간 증가로 인해 떠나려는 이용자를 붙잡기 위한 기업들의 비즈니스 전략의 차별화를 소개했다.

세 번째 키워드 '소수에서 자연수로'는 콘텐츠 산업 내 핵심 가치로 부상하고 있는 다양성과 포용^{Diversity & Inclusion}을 다루었다. 특히 콘텐츠 내용·제작·접근 측면의 D&I 사례들을 통해 모두가 함께 만들고 즐기는 콘텐츠의 중요성을 강조하며 향후 콘텐츠산업의 질적 변화와 성장을 예상했다.

네 번째 키워드 '본격 가동, K-스튜디오 시스템'은 글로벌 가치사슬을 구축한 콘텐츠 기업들의 현지 제작·유통 본격화와 동시에 국내 중소 콘텐츠 제작사들의 IP 보유·수익 배분을 위한 논의가 확대될 것임을 전망하며 K-콘텐츠 재도약을 위한 지원정책의 중요성을 강조하였다.

다섯 번째 키워드 '콘고지신'은 세대와 장르, 형식을 넘어서는 콘텐츠 IP 성공 사례를 통해 핵심 자원으로서 '콘텐츠 IP'의 전략적 활용을 조망했다.

여섯 번째 키워드 '당신의 콘BTI는?' MBTI를 기반으로 2022년 콘텐츠 소비 트렌드를 확인할 수 있는 콘텐츠 〈콘BTI〉를 새롭게 구성하여 이용자 소비 특성을 분석했다.

일곱 번째 키워드인 '주문을 받습니다'는 적극적으로 콘텐츠를 요구하고 소비하는 소비자들을 벨덤(벨을 울리는 콘텐츠 팬덤)이라 제시하고, 팬덤과 제작사의 상호작용을 통해 콘텐츠 파워가 더욱 지속될 수 있을 것으로 내다보았다.

여덟 번째 키워드 'K-콘텐츠, 공감과 교류로 지속 확장'은 K-콘텐츠의 글로벌 영향력 확대에 따라 높아진 글로벌 팬들의 기대감과 '문화감수성'의 중요성을 짚어보았으며, 아홉 번째 키워드 '한 걸음 더, 현실과 가상 사이'는 신기술을 활용해 진화하고 있는 콘텐츠 제작환경과 AI 활용 양상을 소개했다.

마지막으로 열번째 키워드 '창의노동, 변곡점에 서다'는 콘텐츠산업 내 세분화·전문화되고 있는 노동 형태를 제시하며 창의인력 양성을 위한 프로그램 발굴의 중요성을 강조했다.

지금은 스마트, 뉴미디어, 4차산업혁명의 융복합시대

콘텐츠기획을 잘 하기 위해서는 현재의 시대 특성을 정확히 파악하고 이해해야 한다. 지금은 스마트 시대, 뉴미디어 시대, 4차산업혁명의 시대이다.

먼저 스마트시대의 환경에 대해 살펴보자.

지금 우리는 매일 새로운 콘텐츠와 기술로 급속하게 변화하는 시대에 살고 있다. 최근에는 AI가 우리 주위를 둘러싼 의식주, 모든 환경에 대한 솔루션을 제공하며 빠르게 변화하고 있다. 수렵사회에서 농경사회로 오는 데 3만 년, 농경사회에서 산업사회로 변화하는 데 3천 년, 산업사회에서 정보사회로 이동하는 데 3백 년이 걸렸다. 그런데 PC와 인터넷으로 빠르게 진행되던 정보사회가 창조사회로 옮아가는 데는 30년밖에 걸리지 않았다. 코로나-19로 시작된 2020년은 새로운 세상, 새로운 일상의 뉴노

멀로 매일 매일 새로운 변화를 만나고 있다. 과거의 3만 년, 3천 년, 3백 년, 3십 년의 진화가 이제는 1년도 채 걸리지 않게 된 것이다.

그 이유는 무엇일까?

지금으로부터 30년 전 PC가 보급되기 시작할 무렵 저장 매체로 활용되던 플로피디스크는 디스켓으로, 디스켓은 작은 이동식 저장장치인 USB(Universal Serial Bus)로, USB는 메모리카드로 점점 소형화되었고 지금은 이러한 유형의 저장매체보다 데이터를 인터넷과 연결된 중앙컴퓨터에 저장해서 인터넷에 접속하기만 하면 언제 어디서든 데이터를 이용할 수 있는 클라우드라는 가상공간에 저장하는 시대가 되었다. 저장하는 매체가 점차 소형화되고 현재는 가상공간을 활용이 가능하게 된 것은 스마트폰 때문이다.

중국은 최근 10년 동안 급속도로 성장하여 미국과 함께 G2체제를 구축되었는데, 이러한 배경에는 중국의 사회 환경이 PC시대를 넘어 스마트폰을 사용하는 모바일 체계로 중국의 시스템이 변화된 것이 큰 이유일 것이다.

스마트시대에는 1분 동안 어떠한 일이 일어날까?

2021년 기준으로 1분 동안 트위터에서는 20만 트윗이 보내지고, 41만 개의 앱이 다운로드 되며, 페이스북은 140만 번 스크롤링

되고, 유튜브에서는 500시간의 콘텐츠가 업로드 된다. 1시간에 1년 동안 볼 수 있는 유튜브 영상이 만들어지는 실로 엄청난 세상이다.

그렇다면 스마트시대의 하루는 몇 시간일까?

우리가 다 알고 있는 것처럼 하루는 24시간이지만 스마트 시대에는 하루가 31시간 28분이라고 「2016년 activate tech and media outlook」에서 말하였다. IITP(정보통신기획평가원)의 「ICT(정보통신기술) Brief 보고서」에서 인용한 자료에 따르면 미국 성인이 하루 평균 소비하는 시간은 31시간 28분으로 물리적 시간인 24시간보다 7시간 28분을 더 초과해 소비한다고 한다. 특히 7시간 28분은 오디오 콘텐츠를 들으며 운동, 운전, 회사 업무 등 한 번에 두 가지 이상 일을 동시에 하는 것으로 조사됐다.

우리는 멀티태스킹 시대에 살고 있다. 이를 가능하게 한 것은 스마트폰이다. 우리 모두는 손 안에 슈퍼컴퓨터를 지니고 다니는 시대에 살고 있는 것이다. 5G로 엄청나게 빨라진 인터넷, 모든 모바일 사용자가 SNS로 연결되고 저장된 신용카드로 해외직구를 하는 국경이 없는 세상 속에서 살고 있다. 이처럼 스마트폰으로 인해 세상이 급변하게 되고 이러한 변화를 감지한 기업 들은 성공을 거두게 되고 변화하지 않은 기업들은 쇠락의 길을 걷게 되었다.

스마트한 시대의 변화

페트로차이나, 엑손모빌, GE, 중국이동통신, 마이크로 소프트, 중국공상은행, 페트로브라스, 로열 더치 쉘, AT&T, P&G…. 2008년 세계 시가총액 상위 10개 기업이었다. 이들 기업들이 2018년에는 어떻게 되었을까? 2008년 10위 안에 있던 기업 중 2022년에도 계속 있는 기업은 마이크로 소프트뿐이다. 왜 이렇게 되었을까?

2022년 12월말 기준으로 세계 10위 안에 든 회사는 애플, 마이크로 소프트, 아마존, 알파벳(구글), 테슬라, 페이스북, 텐센트, 알리바바, 투자전문 회사인 버크셔 해서웨이 등 스마트폰을 생산하거나 관련 콘텐츠를 제작, 서비스, 투자하고 있는 회사이다.

불과 10년 만에 어떻게 1개의 기업을 빼고 모든 기업들이 10위에서 밀려났을까?

스마트폰을 중심으로 한 모바일 디지털로의 환경변화에 있다. 10위 밖으로 밀려난 기업들은 스마트 환경으로의 변화를 읽지 못하고 고객들이 원하는 새로운 가치를 제공하지 못했기 때문이다.

그렇다면 빅데이터, 인공지능(AI), 블록체인, AR/VR 등 급속하게 발전하는 기술의 변화를 어떻게 활용해야 앞으로 주도권을 잡을 수 있을까? 이를 위해서는 시장을 읽고 변화를 주도할 수 있는 새로운 생각, 즉 '신시장을 창조하는 통찰력'이 필요하다.

2023년 4월「블룸버그」에서 발표한 세계 부자순위 1~10를 살펴보면 2위에 테슬라의 일런 머스크, 3위는 아마존의 제프 베조스, 4위는 마이크로 소프트의 빌 게이츠, 6위 오라클의 래리 앨리슨, 7위가 마이크로 소프트의 스티브 발머, 8위와 9위는 구글의 래리 페이지와 세르게이 브린으로 7명이 스마트한 기술과 콘텐츠 관련 기업가들이다. 특히 아마존의 제프 베조스는 예스24와 같은 인터넷서점을 시작으로 인터넷과 스마트 시대의 가치를 순차적으로 동시에 공략하며 이전 부동의 세계 1위였던 마이크로 소프트사의 빌 게이츠를 제치고 2019년에 1위의 부자로 등극한 후에 계속 3위 안에 랭크되어 있다. 이렇게 시가총액이 바뀌고 부자의 순위가 달라진 것은 스마트 시대로의 변화에 따른 소비자 가치의 변화를 파악하고 이를 효과적으로 공략하였기 때문이다.

스마트 시대의 가장 큰 변화가 일어나고 있는 나라는 중국이라고 해도 과언이 아니다. 2023년 중국 부자순위를 살펴보면 2위에 틱톡(바이트댄스)의 장이밍, 3위는 텐센트의 마화텅, 4위는 전자상거래기업 핀둬둬의 콜린 황, 5위는 알리바바의 잭 마윈으로 1위부터 5위까지 4명이 인터넷, IT 콘텐츠와 관련된 사람이다.

이들 중 텐센트와 알리바바에 우리는 주목해야 한다.

2023년 1월 기준, 아시아 시가총액 1위 기업은 중국의 텐센트이다. 텐센트는 PC메신저 QQ, 모바일 메신저 '위챗', 온라인 포털 QQ.com, 인터넷 및 모바일게임 서비스, '위뱅크' 등 핀테크 서비스, 위챗을 기반으로 각종 O2O^{Online to Offline} 서비스를 주로 하고 있는 회사다.

이 회사가 스마트 시대에 주목받은 이유는 QQ, 위챗, 게임 등을 포함한 주요 서비스 콘텐츠를 스마트폰으로 월간 30억 명이 사용한다는 것이다. 이는 세계에서 회원수가 29억 명으로 가장 많은 페이스북보다 1억 명이 많은 숫자다.

텐센트는 마화텅이 1998년에 설립한 회사로 어떻게 25여 년 만에 아시아 시가총액 1위 기업이 될 수 있었을까?

CEO인 마화텅은 '남들이 고양이를 보고 고양이를 그릴 때 텐센트는 고양이를 본떠 호랑이를 그렸다'고 창조적인 모방을 강조하였다. 성공 사례를 롤모델로 삼고 벤치마킹한 결과이다. 베끼기로 시작하여 혁신으로 재창조하며 스마트 시대로의 전환에 맞게 세계 1등 서비스를 창조와 혁신으로 바꾸어 텐센트는 아시아 1등 기업이 된 것이다

8번의 사업 실패 끝에 2014년 미국증시에 역대 최대 규모로 기업을 성공적으로 공개하며 중국 최대부자에 오른 사람은 알리바바의 잭 마윈이다. 알리바바는 인터넷을 기반으로 한 온오프라인 비즈니스를 하는 회사로 우리에게는 해외직구 사이트인 알리익스프레스, 결제 시스템인 알리페이, 쇼핑몰인 타오바오로 잘 알려져 있다.

이 회사는 매년 11월 11일 광군제(슈퍼위크, 솔로데이)라는 특별 할인행사를 시행한다. 우리나라에서는 빼빼로데이로 불리는 11월 11일, 알리바바 광군제의 당일 매출액은 실로 어마어마하다.

2020년에는 11월 1일부터 10일간 예약판매를 포함하여 84조 원이라는 놀라운 성과를 거두었으며 2021년에는 사상 최대로 100조 원을 돌파하였다. 이는 특별할인 행사의 대명사인 미국의 블랙 프라이데이 거래액의 12배가 넘는 금액이며 삼성전자 1년 매출액의 30% 정도에 해당하는 금액이다. 타오바오 라이브 수입 부문 BJ 랭킹 1위 슈퍼 왕홍 웨이아는 한국화장품 축제로 1초에 2만 개씩 85만 개의 화장품을 2시간 만에 완판하고, 한국 라면, 6만 개를 2초 만에 완판하며 광군제 하루 동안 매출 3억 3000만 위안(약 557억 원)을 달성하여 세상을 놀라게 했다. 그리고 패션 부문 왕홍 장다이는 2018년 5000억 원의 매출을 올리며 2019년 미국 증권시장인 나스닥에 상장하였다. 더욱 놀라운 것은 이날 팔린 23억 개 이상의 물건을 배송하기 위해 우리나라의 KTX 같은 고속철 수백 편을 긴급투입하여 객실에도 물건을 싣고 최대한 빠르게 배송한다는 것이다.

지금은 1년 전과 다르고 다가올 세상은 예상하기 어려운 만큼 빨리 변

하고 있다. 예측이 불확실할 정도로 빠르게 변화는 스마트 시대, 우리는 세상의 변화에 보다 깊은 관심을 가지고 자신 만의 레이더로서 통찰력을 키워 스마트한 시대를 고려한 콘텐츠를 기획해야 할 것이다.

미디어의 변화, 뉴미디어의 시대!

스마트폰으로 인한 또 다른 변화는 무엇일까? 소셜 미디어를 중심으로 한 미디어의 변화이다.

미디어는 정보를 전달(전송)하는 매체를 지칭한다. 사회에서는 자신의 의사나 감정 또는 객관적 정보를 서로 주고받을 수 있도록 마련한 수단을 말한다. 우리의 생활과 뗄래야 뗄 수 없는 미디어가 스마트폰의 등장으로 다양하게 변화하였다. 4대 매체였던 TV, 신문, 라디오, 잡지의 전통적인 미디어가 쇠락하고 인터넷과 스마트폰의 등장으로 서로 다른 미디어들이 융합과 진화를 하면서 다양한 뉴미디어들이 등장, 발전하고 있다. 일방통행이었던 올드미디어가 약화되며 고속통신망을 중심으로 유무선 디지털 단말기와 다양한 플랫폼을 통해 정보를 주고받는 뉴미디어 시대로 변화되고 있는 것이다.

2011년 3월 미야기현과 이와타현 등 일본의 동북부 지역에 리히터 9.0 규모의 지진이 발생하였다. 지진으로 인한 거대한 쓰나미로 후쿠시마 원자력발전소가 폭발하고 사망 및 실종자 수가 2만여 명에 이르는 천문학적인 피해를 입었는데, 이러한 엄청난 사건을 가장 먼저 전 세계에 전한

매체는 TV나 신문, 라디오 같은 전통매체가 아니라 트위터, 페이스북 같은 소셜 미디어였다.

아래 사진은 사건 당시 일본을 중심으로 전 세계로 퍼져나가는 트위팅 모습이다.

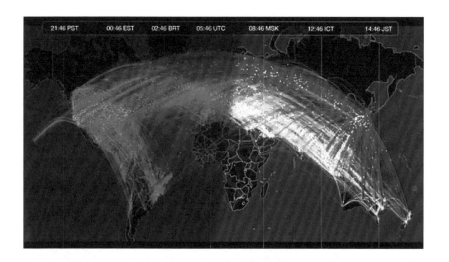

일본에서 트위팅된 내용이 다시 전 세계로 리트윗 되는 것을 볼 수 있으며, 2022년 11월 카타르에서 열린 월드컵 또한 소셜 미디어를 통해 전 세계로 생중계되기도 하였다.

이처럼 방송과 통신이 융합된 뉴미디어는 기술의 발전과 더불어 하루가 다르게 진화되면서 최근 영향력이 가장 큰 매체로 소셜 미디어가 꼽히고 있다. 카카오톡, 페이스북, 인스타그램, 트위터, 블로그 등 많은 사람들이 사용하고 공유하는 소셜 미디어는 누구나 미디어가 되는 세상을 만들고 1인 크리에이터, 인플루언서, 브이로거, 콘텐츠 크리에이터 등 소셜 미디어 스타를 탄생시키고 있다.

누구나 미디어가 되고 스타가 되는 시대

포털보다 유튜브를 통해 검색하는 사람들이 많아짐에 따라 유튜브에 영상 콘텐츠를 제작하여 올리고 수익을 창출하는 1인 크리에이터(미디어 콘텐츠 창작자)가 많아졌다.

이러한 현상은 전 세계적으로 일어났으며 유튜버로서 수백억 원을 버는 스타들도 탄생하게 되었다. 다음은 포브스에서 발표한 2022년 유튜버 소득순위이다.

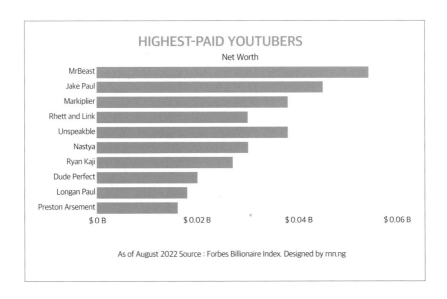

놀라운 것은 6, 7위를 차지한 사람이 어린이라는 것이다. 6위인 러시아 출신의 8살 소녀 아나스타샤 라드진스카야는 344억 원을 벌었다. 아나스타샤가 유튜버가 된 스토리는 특별하다. 어렸을 때 뇌성마비로 말을 할 수 없을 것이란 진단을 받자 부모가 친구, 친척들이 그녀의 치료 경과를 볼 수 있도록 영상을 제작해 공유하기 시작한 것이다. 아빠와 장난감을 갖고 놀거나 평범한 일상을 공유하기 시작하여 '라이크 나스티야 브이로 그^{Lke Nastya Vlog, 1.04억명}'와 '퍼니 스테이시^{Funny Stacy, 3590만}'를 운영하고 있는데, 두 채널의 구독자를 합하면 1억 5천만 명이 넘는다.

라이언월드의 11살 라이언 카지는 엄마와 함께 여러 가지 장난감을 리뷰하는 내용으로 구독자 3,240만 명으로 1년에 332억 원이라는 엄청난 수입을 거둬들였다

다음은 포브스에서 선정한 2022년 7월 기준 국내 유튜버 순위이다.

순위	채널	분류	구독자수(만 명)	시청횟수 (억 건)	업로드 (건)	추정 연소득(원)	전년 순위
KOREA'S POWER YOUTUBERS 100 TOP 10			순수 창작 애니메이션 채널, 키즈·먹방 누르고 최초 1위				
1	계향쓰(GH'S)	게임	436	217	183	52억1404만	5(▲4)
2	옐언니	엔터테인먼트	181	9.9	533	52억1155만	신규
3	5분 Tricks	터득법	457	17.1	3810	47억9578만	신규
4	원정맨 (ox_zung official TikTok)	테크	176	10.9	618	43억1157만	신규
5	Hongyu ASMR 홍유	파플	1360	42.4	506	34억7629만	2(▼3)
6	아미보이	여행	689	26.8	975	29억1775만	4(▼2)
7	Jane ASMR 제인	파플	1670	64.1	1530	27억7925만	1(▼6)
8	햄지	엔터테인먼트	1000	31.9	444	25억9706만	3(▼5)
9	이공삼	엔터테인먼트	898	19.4	605	24억3328만	13(▲4)
10	SIO ASMR	파플	790	15.2	557	22억9243만	24(▲14)

※2022년 7월 25일 기준 원천데이터 소셜블레이드

우리나라에서도 키즈, 게임, 뷰티, 먹방 등 다양한 분야에서 많은 유튜버들이 활동하고 있다. 2022년 전까지는 ASMR 먹방과 키즈 채널들이 상

위에 다수 포진했다면, 2022년 순위에서는 훨씬 다양한 콘텐트의 채널들이 대거 진입했다. 100위권에서 신규 진입(재진입 포함) 채널은 60%에 달했으며, 상위권 30위에서 15개가 신규채널이다. 전년에 비해 절반이 교체된 것이다.

2022년 상위권에는 학습/정보 습득 트렌드에 맞춰 꿀팁 및 터득법^{HOW} ^{TO}, 여행, 지식정보, 창작물 등 다채로운 콘텐츠 채널로 채워졌다. 1위는 '계향쓰$^{gh's}$'로 2021년 5위에서 국내 최고의 유튜버(구독자 720만 명, 연소득 52억)가 되었다. 키즈나 먹방 콘텐츠가 아닌 채널이 1위에 오른 것은 처음으로 독특한 창작 애니메이션을 통해 글로벌 MZ세대에서 인기가 높다. 2위부터 4위까지는 대부분이 틱톡커들이고, 5~10위까지는 먹방 유튜버들이다.

소셜 미디어의 중심인 유튜브로 인해 여전히 1인 미디어 크리에이터 전성시대이다. 유튜브의 대세로 크리에이터들은 연예인 이상으로 인기를 얻고 있다.

요즘 10대들은 유튜버로 세상을 읽는다. 10대는 문자보다 영상을 좋아하고, 포털사이트보다 유튜브에서 검색하는 것이 익숙하다. 이들은 모든 것을 유튜브를 통해서 알아보고 배우며, 새로운 영상을 적극적으로 생산한다. 유튜버와 더불어 소셜 미디어 서비스가 발달함에 따라 각 소셜 미디어(페이스북, 인스타그램, 틱톡, 트위터, 블로그, 유튜브)별로 수천 명에서 수만 명의 팔로워^{follower}를 보유하게 되었다.

이러한 사람들은 브랜드를 선도하거나 타인에게 영향을 미치는 사람으로 인플루언서^{influencer}라고 불리며 이전의 유명 연예인을 통한 마케팅보다 옆집 언니, 누나처럼 친근한 이미지 로 자연스럽게 젊은층에게 다가

간다.

이전의 글을 쓰는 파워블로거보다 영상을 활용한 인플루언서들은 문자화된 텍스트^{text}보다 동영상을 선호하는 젊은층의 기호에 맞추어 콘텐츠를 생산하며 유튜브, 인스타그램을 기반으로 활발한 활동을 하고 있다. 즉 미디어의 변화에 따라 인플루언서가 파워블로거를 대체하고 있다. 자신의 일상을 동영상으로 촬영한 영상 콘텐츠를 올리는 브이로그^{VLOG}는 비디오^{Video}와 블로그^{blog}의 합성어로 초중고 학생들부터 성인들에게 이르기까지 소소한 일상을 이야기하여 인기가 있다. 브이로거 중 '노잼봇'이라는 공시생의 유튜브는 6시간 이상 아무 말도 없이 가만히 공부하며 단순히 밑줄을 긋는 동영상인데도 18만 조회수를 기록하였다. 화려한 연출보다는 꾸밈없이 소소한 일상이 자연스럽게 소통을 이끌어낸 것으로 생각된다.

누구나 미디어가 되는 시대, 개인이 만들어내는 콘텐츠가 뉴스가 되는 세상임을 기억하고 나만의 차별화된 콘텐츠를 기획해야 할 것이다.

뉴미디어와 4차산업혁명시대의 연결

뉴미디어시대, 통찰력을 높이기 위해서는 4차산업혁명에 주목해야 한다.

4차산업혁명은 증기기관으로 기계화된 1차산업혁명, 전기에너지로 대량생산하게 된 2차산업혁명, 컴퓨터와 인터넷 기반의 지식정보혁명인 3차산업혁명을 거쳐 모든 것이 연결되고 보다 지능적인 사회로 진화된 2차정보혁명을 말한다.

4차산업혁명은 2016년 스위스 다보스에서 열린 세계경제포럼의 주제로 제조업과 창조경제의 기반인 ICT^{Information and Communications Technologies}와의 융합을 통해 기존에 없던 제품과 서비스를 현재보다 10배는 빠르게 성장하는 것을 말한다.

4차산업혁명은 데이터가 에너지로 1~3차 산업혁명이 하드웨어와 연관이 되어 있다면, 4차산업혁명은 상상력과 빅데이터가 합해진 소프트웨어 혁명으로 '연결^{connectivity, 連結}'이 핵심 키워드이다.

2007년 애플의 스티브잡스는 아이팟^{iPod}과 전화^{Phone}, 인터넷을 결합하여 아이폰을 만들었다. 스마트폰의 시초인 아이폰은 MP3, 전화, 인터넷 3가지를 연결하여 스마트혁명을 촉발시켰고, 지금 우리는 스마트폰 없이는 살 수가 없을 정도로 생활에 밀착되어 있다.

스마트폰은 우리 생활에 많은 변화를 일으켰다. 예를 들어 생활용품, 식품을 구입할 때 적립하던 포인트 카드, 집 근처 카페에서 커피를 먹을 때 스탬프로 도장을 찍어주던 종이카드가 이제 스마트폰 안에 어플리케이션^{Applicatiion, 스마트폰의 응용프로그램, 이하 앱}으로 대체되었다. 물건을 살 때, 지하철이나 버스를 탈 때, 자동차를 운전할 때, 책이나 영화를 볼 때도 스마트폰을 이용하고 있다.

우리는 스마트폰을 촉매제로 지구의 모든 사람들과 연결되고 무한한 정보를 매일 만들어내고 있다. 특히 4차산업혁명과 관련된 사물인터넷^{IoT, Internet of Things}은 2020년 500억 개의 기기가 연결될 것이라고 예측(가트너, 한국정보화진흥원)하기도 했다.

핸드폰에 인터넷, MP3 3가지를 연결한 스마트폰으로 엄청난 변화를 만들었는데, 이제 수백억 개의 기기가 연결된다면 과연 어떠한 변화가 일어날지 예측하기조차 어렵다.

4차산업혁명은 단순한 연결을 넘어 '초연결超連結'을 지향하고 있다. 그러므로 우리는 '연결'을 통한 다양한 성공 사례를 통해 콘텐츠와 소비자를 연결하는 방안을 다각적으로 더욱 많이 모색해야 할 것이다. 급변하는 변화 속에서 다양한 소비자의 니즈Needs를 충족시키기 위해 고객과의 연결고리를 찾아야 많은 사람들에게 사랑받는 콘텐츠가 될 것이다.

스마트한 연결 성공 사례 : 펭귄 내비와 보이스 오브 아트

스마트한 '연결'을 통해 성공한 두 가지 사례가 있다.

첫 번째 사례는 일본 도쿄 이케부쿠로에 있는 '선샤인 아쿠아리움'이다. 이 아쿠아리움aquarium 수족관은 지하철역에서 1km나 떨어져 있고 찾아가는 길이 복잡해 관람객들이 찾는 데 어려움이 많았다. 이러한 문제를 해결하기 위해 스마트한 연결을 통해 '펭귄 내비PENGUIN NAVI'가 만들어졌다. 누구나 가지고 있는 스마트폰에 '펭귄내비' 앱을 실행시키면 귀여운 펭귄들이 아쿠리움으로 길안내를 하는 것이다.

이 내비게이션은 사람이 본능적으로 동물을 쫓아다니는 것에 착안하여 아쿠아리움을 대표하는 펭귄을 캐릭터로 만들고, 증강현실VR, Virtual Reality과 연결하여 만든 것이다. 그 결과 선샤인 아쿠아리움은 펭귄 내비게이션을 통해 관람객이 152% 늘어났다.

두 번째 사례는 브라질 상파울로 피나코테카 미술관Pinacoteca do Estado de São Paulo이다. 이전에는 브라질 국민들의 72%가 박물관을 한 번도 방문하지 않았다. 박물관이 어디에 있는지도 모르고 가게 되더라도 흥미를 느낄 만한 게 없었기 때문이다. 어렵고 지루한 설명은 사람들의 호기심을 유도하기에 높은 장벽이었다.

피나코테카 박물관에서는 '어떻게 하면 방문객들이 재미있고 친숙하게 관람할 수 있을까'를 고민하게 되었다. 그리고 IBM사와 함께 인공지능AI 프로그램인 왓슨Watson을 이용한 대화형 앱 '보이스 오브 아트The Voice of Art'를 도입하였다.

IBM은 도서, 신문, 인터넷 등의 미술작품에 대한 빅데이터를 분석하여 작품에 대한 역사적인 사실, 활용된 기법 등에 대한 질문에 응답하도록 앱을 만들었다. 왓슨은 이전까지 일방적으로 정보를 전달하는 오디오 가이드가 아니라 방문자의 질문을 알아듣고 그에 맞는 대답을 해 주었다. 궁금한 점만 골라 질문하면, 인공지능 왓슨이 재미있게 맞춤형 대답을 해 주는 것이다.

이를 통해 미술관의 방문객은 200%가 늘었다. 4차산업혁명의 주요 기술인 인공지능과 빅데이터를 박물관과 연결하여 멋진 결과를 얻어낸 것이다.

펭귄 내비와 피나코테카 미술관의 보이스 오브 아트 (출처. 구글이미지)

이밖에도 수백억 개가 연결되는 사물인터넷의 시대에는 AI스피커, 자율주행차, 하늘은 나는 택시, 스마트 장난감, 코딩을 배우는 레고블록, AR, VR, 인공지능을 통한 의료기술, 무인상점(아마존고, 알리바바의 하마선생 등) 등이 만들어져 사람들의 생활을 편리하고 풍성하게 해 주고 있다.

우리는 모든 것이 스마트폰으로 연결되고 문제가 해결되는 세상에 살고 있다. 스마트시대의 문화 콘텐츠는 융·복합을 통한 '창조적 연결'을 해야 한다. 4차산업혁명은 연결을 통해 빅데이터를 만들고 이를 인공지능이 학습하여 파괴적인 혁신을 촉발하고 있는 것이다. 초연결과 초지능으로 만들어지는 4차산업혁명의 시대는 창조적 융합을 통해 사람들의 생활을 보다 편리하고 더욱 풍성하게 해 주어야 할 것이다.

4차산업혁명, 스마트 시대의 또 다른 이슈는 VR^{Virtual Reality, 가상현실}, AR^{Augmented Reality, 증강현실}, MR^{Mixed Reality, 혼합현실}, XR^{Extended Reality, 확장현실}이다. 실감형 콘텐츠에 대한 관심이 높아지는 시대에는 AR, VR, MR, 메타버스 등의 기술을 문화 콘텐츠와 잘 융합하여 삶에 유용하고 향유할 수 있는 새로운 콘텐츠를 만들어야 한다.

4차산업혁명의 시대는 콘텐츠의 연결, 즉 융합을 통해 미래를 창조하는 시대다. 미래를 창조하기 위해서는 무엇을 벤치마킹할 것인지 성공 사례를 찾아보고 시장의 변화를 이해하며 어떻게 창조적으로 연결하여 새로운 콘텐츠를 만들 것인가에 대해 기획을 해야 한다.

현장에 답이 있다

"현장에 답答이 있다"는 말이 있다. 문제를 해결하기 위해서는 반드시 현장에 나가야 한다는 것이다.

과거에 임금님이 민심을 살피기 위해 잠행을 다니며 백성들의 생활을 살펴보는 일이 있었다. 이는 민생문제를 파악해 문제를 해결하기 위해서는 현장방문이 중요했기 때문일 것이다.

대부분의 사람들이 기획을 시작하게 되면 제일 먼저 노트북을 열거나 스마트폰을 켜고 포털에 검색어를 치고 자료를 찾고 해결 방법을 얻으려 한다. 그런데 포털 검색을 자료를 찾으면 동일한 결과를 통해 어디서 본 듯한 기획을 하게 된다. 검색을 통해서는 콘텐츠기획의 생명인 '차별화'는 거둘 수 없는 것이다.

차별화된 아이템을 얻고 정확한 현장의 이야기를 수렴하여 기획에 반영하기 위해서는 반드시 현장방문을 통한 시장조사를 하며 고객을 만나 생생한 의견을 들어야 한다. 즉 기획의 출발은 시장조사에 있으며, 창의적인 콘텐츠기획을 하기 위해서는 현장에서 청취한 고객의 의견이 반드시 반영되어야 한다. 이를 위해 현장을 방문할 때에는 반드시 사전에 질문지를 준비하여 고객을 만날 때 의견을 청취하고, 조사를 마친 후에는 고객의 행동을 분석하여 기획에 반영해야 성공적인 프로젝트 결과를 얻을 수 있다.

필자가 삼성전자에서 근무할 때 상사로부터 많이 들었던 말 중 하나가 탁상공론卓上空論하지 말라는 것이었다. 아무리 바빠도 현장에 나가 문제를 발견하고 해결책을 찾으라는 이야기였다. 기획안 결제를 받을 때 아무리 잘 된 기획이라 해도 현장의 목소리가 반영되어 있지 않으면 반려^{返戾}되기 일쑤였다.

우리의 문제를 해결하기 위해서는 현장에 답이 있음을 반드시 기억해야 할 것이다.

시장조사 목적

시장(현장)을 조사하는 목적은 3가지다.

첫째, 현장의 목소리를 듣기 위함이다.

시장은 기획의 대상이 되는 회사, 고객, 경쟁사 등으로 이루어져 있으며, 이들의 관심사와 동향을 파악하는 것이 시장조사의 첫 번째 목적이다.

시장의 목소리를 듣는 방법은 여러 가지가 있다. 기본적으로 전화조사, 설문조사 등의 방법이 있으며, 요즘 같은 소셜 미디어의 시대에는 페이스북, 카카오톡, 트위터나 네이버폼, 구글폼 등을 활용하기도 한다.

기획자는 시장조사를 통해 기획 대상(타깃)의 관심사(기호)와 움직임(동향)을 파악하기 위해 이들과 관련된 현장의 살아 있는 데이터를 수집해야 한다. 현장의 목소리를 듣기 위해서는 인터뷰가 좋은 방법이다. 직접 인터뷰가 어려울 경우에는 각 분야의 전문가들이 쓴 책을 참고하며 어떻게 콘텐츠기획에 적용할지 참고하면 좋을 것 같다. 즉 책을 통해 생생한 경험과 조언을 듣는 것도 콘텐츠기획의 문제를 해결하고 기획 아이템을 얻을 수 있는 시장조사의 또 다른 좋은 방법이다.

둘째, 현장에서 문제점을 발견하고 이에 대한 해결책을 발견할 수 있다.

책상에 앉아 PC만 들여다보는 것으로는 기획의 답을 얻을 수는 없다. 문제점을 해결하기 위해서는 반드시 현장을 방문해야 하고 이곳에서 우리는 해결책으로서 새로운 콘텐츠 비즈니스의 기회를 발견할 수 있다.

기획의 중요한 포인트 중 하나가 기획에 고객의 의견을 반영하는 것이다. 아무리 인터넷이 발달하더라도 시장과 현장에서 직접 고객의 반응과 목소리를 듣는 과정은 꼭 필요하다. 또 현장에 가보면 학교나 사무실에서는 발견할 수 없었던 생동감 넘치는 아이디어를 얻을 수 있다. 시장의 흐름을 나타내는 유행과 트렌드를 발견하기 위해서는 유동인구가 많이 움직이는 밀집지역(번화가)을 방문하는 것도 좋다. 사람들이 무엇에 관심을 가지고 어떤 상품, 서비스, 콘텐츠에 눈길을 한 번 더 주는지에 대해 살펴보고 직접 경험도 해보면 고객 지향적인 현장 밀착형 콘텐츠기획을 할 수 있다.

현장의 목소리를 잘 듣고 문제를 해결하여 성공한 사례가 있다.

세계에서 시장 성장성과 규모가 가장 큰 중국을 향해 많은 기업들이 진출을 했다. 한류를 바탕으로 다양한 분야의 콘텐츠 회사는 물론 삼성, LG, SK, 이랜드 등 대기업에서부터 이마트, 편의점 등 소매업과 오리온, 풀무원 등 식품회사까지 수백 개의 기업이 중국시장을 공략하기 위해 땀을 흘렸다. 중국에 진출한 많은 기업 중 현장밀착형 시장조사를 통해 크게 성공한 기업이 이랜드(중국 명칭 이랜웨이)다. 이랜드는 '중국에 뼈를 묻어라'는 정신으로 시장 트렌드 파악에 사활을 걸며 중국 대륙의 마음을 얻었다. 중국시장에 맞는 의류상품 개발을 위해 사진학과 대학생 아르바이트 조사원을 통해 주 3회 길거리에서 행인 사진 21만 장을 찍어 패션 리더들이 입는 옷의 디자인을 분석하고 이를 2~3개월 내에 뜨게 될 아이템을 찾아내서 고객들에게 제안했다. 중국 전역은 물론 오지까지 목숨 걸고 답사하는 시장조사를 통해 뼛속까지 현지화 하는 전략으로 큰 성공을 거둔 것이다.

시장조사의 결과로 디자인도 철저하게 현지화 했다. 우리나라에서 먼저 런칭한 '티니위니' 브랜드는 중국 매장에서는 국내 제품과는 달리 가슴 한복판에 곰 모양 로고가 큼지막하게 새겨져 있다. 이는 브랜드 과시욕이 강한 중국인의 성향을 시장조사를 통해 감안한 것이다. 이로써 티니위니는 중국 내 1,200개 매장에서 5,000억 원 이상의 매출을 달성하였다.

셋째, 시장조사를 통해 기획의 아이템을 수집할 수 있다.

시장조사를 하게 되면 현장에서 만나는 고객, 방문하는 매장 등에서 기획할 콘텐츠에 대한 다양한 자료들을 수집하게 된다. 자료는 새로운 경쟁 콘텐츠, 신규 서비스, 마케팅 활동, 조직 운영 등 현장에서 얻게 되는 여러 종류의 유무형 정보를 말하며 판매원, 고객 등의 의견도 중요한 자료에 속한다. 현장에서 수집한 자료를 기획에 잘 활용하기 위해서는 추진할 기획과, 고객의 입장을 고려하여 적절하게 변형하는 것이 중요하다.

필자가 일본에 출장을 갔을 때, 당시 시장점유율(M/S) 1등 통신사인 NTT Docomo는 지역별로 고객들의 성향과 상권 분위기를 조사한 후 이를 감안하여 매장을 지역별로 차별화 하고 있었다. 예를 들어 긴자는 명품매장과 백화점이 많은 것을 감안하여 블랙과 골드를 가미한 인테리어를 하였고, 신주쿠는 비즈니스 중심지이므로 화이트로 깨끗한 이미지를 전달하고자 했으며, 하라주쿠 매장은 젊은 패션리더들이 많이 방문하는 점을 감안하여 핑크와 매장 내부 버블기둥을 만들어 밝고 경쾌한 분위기의 매장으로 고객들의 구매를 촉진하고 있었다.

최근 라이프스타일 제안으로 주목받는 츠타야는 책을 파는 서점이 아닌 사람이 모이는 공간을 중요하게 여기며 전국적으로 획일적인 매장이 아닌 지역의 독자성을 토대로 지역별로 고유의 색을 살린 매장을 만들고 있다. 특히 코로나시대를 거치며 '병설'매장도 만들어 지역 커뮤니티를 만들고 있다.

이처럼 시장조사를 통해 우리는 현장의 생생한 목소리를 들음으로써 콘텐츠 비즈니스의 기회를 발견하게 되고 기획 아이템을 수집하게 된다.

시장조사 감각을 높이기 위한 연습 '신문보기'

현장에서의 시장조사가 제일 중요하지만 바빠서 도저히 현장에 나갈 수가 없는 경우가 있다. 특히 세계 전체, 우리나라 전체에 대한 현장조사는 직접 할 수 없는 경우가 많다. 요즘처럼 하루가 다르게 급변하는 세상에선 매일의 변화를 체크하고 기획에 반영해야 하므로 일일이 현장에 나가지 않고 시장조사를 할 수 있는 방법을 강구해야 한다. 평소에 시장조사의 감각을 높일 수 있는 방법은 무엇이 있을까?

매일 접하는 신문이나 인터넷, 유튜브 뉴스를 통해 시장조사를 할 수도 있다. 즉 매일 매일 시장조사의 감각을 높이기 위해서는 신문, 인터넷, SNS 뉴스를 보는 것이다. 신문을 보는 것은 시간이 많이 걸리므로 업무나 관심 있는 분야를 정한 후 하루에 1시간 정도 검색을 하고 기획에 도움이 될 만한 것은 메모나 스크랩을 해서 향후에 기획할 때 활용하는 것이다.

요즘 전 세계적으로 가장 큰 관심은 코로나 팬데믹이지만 앞으로 가장 중요한 것은 인구 변화, 즉 콘텐츠를 소비할 인구에 대한 변화가 어떤 방향으로 움직일 것인가이다. 거의 매일 인구통계에 대한 자료가 나오고 있는데 이러한 자료를 보고 어떤 콘텐츠가 필요하고 타깃별로 무엇을 기획하여야 할지를 유추해내는 것이다.

시장을 읽기 위해 보아야 할 것 3가지

시장은 회사(자사), 경쟁사, 고객(타깃)으로 이루어진다. 이중 가장 중요한 것이 고객(타깃)이다. 우리가 시장을 읽기 위해서는 3가지를 보아야 하는데, 타깃고객을 중심으로 시장 환경인 트렌드, 경쟁자의 동향을 파악하는 것이다.

첫 번째로 보아야 할 것은 타깃고객이다.

우리는 기획의 목표가 되는 고객에 대한 분석을 통해 그들이 원하는 기호Needs를 알아내야 한다. 일본에서 한류열풍이 시작되었을 때는 배용준과 권상우라는 두 배우가 가장 유명했다. 배용준 씨는 욘사마로, 권상우 씨는 권사마로 불렸다. 그렇다면 두 사람 중 어떤 사람이 더 수입이 많았을까? 젠틀한 배용준 씨일까, 좀 더 젊은 권상우 씨일까? 그냥 생각해 보면 젊은 배우가 더 인기가 많고 이에 따라 수입도 많을 것 같다. 그런데 배용준 씨가 권상우 씨보다 수입이 많았다고 한다. 이유는 무엇일까? 배용준 씨의 팬층은 주로 40~50대의 주부층부터 노년층까지이고 권상우 씨의 팬층은 20~30대의 대학생 및 회사원들이 주축을 이루었다고 한다. 주부, 대학생, 회사원 중 누가 소비하는 돈이 가장 많을까? 당연히 40~50대의 주부이다. 여성들은 여대생, 직장인들이 많아 결혼과 미래를 준비하기 위해 지출보다는 저축을 더 많이 하는 반면 40~50대 주부는 자녀들이 성장하여 학교에 다니고, 여가시간이 많아 자신을 위해 돈을 소비하게 된다.

다른 사례로 프로야구 롯데자이언츠의 거포 이대호 선수와 롤^{LOL}이라 불리는 게임 리그 오브 레전드^{League of Legends}의 세계적인 선수로 SK텔레콤 T1의 페이커(이상혁) 선수 중 어느 사람의 연봉이 많을까? 어려서부터 야구선수로 성장해온 이대호선수가 96년생 이상혁 선수보다 많을 것 같다. 그러나 2018년에 발표된 기준으로 보면 이상혁 선수는 연봉 30억, 이대호 선수는 연봉 25억으로 이상혁 선수가 5억이나 더 많다. 특히 중국에서 유명한 이상혁 선수는 광고모델료로만 연봉의 몇 배를 더 번다고 한다. 이는 야구장에서 프로야구를 즐기는 고객의 수와 전 세계적으로 게임을 하는 사람의 수의 차이에서 비롯된 것이라고 할 수 있다. 특히 스마트폰으로 게임의 장이 이어지면서 게임에 대한 수요는 더 커지고 있고 우리나라 콘텐츠 수출 1위가 게임인 것으로 인해 이러한 수입의 변화가 일어난 것이다.

최근 사례로는 2022년 상반기 연예인 소득순위 1위는 누구일까?

많은 분들이 방탄소년단이라고 생각하겠지만 트로트 가수 임영웅 씨가 1위를 차지했다. 방탄소년단은 그룹으로 상반기 수입이 2,464억 원으로 1위이나 1인당 매출액은 352억 원으로 임영웅 씨의 376억(콘서트 94억,

광고 20억, 앨범 판매 262억(멜론 포함))의 뒤를 이어 2위를 차지하였다. 임영웅 씨의 1위 비결은 MZ세대를 중심으로 전 연령층에서 사랑받고 있는 방탄소년단보다 소비가 많은 주부를 중심으로 사랑을 받은 결과라고 볼 수 있다.

이러한 추세에 따라 방탄소년단의 영화 〈BTS: Yet To Come in Cinemas〉와 임영웅의 영화 〈아임 히어로 더 파이널〉이 2월, 3월에 각각 개봉하여 타깃들을 효과적으로 공략한 것도 주목할 만한 사례다.

이처럼 시대의 변화에 따라 타깃의 수요와 더불어 소비와 지출의 규모가 변하고 달라지므로 이러한 점을 고려하여 콘텐츠를 기획을 해야 한다.

타깃(목표고객) 분류

시장을 읽기 위해 첫 번째로 보아야 할 것은 타깃, 목표고객에 대한 분석이다. 타깃은 콘텐츠기획의 대상으로 콘텐츠를 향유할 사람을 말한다.

식생활 개선 및 의학의 발달로 초고령화 사회로 진입하면서 UN에서 새로운 연령 구분을 발표하였다. UN에서는 세계 인류의 체질과 평균수명을 측정하여 한 살에서 17살까지 미성년자, 18세부터 65세까지 청년, 66세부터 79세까지 중년, 80세부터 99세까지 노년, 100세 이상을 장수노인으로 연령 분류의 새로운 표준 규정을 5단계로 나누었다.

미국 시사주간지 「타임」에 따르면 2015년에 태어난 아이는 142살까지 산다고 하니 새로운 연령 구분은 더 상향 조정될 것으로 보인다. 이러한 연령 구분과 더불어 최근 주목받은 고객들이 있다. 우리나라의 BIG4 세대로 베이비부머세대, 싱글세대(1인가구), 밀레니얼세대, Z세대로 이들은 향후 콘텐츠를 포함한 소비의 주요 대상으로 주목해야 한다.

대한민국 BIG4 세대

첫째, 베이비부머세대는 1955년부터 1964년까지 태어난 세대로 대상 인구는 780만 명. 전체인구의 15%이다. 이 세대는 6.25전쟁 후 출생자가 급증하는 베이비붐 시기에 태어나서 베이비부머세대로 불리게 되었다. 전쟁 후에 태어나 어려운 환경이었지만 미래에 대한 기대가 컸던 세대로 우리나라의 경제재건 시기의 주역이라는 자부심이 매우 크다. 전반적으로 보수적이고 안정적인 성향을 가지고 있으나, 이들 중 일부가 386세대로 80년대 학생운동을 한 진보세대도 포함된다. 지금은 50대 후반에서 60대 중반으로 퇴직과 노후를 겪는 세대이고 이들 중 일부는 기성세대의 관성에서 벗어난 새로운 60대라는 의미에서 뉴 식스티로 진화되었다.

둘째, 싱글세대는 혼자 사는 1인가구를 지칭하며, 젊은 층은 물론 이혼, 사별 등으로 혼자 생활하는 사람을 모두 포함한다. 싱글세대는 1990년대 1가구 4인에서 2000년대 1가구 2인을 거쳐 인구구조의 변화로 인한 새로운 가족 형태를 말한다. 2021년 기준 1인가구는 33.4%(660만 가구)이고, 2050년 39.6%에 이를 것으로 전망하고 있다.

1인가구로의 인구구조 변화는 우리나라뿐 아니라 미국, 중국 등 세계 주요 나라들도 동일한 가구 비율을 보이고 있다.

셋째, 밀레니얼세대는 1984년에서 1999년 사이에 태어난 세대로 대상 인구는 1100만명, 전체인구의 21%이다. 이 세대는 베이비부머세대의 자녀 세대로서 미래의 기성세대이자 경제, 소비의 중심 세력으로 가장 큰 관심을 받고 있다. 밀레니얼세대는 새로운 천 년인 2000년대가 시작될 때의 첫 세대라는 의미로 밀레니얼세대란 이름이 붙었다. 소유보다는 경험과 공유에 가치를 두며, 기업에서도 밀레니얼세대 직원의 비중이 높아지고 있다. 이들은 소비와 생산 활동 모두에서 향후 10년 동안 가장 큰 영향력을 가진 세대이다.

마지막으로 Z세대는 2000년에서 2009년 사이에 태어난 세대로 대상인구는 520만 명, 전체 인구의 10%이다. 이 세대는 콘텐츠 및 상품 소비에 영향력이 커지면서 역사상 가장 생산적이고 역동적인 10대를 말한다. 부모의 소비에 막강한 영향력을 행사하고 디지털 및 스마트 환경에 매우 능숙하고 텍스트보다는 동영상에 익숙한 세대로 소셜 미디어를 주도하고 있다. 이들은 개인주의적인 성향이 강하고, 환경 및 사회적 인식에서 매우 진보적이다.

이상의 세대 구분은 우리나라뿐 아니라 미국, 중국, 일본 등에도 동일하게 적용된다. 우리나라의 소비시장을 이끄는 빅4 세대인 베이비부머세대, 싱글세대, 밀레니얼세대, Z세대에 대해 세부적으로 알아야 타깃에 마는 콘텐츠기획을 잘 할 수 있다. 그래서 다음 각 세대의 특징을 살펴보며 어떠한 콘텐츠기획으로 연결할 수 있을지 고민해야 할 것이다.

베이비부머세대

첫 번째로 살펴볼 세대는 '베이비부머세대'이다. 이 세대는 이전 실버세대와는 구분되는 뉴실버세대로 새로운 특징을 갖고 있다. 이미지 측면에서는 밝고 유연하며 합리적이고 긍정적이다. 다양한 취미생활을 통해 여유롭고 즐거운 생활을 영위하려고 하며 변화에 대해 개방적으로 다른 세대와 소통하려고 노력한다. 콘텐츠적인 측면에서는 여가를 즐기고, 다양한 취미생활에 관심이 많으며 동호회 활동을 좋아한다는 것에 주목할 필요가 있다.

이와 관련하여 삼성경제연구소에서 베이비부머세대 5대 트렌드를 발표하였다.

① **건강**. 나이가 들수록 자존감이 떨어지므로 건강을 통해 신체에 활력을 주고 자존감을 유지하려고 노력한다.

② **가족**. 이전까지는 부모님을 직접 모시고 봉양하였으나 원거리 효도로 바뀌고 있다.

③ **여가**. 이전 세대가 문화에 대해 큰 관심이 없었다면 베이비부머는 문화에 대한 특히, 문화 콘텐츠에 대한 관심도가 높은 문화 주류층이다. 코로나시대에 OTT에 가장 많이 가입한 것이 사례일 수 있다.

④ **사회참여**. 사회로부터 수혜를 받은 것을 나누는 사회기여층으로 활동하고 있다.

⑤ 인터넷과 디지털에 관심이 많은 **스마트 실버로 디지털 라이프**를 즐기고 있다.

베이비부머를 대상으로 콘텐츠를 기획하고자 할 때에는 건강, 가족, 여가, 사회참여, 디지털 라이프 5가지 키워드를 잘 활용하여야 할 것이다.

참고로 기업들은 5가지 트렌드에 주목하여 건강은 미용건강 서비스, 가족은 원격의료 서비스, 여가는 지적욕구를 충족시키는 문화 콘텐츠와 함께하는 휴식제공 서비스, 사회참여는 커뮤니티 참여와 사회공헌의 기회를 제공하는 서비스, 디지털라이프는 IT기기를 활용한 스마트 비즈니스의 배움 기회를 제공하는 서비스를 개발, 운영하고 있다.

개발한 사례로는 건강의 경우 육체적 케어는 물론 심리적 안정까지 지원하는 두뇌헬스클럽, 가족의 경우 독거노인의 전기, 가스 사용량과 시간을 측정하여 자녀에게 제공하는 서비스, 여가의 경우 전문가들과 함께 여행과 교육을 결합한 여가상품 제공, 사회참여는 은퇴 후 경험을 지역사회와 나눌 수 있도록 중소기업에 노하우를 전수하는 나눔지원 활동, 디지털라이프는 실버층을 위한 온라인쇼핑몰로 연령층에 맞춘 세분화된 맞춤 상품 제공 등이 있다.

제품개발 사례로는 일본 소프트뱅크 손정의 회장이 개발한 커뮤니케이션 로봇 페퍼pepper, 혼자 사는 노인을 위한 대화형 인공지능 로봇 파르미Palmi, 마트료시카 인형에서 착안한 약품용기, 컬러 지팡이 등이 있다. 베이비부머를 대상으로 기획하고 만들어진 방송 콘텐츠로는 tvN의 〈꽃보다 할배〉 시리즈가 있으며 이 프로그램은 미국으로 방송 형식을 수출하는 포맷수출 방식으로 첫 방송부터 대박을 터뜨리며 방송한류를 만들기도 했다. 그리고 은퇴한 세대를 대상으로 한 영화 〈인턴〉, 〈비밥바룰라〉, 시골 할머니들의 일상을 그린 〈칠곡가시나들〉 등 다수의 콘텐츠가 만들어졌다. 특히 스마트폰 사용에 익숙한 액티브 시니어들을 대상으로 SK텔레콤, KT, LGU+ 등 각 통신사에서는 중노년층을 대상 실버 마케팅 활발히 전개하고 있다.

통신사업자들의 스마트한 환경 제공에 따라 60대의 SNS 이용시간이 40대를 넘어서며 한국은 지금 실버서퍼의 시대가 되었다. 실버서퍼 중 유튜버로 음식점을 운영하다가 유튜버로 활발히 활동 중인 75세의 박막례 할머니, 패션 컨설턴트로 활동하시고 현재는 젊은 층에게 패션 관련 다양한 팁을 조언하는 70세 장명숙 씨가 있다. 해외에도 게임, 먹방 등 다양한 분야에 실버 유튜버가 있으며 미국 유튜브 채널 로스 스미스는 93세의 할머니 폴린카나와 손자인 로스 스미스Ross Smith가 운영하는 채널로 구독자수가 2023년 2월 현재 281만에 이르고 있다.

박막례 할머니는 70세까지 음식점을 운영하시다가 병원에서 초기 치매 판정을 받고 손녀와 함께 호주로 해외여행을 하면서 영상기록을 유튜브에 올리기 시작하여 현재는 구독자수 125만 명으로 우리나라 대표 시니어 유튜버가 되었다. 2019년에는 유튜브 CEO 수잔 보이치키, 구글 CEO 순다 피차이와 만나고 영국 대표 방송사인 BBC 메인 프로그램에 소개되는 등 세계적인 관심을 받으면서도 집에서 비빔국수를 먹는 먹방으로 우리 할머니의 친근함과 유쾌함을 보여주고 있다.

할머니와 함께 채널을 운영하는 손녀 김유라 PD는 할머니가 치매위험 선고를 받자 회사에 사표를 내고 호주여행을 떠났고 여행 영상을 유튜브에 올려 가족과 지인들에게 보여주다가 할머니의 다양한 메이크업 영상이 화제가 되며 단시간에 15만 구독자를 달성하였다. 콘텐츠 관련 업무에 종사했던 손녀의 영상제작 스킬과 할머니의 의외성이 합쳐져 재미있고 개성 있는 채널을 만든 것이다. 박막례 할머니 채널에서 1075만뷰로 가장 많은 조회수를 기록한 영상은 '막 대충 만드는 비빔국수 레시피'로 식당을 운영한 할머니만의 요리 내공을 엿볼 수 있으며 인기를 얻자 잔치국

수, 간장비빔국수 영상 등으로 콘텐츠를 확장하며 화제를 불러 일으켰다. 이러한 할머니의 온라인 활동은 『박막례 이대로 죽을 수 없다』, 『박막례 시피』라는 책으로 발간되기도 하였다.

젊은 대학생들에게 유튜브에서 가장 옷을 잘 입는 할머니 '밀라논나' 장명숙 씨는 패션계에서 40년 이상 몸담은 베테랑 패션 컨설턴트이다. 한국인 최고 이탈리아 밀라노 패션 유학생으로 에스콰이어, 삼성문화재단의 디자인 고문을 한 경험으로 유튜버가 되었다. 이탈리아 말로 밀라노 할머니라는 뜻의 '밀라논나'라는 이름으로 2019년 10월 유튜브를 시작한 그녀는 2023년 2월 현재, 구독자수가 93만 명으로 각종 패션 팁과 인생 경험담을 들려주며 젊은 세대에게 친숙하게 다가와 큰 인기를 끌고 있다. 그녀의 채널에 올린 영상을 보면 SPA 매장, 아울렛 매장 등을 방문해 명품처럼 옷을 입거나 예쁜 옷을 득템하는 방법을 알려준다. 특히 그녀는 브랜드에 상관없이 합리적인 가격으로 자신에게 어울리는 옷을 입는 것이 중요하다고 말하며 세심하게 쇼핑 꿀팁까지 알려준다.

이밖에도 먹방을 하는 84세의 최고령 유튜버 김영원 할머니, 농촌생활을 알려주는 농민 유튜버 안성덕 할아버지 등의 실버 유튜버들이 수십만 명의 구독자를 보유하고 있다. 해외에서도 이러한 트렌드는 비슷하여 60부터 100세까지 많은 실버서퍼들이 다양한 콘텐츠의 유튜브 채널을 운영하고 있다.

국내의 박막례 할머니처럼 손녀와 함께하는 비슷한 사례가 미국에도 있다. 미국의 93세 폴린카나 할머니는 보디빌더들에게 다짜고짜 질문을 던지거나 힘들게 만든 햄버거를 채식주의자라며 버리는 영상은 웃음이 빵빵 터지게 한다. 예측하기 힘든 할머니의 코미디 채널은 손자 로스 스미스의 전폭적인 지원으로 만들어지고 있다. 손자인 로스 스미스는 아직도 할머니에게 많은 점을 배우며, 오래 사신 분들의 경험을 무시할 수 없다고 존경의 마음을 담아 콘텐츠를 함께 제작하며 281만 명의 구독자를 보유하고 있다.

이러한 사례들처럼 젊은 MZ세대들이 가족이나 친척 중 어르신이나 아직 일하고 싶은 어르신들과 함께 유튜브 채널을 함께 만들어 보는 것도 좋은 콘텐츠기획일 것이다.

이상에서 살펴본 베이비부머와 실버서퍼세대들을 타깃으로 한 콘텐츠는 다양하게 만들어지고 공유되고 있다. 이러한 활발한 활동은 베이비부머 콘텐츠 트렌드로 자리를 잡고 있으며 비즈니스로 연결, 발전하고 있다. 그 트렌드를 살펴보면 앞에서 살펴본 베이비부머의 관심사와도 연계되어 건강한 노후생활, 교육과 여행이 결합된 교육탐험여행, 나이가 들어감에 따라 노후화되는 피부와 옷차림에 대한 아름다운 피부미용과 패션, 살아온 경험을 정리하는 자서전 출판 등으로 관련된 아이템을 콘텐츠 사업화 되고 있다.

싱글세대 (1인가구)

두 번째로 살펴볼 세대는 '싱글세대', 1인가구이다.

싱글세대는 가구원이 한 명인 1인가구를 지칭하며, 젊은 층은 물론 이혼, 사별 등으로 혼자 생활하는 사람을 모두 포함한다.

싱글세대는 1990년대 1가구 4인가족에서 2000년대 1가구 2인가족을 거쳐 현재 혼자 사는 1인가구로 인구구조의 변화로 인한 새로운 가족 형태를 말한다. 국내 1인가구수는 2000년대 이후 결혼 시기가 늦춰지고 이혼율 증가와 함께 사회가 고령화되면서 비중이 높아져 현재는 660만 가구로 전체 가구수의 33.4%를 차지하고 있으며, 2050년 40%에 육박할 것으로 예상된다. 이러한 1인가구로의 인구구조 변화는 우리나라뿐 아니라 미국은 전체 인구의 40%로 매우 높으며, 중국은 사회의 급변화로 인한 싱글세대의 증가로 1인 소비시장이 뜨고 있는 등 세계 주요 나라들도 동일한 현상을 보이고 있다.

1인가구의 증가에 따라 경제 트렌드도 바뀌어 솔로 이코노미가 이루어지고 있다. 즉 1인용 소파, 침대가 잘 팔리고 TV · 전기밥솥도 소형제품의 인기가 높다. 스마트폰을 주로 활용하면서 집 전화 가입률이 급감하고 부동산 시장도 1인가구 특수를 누리고 있다. 이들은 주력 소비시장으로 부상하여 베이비부머세대 다음으로 큰 변화를 이끌고 있으며 기업들은 1인가구를 위한 상품개발 · 판매 · 마케팅 등 적극 공략에 나서고 있다.

삼성경제연구소에 연구한 1인가구 4대 소비트렌드는 소형, 효율, 안전, 자기관리다.

첫 번째 키워드, **소형**. 가구와 가전이 설치되어 있는 콤팩트형 원룸 주택의 수요 급증, 사이즈는 줄이되 성능은 그대로 유지하는 가전제품의 출시, 1인가구에 맞게 소포장한 식품이나 생활용품 시장의 확대다.

두 번째 키워드. **효율**. 제한된 주거공간을 효율적으로 사용하기 위한 빌트인 가전, 가변형 가구, 시스템 가구 등이 인기이며 간편하게 식사를 해결할 수 있는 레토로트 식품시장의 성장이다.

세 번째 키워드, **안전**. 여성과 고령 1인가구를 중심으로 안전에 대한 관심이 높아져 소셜 미디어를 통한 정서적 안정을 돕는 메시징 서비스 수요가 증가하고 있다.

네 번째 키워드, **자기관리**. 가족부양에 대한 의무가 없어 자기관리와 개발을 위한 지출에 관대해져 외국어, 운동, 교양 등 성인 학습시장이 확대되고 있다. 특히 경제적으로 불황인 요즘에는 팍팍해진 살림 속에서 자신에게 가치를 줄 수 있는 상품과 콘텐츠를 골라 집중적으로 소비하는 나홀로 소비 트렌드가 늘고 있다. 이로 인해 맛있는 디저트를 통한 힐링, 혼술을 즐기는 낭만족의 증가, 혼자 자유롭게 여행하는 것과 카쉐어링, 인테리어를 렌탈하는 시장이 증가하고 있다.

홈루덴스족 탄생

나홀로 소비와 더불어 집에서 혼자 노는 게 제일 좋다는 홈루덴스족이 등장하게 되었다. 홈루덴스는 집을 뜻하는 'Home'과 놀이를 뜻하는 'Ludens'가 합쳐진 신조어로 '집에서 모든 것을 즐기려는 사람'을 뜻한다. 즉 밖에서 활동하지 않고 주로 집에서 시간을 보내며 다양한 활동을 즐기는 사람들을 가리킨다. 밀레니얼세대의 70%가 홈루덴스족이며, 이들은 홈무비, 홈카페, 홈트레이닝 등 집에서 모든 것을 해결한다. 이성에 대한 관심보다 '자기애'가 강한 것이 특성으로 에어프라이어를 활용한 홈쿠킹, 소형 빔프로젝트를 통한 홈무빙 및 홈게임, 자수 등을 즐겨 싱글세대와 관련된 제품 판매과 콘텐츠가 확대되고 있다.

집에서만 있다 보니 건강을 생각하여 홈트레이닝을 하는 홈트족도 생겨나게 되었다. 이로 인해 애슬레저룩, 요가복, 필라테스복, 런닝 웨어, 레깅스 등 패션제품과, 러닝머신, 중량 조절형 덤벨, 요가매트, 워킹패드, 향초 등의 판매가 증가되었다.

홈트족, 혼밥족으로 인해 배달 앱, 새벽 배송이 증가되고 외로움을 달래기 위한 반려견, 반려묘, 개, 고양이 이모티콘, 액세서리 등 반려동물 관련 시장이 확대되고 있는 것도 주목할 일이다.

싱글세대와 관련한 콘텐츠로는 MBC 〈나 혼자 산다〉, SBS 〈미운 우리 새끼〉 등의 예능 프로그램이 있으며 혼자라서 더 외롭고 더 배고픈 사람들의 군침 도는 먹방 이야기를 그린 tvN의 〈식샤를 합시다〉가 시즌 3까지 방영되었다.

이밖에도 싱글세대의 생활을 보다 편리하게 하는 AI 스피커로 네이버의 일본 회사인 라인에서 인수한 게이트박스X홀로 모델, 이를 벤치마킹하여 레드벨벳 웬디를 활용한 홀로박스가 있다. 그리고 스타트업계에서 1인가구를 위한 푸드벤처 쇼핑몰을 온라인에 열어 년 수십억 원의 매출을 거두기도 하였다.

이처럼 전 인구의 30% 이상을 차지하는 싱글세대가 주력 소비계층으로 자리를 잡음으로써 이와 관련된 콘텐츠가 제작됨에 주목하여 다양한 싱글세대 공략 콘텐츠를 기획해 봐야 할 것이다.

밀레니얼세대

세 번째로 살펴볼 세대는 '밀레니얼세대'이다.

통계청과 고용노동부 자료에 따르면 연령은 22세에서 47세로 1984년에서 1999년 사이에 태어난 세대를 말한다. 대상인구는 1100만 명으로 전체인구의 21%(1인가구 비중 55%)이며, 월 평균 소득은 280만 원이다.

한국의 빅4 중 밀레니얼세대가 가장 중요한 이유는 SNS를 중심으로 온라인, 모바일을 장악하며 트렌드를 만들고 이를 통해 시장의 판도를 바꾸고 다른 사람의 소비에 큰 영향을 끼치기 때문이다. 선거에서도 막강한 유권자 그룹으로 당락에 큰 영향을 미쳤다. 트렌드 분석가인 김용섭 씨가 쓴 책, 대한민국 세대분석 보고서인『요즘 애들, 요즘 어른들』에서 '요즘 애들'에 주목해야 하는 이유는 미래를 주도할 세력이자 현재의 영향력을 계속 키워가는 세대이기 때문이라고 말하며, 요즘 애들의 힘이 요즘 어른들을 능가할 만큼 강력해졌기에 그들을 모르고서는 기획을 얻을 수 없기 때문이라고 말했다.

밀레니얼세대의 특징은 기성세대와는 완전히 다르다. 기성세대는 회식 자리에서 단합과 소통을 한다고 생각하지만 밀레니얼세대는 술보다 놀이, 특히 운동(헬스)을 좋아한다. 그래서 술집보다는 헬스장이 주변에 많이 생기고 있다. 또한 이들은 기성세대가 가장 즐기는 골프보다는 서핑을 좋아하는데, 그 이유는 사진 찍기, 새로운 것을 배움, 도전 등 개성과 취향 때문이다.

밀레니얼세대는 사진과 디자인에 관심이 많아 미술관 방문이나 전시회 관람을 자주하는 편이다. 이러한 밀레니얼세대의 특징에 따라 '리버스 멘토링reverse mentoring'이 생기게 되었다. 리버스 멘토링이란 영어 리버스에 멘토링이 합쳐진 말로 선배가 후배를 가르치는 기존 멘토링의 반대 개념으로 역멘토링이다. 일반사원이 선배나 고위 경영진의 멘토가 되는 것을 말한다. 1999년 제너럴 일렉트릭GE 회장이던 잭 웰치가 최고경영자 시절 리버스 멘토링을 통해 젊은 소비자들이 원하는 제품을 만들 수 있는 감각을 구비할 수 있다는 취지로 실시했다. 이후 기업들 사이에서 꾸준히 도입돼 오다가 최근 SNS 등 소셜 미디어 수단이 등장하면서 다시 활성화되고 있다. 가장 중요한 소비자가 밀레니얼세대에게 제품, 서비스, 콘텐츠를 팔아야 하는데 기성세대들이 모여서 결정을 하면 배가 산으로 가기 십상이기 때문이다.

밀레니얼세대가 좋아하는 명품 브랜드 구찌는 한때 심각한 위기에 빠졌는데, 2015년 마르코 비자리가 CEO로 취임해 위기의 원인을 밀레니얼세대의 외면으로 보고 30세 이하 밀레니얼세대의 직원들과의 모임인 그림자 위원회shadow board를 만들어 리버스 멘토링을 함으로써 2017년부터 밀레니얼세대에게 가장 사랑받은 브랜드로 부활하고 매출이 급증했다. 비슷한 사례로 루이비통은 게임을 만들었고, 에르메스는 사내에 노래방을 운영하였다. 놀이, 개성, 취향, 사진과 디자인 등이 밀레니얼세대의 특징 키워드이므로 이를 밀레니얼세대를 공략하기 위한 콘텐츠기획에 활용해야 할 것이다.

밀레니얼세대의 주요한 소비 키워드는 5가지다.

첫 번째는 '공유'이다.

공유는 하나의 두 사람 이상이 공동으로 소유한다는 뜻이다. 공유를 즐겨하는 밀레니얼세대는 소유를 포기한 것이 아니라 소유의 방법을 업그레이드한 것이다. 카쉐어링, 쉐어하우스가 그 사례로 밀레니얼세대는 차와 집을 버림으로써 얻을 수 있는 기회비용으로 새로운 소비에 더 적극적으로 투자하고 있다.

두 번째는 '취향 존중'이다.

밀레니얼세대 소비에서 가장 흥미로운 이슈가 바로 예쁜 쓰레기다. 어울리지 않을 법한 '예쁘다'라는 말과 쓰레기가 지금 시대에는 잘 어울리는 조합이 되었다. 필요와 실용성이 아닌 욕망 자체가 소비이기 때문이다. 피규어, 연필이나 필통, 텀블러, 컵받침, 심지어 쇼핑백까지 사 모은다. 그래서 다이소, 버터, 자주, 플라잉타이거코펜하겐 같은 라이프스타일 샵이 늘어났다.

세 번째는 '젠더 뉴트럴gender neutral'이다.

밀레니얼세대는 다양성을 존중하고 포용하며 젠더 뉴트럴을 소비한다. 젠더 뉴트럴의 사전적 의미는 남녀 구분 자체를 없애고 중립적으로 보아 사람 자체로만 생각하려는 움직임을 말한다. 기존의 성性 역할에서 벗어나 자신을 표현하고 성에 고정되지 않은 나 자체로 삶을 영위하려는 트렌드가 반영되고 있다.

패션은 사회의 흐름을 반영한다. 명품 브랜드들이 남녀 통합 패션쇼로 대거 전환하고 뷰티업계에서도 다양성 존중이 필수가 된 시대로 많은 기업들이 다양성 존중 부서를 운영하고 있다.

네 번째 키워드는 '착한 소비'다.

착한 소비는 환경과 사회에 미치는 영향까지 충분히 고려해 상품이나 서비스, 콘텐츠를 구매하는 현상을 뜻한다. 밀레니얼세대의 영향으로 구찌는 모피 제품을 퇴출했고 샤넬도 이에 동참했다. 과거에는 패션을 소비하면서 윤리를 따지지 않았지만 사회적 진화로 이제는 확실히 윤리적 관점이 소비에서 중요한 코드가 되었다.

다섯 번째 키워드는 '친환경'이다.

삼성전자는 스마트폰과 테블릿 PC, 스마트워치 등 모바일 제품의 포장재에서 기존에 쓰던 플라스틱과 비닐을 모두 없애고 대나무나 사탕수수로 만든 펄프몰드나 종이로 바꿨다. 아모레퍼시픽도 제품 배송을 할 때 뽁뽁이라 불리는 애어캡 대신 벌집 모양의 종이 충전재를 사용하고 있다. 이러한 변화는 밀레니얼세대의 친환경 소비에 기인한다고 볼 수 있다

밀레니얼세대가 좋아하는 구독, 살롱이란 키워드는 구독경제, 살롱문화 등 새로운 사회문화 현상을 만들어냈다.

구독경제는 일정액을 내면 사용자가 원하는 상품이나 서비스를 공급자가 주기적으로 제공하는 신개념 유통 서비스를 말한다. 일정 금액을 지불하고 주기적으로 콘텐츠 서비스나 생필품이나 의류 등을 받아 사용하거나 여러 종류의 차량을 이용할 수 있는 서비스 등이 대표적이다. 구독경제에는 넷플릭스모델, 정기배송모델, 정수기모델 등이 있다.

넷플릭스 모델은 월 구독료를 납부한 후 매월 무제한으로 영화, 드라마, 다큐멘터리 등 영상 콘텐츠를 이용하는 것으로 멜론 같은 음원 디지털 콘텐츠도 같은 종류다.

정기배송 모델은 칫솔, 양말, 셔츠, 영양제 등 소모품을 월 구독료를 납부하면 매달 집으로 배송 받는 서비스이다. 정수기 모델은 월구독료만 내면 품목을 바꾸어 가며 이용이 가능한 서비스로 자동차, 명품 옷, 가구 등 고가제품이 주요 적용 상품이다. 구독경제로 우리나라의 이색 정기배송 서비스는 의류의 경우 양말과 셔츠를, 취미는 격주로 꽃다발, 매달 새로운 취미생활을 할 수 있는 재료와 매뉴얼 배송, 국내 인기작가 그림 작품

을 3개월 단위로 배송 받는 서비스가 이루어지고 있다. 이밖에도 월 1회 반려견, 반려묘 장난감, 목욕용품, 간식 등으로 구성된 박스를 배송해 주는 반려용품 정기배송 서비스, 한 달에 두 번씩 야식 박스와 수제맥주를 배송해 주는 정기배송 서비스도 있다.

미국에서는 치킨도 정기구독 하는 서비스가 눈길을 끌었다. KFC에서는 치킨향이 나는 시즌 정기배달 티켓을 75달러 정도에 판매했는데, 2시간 만에 완판되었다. 치킨향이 나는 KFC 시즌 티켓은 미국에서 가장 인기 있는 미국프로풋볼 마지막 경기 일정인 10주 동안 매주 48개의 켄터키 프라이드 윙을 주문할 수 있는 티켓으로 500장 한정 수량으로 판매했다.

그리고 밀레니얼세대에게 개인의 취향과 관심사를 위주로 모이는 '살롱 커뮤니티 문화'가 라이프스타일 트렌드로 떠올랐다. 살롱이란 18세기 프랑스 상류사회에서 귀족과 문인들이 가지던 정기적 사교모임 문화이다. 당시 살롱문화를 즐기던 사람들은 문학이나 도덕에 관한 자유로운 토론이나 작품 낭독을 즐겼다.

새로운 문화와 교류하는 공간을 만들던 유럽의 살롱 문화를 기반으로 탄생한 지금의 밀레니얼세대 살롱문화는 철저하게 개인화된 형태의 사회성을 전제로 하는 현대판 커뮤니티이다. 취향이 맞는 사람들이 오프라인에서 모여 소통하는 새로운 '살롱문화'가 확산되고 있다.

현대판 살롱문화의 시작은 독서 커뮤니티 스타트업 '트레바리'라고 보는 시각이 일반적이다. 2015년 서비스를 시작한 트레바리는 회비를 낸 사람들에게 독서모임을 조직해 주는데, 4개월 회비로 19~29만 원을 받는다. 매달 4~7만 원의 돈을 내는 셈인데, 2015년 회원 80명으로 시작한 해당 서비스는 4년 만에 유료회원이 5,600명까지 늘었다. 2019년 2월에는 소프트뱅크 벤처와 패스트 인베스트먼트가 50억 원을 투자하기도 했다.

트레바리의 성공 이후 다양한 관심사를 중심으로 오프라인 모임을 조직하는 스타트업이 만들어졌다. '버핏서울'은 이런 살롱문화에 운동을 결합한 플랫폼이다. 운동을 원하는 지역과 운동의 목적이 맞는 남자 8명, 여자 8명 등 16명이 함께 모여 주 1~2회씩 운동을 하고, 여기에 운동을 돕는 트레이너가 2명씩 배치된다. 오프라인 운동이 없는 날에는 각자가 소화해야 할 운동량을 정해 주면 각자가 이행 여부를 온라인으로 올리는 것이다. 2019년 8월에는 5주 동안 20만 원을 내는 코스를 모집하기도 했다. 회원수가 꾸준히 증가하면서 6천 명에 달했고 카카오 벤처스와 컴퍼니케이파트너스로부터 15억 원을 투자받았다.

'다노'는 다이어트와 커뮤니티, 살롱문화를 적절히 결합한 모델이다. 다노앱으로는 다이어트 관련 콘텐츠를 확인하고, 마이다노앱에서는 다이어트와 관련된 개별 코칭이 진행된다. 매월 8~10만 원이 드는 유료 프로그램이지만 인기가 높았다. 다노는 여성만을 대상으로 하는데, 다이어트 전후의 실제 사진을 온라인에 올려야 하는 특성상 성별을 제한했다. 이런 서비스에 오프라인 프로그램이 간헐적으로 제공한다.

이런 살롱문화 확산 배경에는 밀레니얼세대가 있다는 것이 전문가의 분석이다.

Z세대

타깃 분석 대상의 마지막으로 살펴볼 세대는 'Z세대'다.

Z세대는 2000년에서 2009년 사이에 태어난 세대로 대상인구는 520만

명, 전체인구의 10%로 태어날 때부터 디지털세대이다. 디지털 네이티브 (디지털 원주민)로 불리는 Z세대는 콘텐츠 소비 및 제품 구매 등 가정 내 의사결정에 적극 참여하여 부모의 소비에 영향력을 행사한다. 디지털 및 스마트 환경에 매우 능숙하고 텍스트보다는 동영상에 익숙하여 일상생활의 모든 것을 촬영하며 어느 세대보다 유튜브, 인스타그램, 틱톡, 트위치, 카톡 등 소셜 미디어 세계를 주도하고 있다. 그래서 Z세대의 지갑을 열려면 뭐든지 동영상으로 커뮤니케이션 하라는 말이 있다.

이들은 유행에 극도로 민감하고 개인주의적인 성향이 강한 반면 환경 및 사회적 인식에서 매우 진보적이라 적극적인 불매운동, 온라인서명 운동을 전개하기도 한다.

Z세대의 소비성향은 구매경험, 가치소비, 경험공유 등 크게 3가지로 볼 수 있다.

Z세대의 소비성향을 정리하면 좋은 품질의 제품을 합리적인 가격에 구입 하는 데 그치지 않고, 구입 과정에서의 경험이 얼마나 쿨한지를 따지는 '구매경험', 제품, 콘텐츠 구입으로 어떤 사회적 가치를 보탤 수 있을지 생각하는 '가치소비', 소비경험을 공유할 수 있는지까지 고민하는 '경험공유'의 소비성향을 가지고 있다.

추가로 20대 소비&라이프스타일 트렌드 조사에 따르면 Z세대가 소비할 때 가장 중요하게 생각하는 요소는 1위가 나의 취향을 저격하는지, 2위 가성비, 3위 디자인, 4위 트렌디함이라는 것도 콘텐츠기획에 고려할 요소로 기억해야 할 것이다.

무엇이든지 동영상으로 커뮤니케이션하는 Z세대를 타깃으로 하는 마케팅 플랫폼은 유튜브와 틱톡이다. 우리가 너무 잘 알고 있는 유튜브는 전 세대가 다 많이 사용하는 대세 플랫폼이다. 하루 사용시간 10억 시간을 돌파하며 새로운 검색 패러다임을 만들었다. 10대의 유튜브 검색 비율은 무려 70%에 이른다. 이로 인해 네이버, 구글, 다음 같은 검색으로 사업을 운영하는 회사들이 위협을 받고 있다. Z세대는 유튜브로 세상을 읽는다고 한다. 10대는 모든 것을 유튜브에서 찾아보고 적극적으로 영상을 생산해 유튜브에서 소통하고 있다.

요즘 Z세대의 놀이터는 '틱톡TICTOK'이다. 틱톡은 중국 스타트업 바이트댄스ByteDance에서 만든 동영상 공유 앱으로 15초 동영상 플랫폼이다. 15초짜리 짧은 동영상으로 인기를 모은 숏폼 동영상 플랫폼 틱톡은 '신나는 순간을 특별하게'라는 슬로건으로 구글플레이·애플 앱스토어에서 누적 다운로드 35억 건을 돌파하며 2022년 1분기에 세계 1위 소셜 미디어로 등극했다. 이처럼 틱톡은 Z세대를 사로잡고 유튜브와 인스타그램을 위협하고 있다. 미국 시사지 「월스트리트저널」은 "틱톡은 전 세계에서 가장 가치 있는 스타트업 중 하나"로 선정했으며 2022년 기업가치가 2,750억 달러(약 335조원)에 달하고 있다. 특히 2022년부터 숏폼 동영상이 트렌드가 됨에 따라 경쟁 상대인 유튜브는 숏츠, 인스타그램은 릴스 등을 출시하였다.

Z세대 공략 마케팅

그렇다면 Z세대 마케팅은 어떻게 하면 될까?

Z세대가 중요하게 여기는 것들을 활용하여 브랜딩, 인플루언서, 오프라인 등 세 방향으로 공략해야 한다.

① Z세대가 선호하는 브랜드의 키워드는 친환경, 고품질, 사회적 책임

등이므로 이를 키워드로 한 브랜딩을 실시해야 한다.

② Z세대에게 유튜브, 인스타그램 인플루언서는 롤모델이므로 인플루언서를 적극 활용한다.

③ Z세대는 온라인을 통해 제품의 정보를 얻고 오프라인 매장에서 직접 보고 만진 후 구매를 하므로 온라인과는 차별화되게 오프라인 매장을 체험공간으로 구성해야 한다. 특히 Z세대는 실감 세대로 오감을 통한 존재 경험을 추구하므로 AR, VR, MR, 메타버스 등을 활용한 실감형 콘텐츠로 마케팅을 해야 한다.

전 세계 소비시장을 주도하고 있는 밀레니얼과 Z세대가 소비시장의 지형도를 완전히 새롭게 그리고 있다. 베이비부머를 상대하던 것과는 완전히 새로운 방식으로 접근해야 한다. 부모 세대는 1980~1990년대 호황기의 풍요를 누리며 성장했지만 이들은 2008년 글로벌 금융위기를 경험하며 자란 저성장, 취업절벽 세대이다. 부모보다 경제적으로 어려워진 첫 세대인 것이다. 이들은 부모와 전혀 다른 소비성향을 가지고 있어 이들의 취향을 간파하지 못한 비즈니스는 몰락의 길을 걷고야 말았다.

Z세대와 밀레니얼세대를 몰라서 쇠퇴한 비즈니스

「월스트리트저널」의 존 글랜스 골드만삭스 애널리스트는 Z세대와 밀레니얼세대를 몰라서 몰락한 비즈니스 다섯 가지 사례를 들었다.

① 패밀리 레스토랑

이들은 배달을 시키거나 집에서 간단히 해 먹는 것을 좋아한다. 선호하는 것은 '속도'다. 그래서 패스트푸드를 선호해 편의점, 배달앱을 이용하는 비중이 높다. 코로나 시대에 편의점, 배달앱의 이용 비중은 더 높아지고 있다.

② 백화점

이들 세대는 더 이상 각종 의류 브랜드를 모아둔 백화점에서 쇼핑을 하지 않는다. 자신이 선호하는 브랜드를 온라인으로 제품만 구입한다. 더욱이 이들은 겉으로 드러나는 옷이나 가방 같은 물건보다 여행이나 스포츠 등 경험에 더 많은 돈을 쓴다. 무신사, 29CM, 지그재그 등의 온라인 편집샵이 성업 중인 이유다.

③ 부동산

이들은 더 이상 집을 사려고 하지 않는다. 돈을 모아 집을 사는 것이 불가능하다고 판단했기 때문이다. 이들이 주택 소유를 포기한 것은 경제적 어려움과 라이프스타일 변화, 늦어지는 결혼 등 다양한 요인이 있을 것이다.

④ 골프

Z세대와 밀레니얼세대를 몰라서 몰락한 비즈니스 네 번째는 골프다.

여유로움과 부의 상징이었던 골프는 페이스북, 인스타그램 등 소셜네트워크 사교로 대체되었고 이들은 가성비를 따지기 때문에 운동효과가 적고 돈은 많이 드는 골프에 시간과 돈을 쓰지 않게 되었다. 대체할 수 있는 운동과 콘텐츠가 널려 있는 상황에서 이들은 더 이상 있어 보이는 스포츠로는 만족감을 줄 수 없다.

⑤ 다이아몬드

이들은 꼭 결혼해야 한다는 생각도 적고, 결혼을 해도 비싼 보석으로 예물을 맞추지 않는다. 이들은 자신의 손에 가장 잘 어울리는 편안하고 트렌디한 반지를 좋아한다. 이상과 같이 Z세대와 밀레니얼세대를 몰라서 쇠퇴하거나 몰락한 비즈니스 사례를 참고하여 MZ세대를 위한 콘텐츠기 획을 할 때 실패 확률을 줄여야 할 것이다.

MZ세대에 집중하여 성공한 '더현대 서울'

MZ세대에 집중하여 성공을 거둔 사례로 '더현대 서울'이 있다.

현대백화점이 2021년 코로나 중에도 여의도에 오픈한 신개념 유통으로 MZ세대의 취향에 집중하여 공간을 구성하였다.

더현대 서울은 백화점이란 이름을 버리고 전체 매장의 절반을 실내공원, 고객 쉼터로 제공하며 2천억 원 정도의 매출 공간을 포기한 과감한 공간 구성을 하였음에도 개점 1년 만에 매출 8천억 원 돌파라는 놀라운 성과를 거두었다. 성공 포인트는 백화점 같지 않은 런칭 광고부터 전통적인 백화점과는 차별화된 새로운 공간과 접객 서비스에 있다.

예를 들면 문화센터, 문화홀, 대면 안내 등 기존 백화점의 공간 및 서비스와는 달리 MZ세대 소통 플랫폼, 복합문화공간, 자연 및 콘텐츠 공간, 컨셉형 라운지, 비대면 안내 및 결제, 편집샵 등 MZ세대의 눈높이에 맞춰 공간과 매장을 구성하였다. 특히 자연 및 콘텐츠 공간인 '사운즈 포레스트'는 사진 찍기를 좋아하는 MZ세대의 취향을 고려해 시즌별, 이슈별 다양한 이벤트 공간을 구성하였다.

2022년 12월에 사운즈 포레스트에 조성한 크리스마스 마을은 대기표까지 발행하는 진풍경을 연출했다. 또한 멋진 상품보다 힙한 콘텐츠가 MZ세대의 눈길을 끌 수 있는 점을 감안하여 아트, 라이프스타일, 테크놀로지가 복합된 문화공간으로 '알트원(ALT1)'에서 다양한 전시회를 개최하고, 지하 2층에는 임원이 모르는 MZ세대 브랜드(BGZT랩, MSGM, 아르켓 등)와 편집숍으로 매장을 꾸미고 온라인은 기존 통합 웹사이트가 아닌 더현대 서울 단독 마이크로 웹사이트를 통해 MZ세대에게 24시간 열려 있는 온라인 소통공간을 제공하였다. 특히 지하 2층에는 MZ세대가 좋아하는 콘텐츠로 채워진 팝업 스토어(박재범 원소주, 잔망 루피, 디올, 뉴진스 런칭 등)를 지속적으로 오픈하여 계속적인 방문을 유도하는 이벤트를 개최하였다.

더현대 서울에는 에르메스, 루이비통, 샤넬 등 기존 백화점에서 취급하는 명품이 없다. 온전히 MZ세대를 위한 체험형 콘텐츠를 지속적으로 제공함으로써 전체 매출 중 20~30대 비중이 50%를 넘게 되었다. 코로나-19 시대, 온라인쇼핑이 대세였음에도 불구하고 가격 경쟁력이 약한 백화점이 타깃고객이 놀 수 있는 체험공간으로 변신함으로써 성공을 거둔 것이다.

이러한 체험 콘텐츠를 통한 타깃고객과의 상호교감으로 거둔 성공적인 결과는 대전 신세계 엑스포, 롯데 타임빌라스 등으로 이어졌다.

키덜트, 골드퀸, 꽃중년도 주목해야 할 타깃

빅4 세대인 베이비부머세대, 싱글세대(1인가구), 밀레니얼세대, Z세대 외에도 콘텐츠를 기획할 때 고려해야 할 타깃이 있다. '키덜트Kidult', '골드퀸Goldqueen', '꽃중년'이다. 키덜트는 어린이를 뜻하는 '키드Kid'와 어른을 의미하는 '어덜트Adult'의 합성어로 '아이들 같은 감성과 취향을 지닌 어른'을 지칭한다.

키덜트는 유년시절 즐기던 장난감이나 만화, 과자, 의복 등에 향수를 느껴 이를 다시 찾는 20 30대의 성인계층을 말하는 것으로 이들의 특징은 무엇보다 진지하고 무거운 것 대신 유치할 정도로 천진난만하고 재미있는 것을 추구한다는 점이다. 사례로 맥도널드에서 해피밀 어린이 세트를 사면 슈퍼마리오, 미니언즈 장난감을 선착순으로 증정하는 이벤트를 하였다. 행사 당일에 넥타이를 맨 직장인들이 줄을 서고 구매를 하여 조기 품절되었고 현재는 인터넷 중고사이트에서 비싼 값에 거래되고 있다. 블록버스터 영화 상영과 더불어 다양한 피규어와 캐릭터 상품을 한정판매하여 큰 인기를 끌기도 하였다.

피규어를 사는 데 수 천만 원도 소비하는 키덜드 시장은 취미를 넘어 재테크용 수집으로 시장규모가 1조 원을 넘었다. 키덜드 상품으로는 레고가 38%로 비중이 가장 높고 캐릭터완구, 인형, 피규어, 종이블록, RC자동차, 프라모델 등의 순서로 구매가 이루어지고 있으며 이를 위해 키덜트 제품의 수입이 증가하고 있다.

성장하는 키덜트 시장을 공략하기 위해 신세계백화점에서는 일렉트로마트 내에 피규어존을 만들고 키덜트의 성지로 자리매김하려고 새로운 유통을 만들었다. 이러한 현상에 대해 전문가들은 현대인들의 삶이 날로 각박해지면서 어린 시절 감성으로 돌아가 정서 안정과 스트레스 해소를 추구하는 일부 어른들의 욕구가 디지털 문화와 맞물리면서 발현된 것으로 해석한다. 최근 백화점, 완구점, 영화관, 인터넷 쇼핑몰 등에는 키덜트를 겨냥해 특별히 제작한 캐릭터 의류, 액세서리, 장난감, 가전제품 등이 다양하게 등장해 새로운 시장을 형성하고 있다.

'골드퀸'은 경제력을 갖춘 40~50대의 외모와 건강에 관심이 많고 여가생활, 개인적인 삶의 질 개선에 아낌없이 투자하며 여가생활을 즐기는 중년여성으로 프리미엄 제품에 대한 수요가 커서 백화점, 홈쇼핑, 온라인몰 등에서 가장 큰 소비자이다. 이들은 무엇보다 남편이나 자식만을 챙기던 이전의 중년여성들과 달리 본인에게 적극적으로 소비하는 것이 특징이다. 이러한 골드퀸을 중심으로 제작된 콘텐츠가 tvN에서 방영한 〈꽃보다 누나〉 시리즈였고 이 프로그램을 통해 중년여성들의 크로아티아, 헝가리 등 동유럽에 대한 여행 수요가 폭발적으로 일어났다. 또한 주부들의 가사 스트레스를 풀기 위해 랩학원을 찾는 주부들이 있다는 점에 주목하여 랩으로 스트레스를 해소하는 JTBC 〈힙합의 민족1, 2〉 프로그램도 방송되었으며 이러한 골드퀸 트렌드에 따라 여성들만을 위한 페스티벌이 다양하게 열리고 있다.

임영웅을 중심으로 한 트로트 콘텐츠의 활발한 제작과 확대는 골드퀸의 중요성을 다시 한 번 확인할 수 있는 좋은 사례이다.

'꽃중년'은 골드 파파라고도 불리며 경제적인 여유와 외모 가꾸기에 높은 관심을 가지고 멋과 스타일을 추구하며 젊은 사람 못지않은 패션 감각을 지닌 40 50대 중년 남성을 지칭한다. 흔히 미소년, 꽃미남에 대비되는 말인 '미중년', '꽃중년', '중년돌'이라 불리기도 한다. 패션이나 미용에 관심이 많아 피부미용·피트니스 등에 시간과 돈을 투자하는 것은 물론, 자동차, 스포츠 등 자신의 기호와 취미, 라이프스타일을 중시하고 이를 즐기는 데 열중한다. 또 권위적인 이미지나 일에만 매몰되는 생활태도, 칙칙한 스타일로 대표되는 중년남성들의 일반적 특징을 거부한다.

골드 파파의 등장은 노화를 최대한 늦추고 젊게 살고 싶어 하는 중장년층이 확산되는 사회적 현상인 '샹그릴라 신드롬'과 연관되어 있다. 또, 외모가 경쟁력인 시대가 되면서 젊은 남성층에서 개성을 표출하며 자신의 외적인 멋을 가꾸는 데 높은 가치를 부여하는 분위기가 많아지자 중년남성들도 이에 자연스럽게 영향을 받게 된 것이라고도 할 수 있다. 혼자이고 싶을 때 미술관에 가서 회화와 건축을 즐기는 골드 파파는 최근 외모, 문화생활 소비가 2배로 늘어 새로운 소비계층으로 주목받으며 다양한 업종으로부터 마케팅 대상이 되어 백화점 '남성 전용관' 카드사 특별상품으로 유혹하고 있다.

트렌드와 경쟁자

시장은 타깃(고객), 회사(자사), 경쟁사로 이루어진다. 시장을 읽기 위해 타깃고객을 중심으로 시장에 영향을 미치는 환경적 요소인 트렌드 동향에 깊은 관심을 갖고 살펴야 한다.

트렌드Trend란 사전에서 찾아보면 '시대의 경향, 동향'이란 의미로 동향動向, 추세趨勢와 같은 뜻이다. 경제변동 중에서 장기간에 걸친 성장, 정체, 후퇴 등 변동 경향을 나타내는 움직임을 말한다. 즉 어떤 현상이 일정한 방향으로 움직여 나가는 힘으로 사람들이 공유하는 특정한 생활, 사고방식의 경향과 추세'를 말하는데, 이는 유행보다는 기간이 길고 메가Mega 트렌드보다는 기간이 짧다.

통상적으로 유행은 1년 미만, 트렌드는 2~3년 이상, 메가 트렌드는 7년 이상 지속되는 것이다. 예를 들자면 옷의 유행, 웰빙 트렌드, 고령화 메가 트렌드 등으로 표현될 수 있다. 자세히 살펴보면 유행은 패션Fashion 또는 패드(Fad ; 일시적인 유행)라고 하며 짧게는 며칠에서 1년 이하 기간 동안 지속되는 것으로 주로 의류(패션)업종에서 주로 사용된다.

트렌드는 2~3년 이상 지속되는 것으로 스마트, 웰빙, 디지털, 글로벌 등 다른 용어와 결합하여 사회 및 소비자를 일정기간 지배하는 현상을 말한다. 메가 트렌드Megatrend는 트렌드보다 길고 광범위한 것으로 7년 이상 지속되는 것을 말하며 초고령화, 도시화 등 변해가는 사회의 현상을 나타내는 거대한 조류를 말한다.

트렌드는 과거를 기반으로 현재에 살아 움직이며 미래를 만드는 역할을 한다. 즉 트렌드는 연속성과 대중성을 지니고 있다. 요즘에는 트렌드란 용어가 아주 많이 여러 곳에서 사용되고 있는데, 이는 트렌드에 사람들의 관심이 많다는 것을 입증하는 것이다.

물건을 잘 팔려면 유행을 따라야 하듯이 콘텐츠기획을 차별화하기 위해서는 트렌드를 잘 활용해야 한다. 트렌드는 고객이 움직이는 방향이다. 즉 콘텐츠기획자는 사회현상의 변화 방향과 움직임에 예민하게 촉각을 세우고 어떠한 방향으로 어떻게 변해갈 것인지를 잘 예측하며 회사의 현실을 고려하여 기획에 활용해야 한다. 그러므로 콘텐츠기획자는 아이템을 선정할 때 트렌드를 꼭 염두에 두고 고객의 움직임을 바로 파악하고 고객에 맞는 기획을 위해 트렌드를 정확하게 파악해야 한다.

트렌드를 알기 위해서는 주요 경제연구소(삼성, LG, 현대)에서 매년 초에 발표하는 자료나 연말에 출간되는 트렌드 관련 다양한 책들을 통해 파악할 수 있다. 그리고 한해 동안 유행한 히트상품을 살펴보며 고객들의 소비경향을 살펴보는 방법도 있다.

트렌드를 콘텐츠기획에 반영하여 고객들의 관심을 자연스럽게 끌어내참여 및 구매를 유도해야 한다. 즉 기획을 할 때 타깃의 동향과 더불어 타깃을 움직이게 하는 트렌드를 눈여겨 볼 필요가 있다. 특히 콘텐츠를 기확할 때에는 기존의 방식을 과감히 버리고 스마트한 디지털 사회로의 트렌드 변화에 맞춘 기획을 해야 한다. 트렌드와 시장변화를 감지하지 못하고 기존 방식을 고집하게 되면 어려운 처지에 놓이게 될 수 있다. 스마트폰으로 비롯된 스마트 환경 하에서 애플과 삼성전자는 환호할 때에 노키아는 눈물을 흘렸고, 전자왕국이라 불리던 소니는 주가가 폭락했다. 따라서 기획을 할 때에는 반드시 트렌드를 파악하고 앞으로의 시장과 고객의 변화가 어떠한 방향으로 얼마만큼 진행될지를 예상하여 시장을 선점하고 고객을 만족시키는 방법을 강구해야 한다.

트렌드를 읽기 위한 다양한 방법

콘텐츠기획에 매우 중요한 트렌드를 읽기 위해서는 어떤 방법이 있을까? 트렌드를 읽기 위해서는 다양한 방법이 있는데 몇 가지 방법을 소개하고자 한다.

① 트렌드를 만드는 사람을 이해해야 한다.
② 새로 생긴 모든 것에 관심을 가지고 눈여겨 봐야 한다.
③ 지속적으로 변화가 되는지를 철저히 관찰해야 한다.
④ 트렌드로 발전할 수 있는지 대세를 읽어야 한다.
⑤ 주위의 정보를 수집하여 공통분모를 찾아보아야 한다.
⑥ 현장을 방문하여 고객과 시장의 움직임을 수시로 체크해야 한다.

평소 트렌드를 잘 읽기 위해서는 소셜 미디어 및 TV 방송을 자주 모니터링 해야 한다. SNS와 방송은 언제나 새로움을 추구하는 플랫폼으로 트렌드에 가장 민감하기 때문에 콘텐츠기획자들은 SNS와 방송 속에서 트렌드를 읽어내고 이를 기획에 반영하여 고객을 적극적으로 유인해야 한다. 방송을 통해 트렌드를 읽어내는 방법은 다음과 같다.

① 시사프로그램을 통해 사회의 움직임을 파악한다.

② 각종 쇼, 음악, 인문학 프로그램을 통해 패션, 예술, 영화, 연극 등 문화예술의 동향을 체크한다.

③ 드라마를 통해 사회의 화제를 읽을 수 있으며, 소품을 통해 유행의 가능성을 알 수 있다.

④ 시청자 보고 프로그램을 통해 틈새 트렌드를 이해한다.

⑤ 광고를 통해 최신 동향을 파악한다. 특히 모델, 아이템, 소품 등에 주목한다.

⑥ 방송에서 공통으로 반복하여 다루는 주제에 관심을 갖고 활용한다.

⑦ 각종 프로그램의 시청자 게시판에 주목하며 댓글도 참고한다.

시장을 읽기 위해 체크해야 할 세 번째는 경쟁자를 살피는 것이다.

손자병법 모공편謀攻篇에 나오는 지피지기 백전불태知彼知己 百戰不殆라는 말처럼 경쟁자를 알고 나를 알면 백번을 싸워도 위태롭지 않은 법이다. 즉 경쟁사의 동향을 면밀히 살펴 기획한 콘텐츠(서비스)만의 차별화 포인트를 만들어내야 한다. 이를 위해 항상 경쟁자의 움직임에 촉각을 곤두세우고 주기적으로 동향을 체크하여 대응책을 마련하는 시스템을 마련해야 한다. 특히 요즘처럼 매일 매일 변화가 일어나는 시기에는 일, 주, 월별로 경쟁자 변화 파악을 정례화해야 한다. 경쟁자의 동향 파악은 콘텐츠는 물론 인력선발 및 운영에서 자금관리, 마케팅, 서비스에 이르기까지 경쟁사의 모든 부분에 대해 살펴봐야 한다. 만약 경쟁사가 어떻게 변하는지를 파악하지 못 한다면 트렌드의 변화에 대응하지 못해 쓰러진 기업들보다 더 심각한 결과를 초래할 수 있음을 명심해야 할 것이다.

시장조사 절차

시장조사는 제대로, 정확히 무엇을 조사할 것인지 목표를 분명히 설정하고 계획을 수립한 후에 조사해야 한다. 즉 왜 하는지, 어떻게 조사할 것인지, 자료는 어떻게 수집할 것인지, 수집한 자료는 어떻게 정리하고 분석해 기획에 적용할 것인지 등 단계별로 시행해야 한다.

1단계 : 기획에 대한 문제제기

무엇을, 왜 조사하는지 시장조사의 방향을 설정하기 위한 첫 단계이다. 이 단계에서는 현재의 모습을 보완하고 콘텐츠를 수행하는 데 발생할 수 있는 문제점을 해결하며, 콘텐츠의 새로운 기회를 포착하기 위해 중요한 단계이다.

2단계 : 조사 설계

조사 설계는 무엇을 조사할 것인지 향후 콘텐츠와 관련된 조사 활동을 수행하고 통제하기 위한 청사진으로 네 가지 주요 활동 과제가 있다.

① 도출된 문제점이나 보완 사항에 대한 종합적인 검토를 해야 한다.

② 조사 방법 및 조사의 틀을 설정하며, 자료수집 절차와 자료분석 기법을 선택한다.

③ 조사 일정 및 조사 예산(소요인원, 시간, 비용 등)을 편성한다.

④ 조사 설계가 잘 수립되었는지 객관적으로 평가한다.

3단계 : 자료 수집

자료는 기획자가 직접 수집해야 할 자료인 1차 자료(직접 질문, 전화, 설문조사, 면접 등)와 타 연구기관이나 언론매체 등에 의해서 이미 수집된 2차 자료(각종 문헌, 신문, 잡지, 포털 검색 등)가 있다. 2차 자료는 구하기는 쉬우나 문제 해결을 위해서는 부족한 점이 많아 좋은 자료를 얻기 위하여서는 직접 수집하는 1차 자료 수집에 중점을 두어야 한다. 자료 수집은 온라인과 오프라인을 병행하며, 특히 현장을 중심으로 이루어져야 한다.

4단계 : 자료 분석

수집된 자료의 분석은 편집, 코딩coding : 조사에서 응답자의 반응을 분류하여 숫자 등으로 표기하는 것), 통계적 기법으로 해석하는 방법이 있으며, 기존의 전략을 보완하고 수정하는 방식으로 진행되어야 한다.

5단계 : 기획에 적용하기

시장조사를 통해 분석된 자료는 마지막으로 기획하는 데 적용되어야한다. 이 단계에서는 새로운 콘텐츠 전략을 수립할 수 있도록 분석 자료를 가공하여 기획이 차별화될 수 있도록 업그레이드시키는 기획자의 스킬이 필요하다.

이상과 같이 시장조사는 문제에 대한 분석부터 기획에 적용까지 5단계로 진행한다.

문화예술 콘텐츠를 기획한다면 어디서부터, 어떻게 시장조사를 시작하면 좋을까?

1차로 문화체육관광부, 문화예술진흥원, 문화콘텐츠진흥원, 공연장, 미술관, 방송국 등 정부 관련기관 및 관공서 및 콘텐츠 관련시설을 방문하거나 홈페이지를 살펴본다. 국내 문화예술 관련 시설 및 단체의 조사만으로는 부족한 감이 있으므로 2차로 해외 주요 시설 및 단체, 콘텐츠에 대한 시장조사도 병행하는 것이 좋다. 예를 들어 외국 주요 문화예술 관련시설을 방문하는 것이 제일 좋고 어려울 경우, 이들 시설의 홈페이지나 소셜 미디어 플랫홈(페이스북, 인스타그램, 핀터레스트, 유튜브, 틱톡 등)을 살펴보면 된다. 조사 대상국도 미국, 일본, 중국, 영국, 독일, 프랑스, 튀르키예, 사우디아라비아, 브라질, 멕시코 등 전 세계를 대상으로 조사한다. 그리고 세계 주요 문화예술 행사에 대한 조사도 함께 실시한다. 마지막으로 홈페이지뿐 아니라 주요 동영상 사이트(유튜브, 비메오 등)를 보며 텍스트와 현장감 있는 비주얼을 동시에 살펴보도록 한다.

우리나라는 물론이고 전 세계적으로 음악 관련 페스티벌이 많이 열리고 있다. 이를 활성화하고 축제로 만들기 위해서는 문화예술 관련 시장조사와 마찬가지로 해외의 유사 축제에 대해 살펴봐야 한다.

세계적으로 유명한 페스티벌은 4월 미국 코첼라밸리에서 열리는 코첼라 페스티벌, 8월 네바다사막에서 열리는 버닝맨 페스티벌이 있다. 영국에는 8월 에딘버러에서 열리는 에딘버러 페스티벌, 프랑스에서는 7월 아비뇽에서 열리는 아비뇽 페스티벌이 유명하고, 네덜란드에서는 6월 암스테르담에서 열리는 데프콘원 페스티벌, 벨기에의 EDM 페스티벌 투머로 우랜드 등이 있다. 구글에서는 미국 버닝맨 페스티벌에 참가한 사람에 대해 입사할 때 가산점을 줄 만큼 창의적인 예술 축제로 알려져 있다.

이상과 같이 시장조사를 할 때에는 조사할 범위, 기간 등을 정하고 실시해야 한다. 특히 조사 범위는 국내, 해외, 온라인 등으로 나누어 시행해야 하며, 글로벌화 되어가는 시점에서 세계와 국내를 동시에 조사하여야 한다. 글로벌 환경에서 시장을 조사할 때는 먼저 세계 시장을 조사하고 그 다음에 국내 시장을 살펴보도록 한다. 그리고 시장을 조사할 때는 우선적으로 인터넷, 책, 논문자료 등을 통해 먼저 통계자료를 입수하고 이를 바탕으로 조사를 설계, 시행하는 것이 좋다.

시장조사 전 사전준비는 필수

창의적이고 스마트한 콘텐츠기획을 위해서는 현장을 방문하여 조사하기 전에 우선 준비할 것이 몇 가지 있다. 시장조사를 효과적으로 수행하기 위해 다음 사항을 준비하고 시행하면 좋다.

첫째, 인터넷을 통해 사전에 현장조사 방법을 준비한다.

미리 준비하고 가면 200%의 효과를 거둘 수 있기 때문에 시장조사에 앞서 현장에 대한 충분한 정보(위치, 구성, 현황 등)를 탐색하고 숙지한 후 현장을 방문하도록 한다. 해외 출장을 다녀와 결과보고를 하는 것을 보면 사전에 현장조사를 하고 간 사람과 그렇지 않은 사람 사이에 확연한 차이를 발견할 수 있다. 사전조사를 충분히 하고 출장을 간 사람은 어디에서 무엇을 볼 것인지를 사전에 정하고 갔기 때문에 구체적인 자료와 정보를 수집하고 새로운 아이디어까지 만들어 제안할 수 있지만 사전조사를 하지 않고 간 사람은 그냥 짜여 있는 스케줄대로 보고 온 것을 정리하여 이전 출장자와 차이점을 발견할 수 없게 된다.

둘째, 조사 체크리스트를 준비한다.

현장에 가서 '무엇을 볼 것인지?', '누구를 만나 무엇을 체크(조사)할 것인지?', '기획에 어떻게 적용할 것인지' 등을 미리 생각하고 조사할 항목을 사전에 체크리스트를 만들어 간다. 구글, 네이버 등에서 체크리스트와 조사보고서 양식 등을 검색하고 참고하여 상황에 맞는 체크리스트를 작성한다.

셋째, 사진 및 동영상을 기록한다.

시장조사를 글로 정리하는 것도 중요하지만 보다 생생한 정보를 수집하고 전달하기 위해서는 카메라, 스마트폰, 드론 등을 활용하여 현장 사진 및 동영상을 촬영하고, 인터뷰는 녹음을 하도록 한다. 현장에서 수집한 자료는 블로그, 페이스북, 인스타그램, 핀터레스트 등에 스크랩하여 바로 정리하고 보고가 필요할 경우에는 내용을 간단히 정리한 후 카톡이나 이메일로 보고한다.

이처럼 시장조사를 잘 하기 위해서는 스마트폰 및 디지털 기기를 적극적으로 활용할 것을 추천한다.

새로운 것에 대한 호기심이 앞서가는 기획을 만든다.

시장조사 포인트

살아 있고 생동감 있는 시장조사의 포인트는 다음과 같다.

첫째, 현장에서 아이템을 발굴한다.

기획 아이템, 아이디어 등에 대한 보강은 책, 인터넷 등을 통해서도 얻을 수 있지만 실질적인 아이템과 아이디어는 현장 속에 있다. 그래서 기획의 실용성 및 활용성을 높이기 위해 현장탐방은 필수이다. 현장 속에서 찾은 것이 고객과의 공감대를 형성할 수 있는 최선의 방법이기 때문이다.

둘째, 타깃의 관심사와 동향을 파악한다.

시장조사를 통해 세상은 어디로 움직이고 있으며, 그 안에 고객들은 어떻게 반응하고, 관심사는 무엇인지를 파악할 수 있다. 기획자라면 고객의 움직임과 관심에 대해 항상 눈과 귀를 열어 놓고, 이를 기획에 적극 반영해야 한다.

셋째, 현장 속에서 새로운 크리에이티브Creative를 발견하는 것이다.

시장조사의 주된 목적은 벤치마킹에 있다. 치밀한 기획을 바탕으로 이루어진 공간에는 반드시 크리에이티브한 요소들이 살아 숨 쉬고 있기 때문에 이를 잘 발견하고, 이를 나만의 차별화된 기획으로 업그레이드시켜야 한다.

넷째, 새로운 매체를 조사하고 적용한다.

상대적으로 사람들이 많은 장소에는 새롭고 시험적인 매체들이 많이 설치되어 있다. 그러므로 기획할 콘텐츠에 대한 효과적이고도 차별화된 PR을 위해 새로운 미디어 매체를 조사하고 이에 대한 활용도를 체크하여 콘텐츠기획 및 마케팅(홍보)에 적용하도록 한다.

마지막으로 트렌드를 발견하고 이해하는 것이다.

사람들이 많이 움직이는 공간을 잘 살펴보고 있으면 공통점을 발견할 수 있고, 이를 통해 우리는 트렌드를 알 수 있다. 일례로 사람들이 많이 다니는 강남역, 홍대 같은 번화가에서 한 시간 정도 사람들의 모습을 살펴보면 패션 트렌드를 파악할 수 있고, 이를 바탕으로 새로운 패션 트렌드의 방향성을 기획하는 데 참고자료로 활용할 수 있다. 현장을 방문할 때 이러한 포인트를 살려 시장조사를 해 보면 좋을 것 같다.

전시회 및 인프라 관람 및 조사 포인트

새로운 콘텐츠를 기획하거나 신상품, 새로운 서비스를 적극적으로 알리고 판매 활로를 개척하기 위해 우리는 국내외의 다양한 전시회에 참관하고 조사를 하러 가게 된다. 대부분의 전시회는 매우 규모가 큰 전시장에서 이루어지므로 짧은 시간 내에 효과적으로 관람하기 위해 몇 가지 사항을 유의하고 관람하는 것이 좋다.

첫째, 사전에 동선을 체크하여 주어진 시간에 효율적으로 조사를 하도록 한다.

규모가 큰 전시회일수록 한 곳에서 오랜 시간을 보내게 되면 다른 곳을 못 보고 나올 수가 있으므로 오픈과 종료 시간을 체크한 후 시간대별, 장소별로 조사계획을 수립한다. 사전에 전시회 홈페이지에 들어가면 참가 회사별 배치도가 나와 있거나 현장에서 전시장 가이드 안내물을 받을 수 있으므로 이를 참고하여 타임 플랜을 짜고 관람하도록 한다.

둘째, 전시회에는 다양한 회사와 주제가 혼재하므로 방문하는 곳마다 순서 있게 잘 기록해야 한다.

스마트폰, 카메라 등을 활용해 촬영을 할 때 참관부스별로 회사명과 부스, 콘텐츠 제품, 특이사항, 관심분야 등의 순으로 입체적으로 촬영하고 이와 함께 느낀 점이나 현장에서 떠오른 아이디어, 상담내용 등은 바로 구체적으로 메모하도록 한다.

셋째, 전시회는 대부분이 향후 런칭을 할 콘텐츠, 제품이나 서비스를 선보이는 경우가 많으므로 참관부스별로 안내원들에게 반드시 의문사항에 대해 질문을 하여 보다 심도 깊은 현장조사를 시행하도록 한다.

질문지는 미리 만들어 가는 것이 좋으며, 미처 준비를 하지 못한 경우에는 메모지에 질문내용을 적은 후 질의하고 답변을 자세히 적도록 한다.

넷째, 전시회에서 배포하거나 제공하는 인쇄물, 판촉물 등을 적극적으로 수집한다.

전시회 관련 제작물들은 전시회 컨셉에 맞추어 통일적으로 제작된 것과 각 회사별로 차별성을 부각시키기 위해 심혈을 기울여 만든 것이므로 향후에 유사행사를 기획할 때 참고할 수 있도록 수집하고 수집품에는 어디에서 받았으며, 용도가 무엇인지를 스티커에 써서 붙여놓고, 부피가 크거나 많을 경우, 보관을 용이하게 하기 위해 촬영해 놓도록 한다.

다섯째, 전시회를 참관한 후에는 현장참관 결과를 바로 정리하도록 한다.

기억력에는 한계가 있으므로 전시회 방문뿐이 아니라 해외출장, 외부

업체와의 미팅 등도 현장 탐방한 느낌이 가장 생생하게 살아 있는 시점에 결과를 정리하도록 한다. 부득이하게 바로 정리를 할 수 없는 상황에서는 메모지에 보고서의 형식에 맞추어 현장에서 기록한 메모와 촬영한 사진 (동영상), 수집품 등을 최대한 빨리 당일에 정리하도록 한다. 필자의 경우, 2일 이상 해외출장을 갈 때는 수집한 자료들이 매우 많으므로 당일 잠자리에 들기 전에 숙소에서 정리하며 버릴 것은 바로 버려 정리한다.

시장조사 결과는 반드시 자료화

시장조사를 마친 후에는 반드시 조사한 자료를 협의하며 검토한 뒤 기획에 바로 활용할 수 있도록 자료화시켜 놓는 것이 좋다. 특히 사진이나 동영상은 바로 정리하지 않으면 어디서 촬영을 했는지 잘 기억이 안 날 수도 있고 체계적인 정리를 할 수도 없기 때문이다. 그러므로 프로 기획자들은 프로젝트가 주어졌을 때 현장을 방문하기도 하지만 평소에 현장을 주기적으로 방문하여 기획에 사용할 조사자료를 데이터화 해 놓는다. 즉 철저히 사전 준비를 하고 효과적인 현장조사를 한 뒤에는 반드시 느낀 점과 새롭게 얻은 아이디어 등을 정리하여 콘텐츠기획에 적용하면 현장감 있고 차별화된 기획을 할 수 있게 된다.

시장조사를 할 때 현장방문을 하기에 좋은 시간, 장소, 방법이 있다. 시간은 주중 유동고객이 많은 시간 및 주말시간을 활용하는 것이 좋으며, 장소는 일차적으로 콘텐츠와 관련된 현장을, 이차적으로는 고객의 기호와 트렌드를 파악할 수 있는 인구밀집 장소를 대상으로 한다. 그리고 조사 방법은 주기적으로 정례화 하여 방문하는 것이 중요하며 현장방문 시에는 앞에서 살펴본 바와 같이 체크리스트, 카메라, 메모 노트 등을 소지하고 현장에서 바로 생생하게 기록을 남기도록 한다.

시장조사 보고서 작성법

시장조사 보고서를 쓸 때에는 3가지 기본원칙이 있다.

첫째, 작성 전에 충분히 구상을 해야 한다.

왜 조사를 하는지, 무엇을 조사할 것인지, 조사한 것을 어떻게 적용할 것인지를 미리 생각한 후 보고서의 프레임을 짜도록 한다. 보고서는 서론, 본론, 결론, 참고자료 등으로 구성한다. 서론에는 보고서의 윤곽을 제시하여 관심을 유도하며 조사의 필요성, 목적, 범위, 방법, 의의, 중요성 등을 내용으로 한다. 본론은 조사할 내용(현황, 특징, 주목할 점 등)을 분석하고 샘플, 사진 등의 자료를 포함시킨다. 결론은 전체 내용을 요약한 후 해결책을 제시하여 정확한 결정을 내릴 수 있도록 보고서를 작성한다. 그리고 콘텐츠의 향후 개발 및 제작 방안을 제안하도록 한다.

둘째, 정확하고 명확한 문장을 사용한다.

추상적인 표현보다는 숫자를 사용하여 구체화시키는 것이 중요하며 검토자가 잘 판단할 수 있도록 간결하고 짧게 직접적인 표현을 사용한다.

셋째, 표나 그림, 도표, 적절한 예시를 제시하여 생동감을 준다.

텍스트만으로 작성된 보고서는 검토자에게 지루한 감을 주고 특히, 현장감이 떨어져 정확한 판단을 하기 어려우므로 표, 그림, 사례 등을 적절히 넣도록 한다. 보고서를 작성할 때 유의할 점은 보고의 주제를 정확히

파악하여 작성하는 것이 필요하며, 충분한 자료 수집과 다양한 관점에서
비교 분석하도록 한다.

조사와 분석,
그리고 아이템의 선정

조사와 분석

차별화된 생각을 기획으로 현실화시키기 위해 첫 번째로 전방위적인 시장조사를 어떻게 진행할 것인지 살펴보았다.

우리는 현장에서 다양한 조사활동을 통해 기획 아이템을 수집하게 된다. 그렇다면 현장에서 수집한 수많은 아이템을 어떻게 고를 것인가?

조사와 분석의 개념 차이에서 우리는 아이템을 선정할 수 있는 기준을 발견하게 된다. 조사調査를 사전에서 살펴보면 '사물의 내용을 명확히 알기 위하여 자세히 살펴보거나 찾아봄'이라고 나와 있다. 기획을 위해 현장을 자세히 살펴보며 찾아보는 것, 즉 기획을 위해 주제 내용에 맞는 것을 찾아 수집하는 것이다.

그렇다면 분석은 무엇일까?

분석分析은 사전적 의미로 '얽혀 있거나 복잡한 것을 풀어서 개별적인 요소나 성질로 나눔', '복잡한 현상이나 대상 또는 개념을, 그것을 구성하는 단순한 요소로 분해하는 일'이다. 즉 조사를 통해 수집한 복잡한 요소들을 개별적이고 단순한 요소로 분해하여 정리하는 것이다. 쉽게 정리하자면 우리는 조사를 통해 수집하고, 수집한 것의 분석을 통해 통찰력, 인사이트를 얻게 되는 것이다.

이번 장에서는 조사와 분석을 통해 기획의 아이템을 선정하는 방법에 대해 살펴 보도록 하겠다.

아이템의 선정

우리는 시장조사를 통해 다양한 정보를 얻게 된다. 시장조사로 얻어진 정보 속에서 분석을 통해 콘텐츠기획에 적용하기 위한 적합한 아이템을 선정하게 된다.

그렇다면 아이템Item이란 무엇인가?

우선 정확한 개념 파악을 위해 사전을 살펴보면 '한 단위로 다루어지는 데이터의 집합'이라고 나와 있다. 즉 아이템이란 시장조사를 통해 얻은 데이터의 집합체, 곧 '정보'이다.

기획에서의 아이템은 기획의 대상(목적)을 말한다. 밑천이 있어야 장사를 할 수 있듯이 아이템이 정해져야 기획을 할 수 있다. 똑 같은 주제로 기획을 하더라도 아이템이 달라지면 콘텐츠가 차별화되게 된다. 예를 들어 유튜브에 키즈kids 콘텐츠 채널을 만들더라도 어떠한 아이템으로 어떻게 운영하느냐에 따라 내용은 물론 구독자수가 달라지게 된다. 그러므로 기획을 차별화하기 위해서는 아이템 선정이 매우 중요하다. 콘텐츠기획에서 분명한 컨셉과 전략을 전개하기 위해서는 확실한 아이템을 선정해야 한다.

tvN의 시사교양 프로그램인 〈책 읽어 드립니다〉에서『삼국지』를 2회에 걸쳐 방송하였다. 삼국지는 과거부터 현재에 이르기까지 마케팅 전쟁에서 어떤 아이템을 취해야 승리할 수 있는지를 알려주는 책이다. 삼국지의 여러 전투 중 아이템, 즉 정보를 활용하여 크게 승리한 것이 삼국지 3대 전투 중 가장 유명한 적벽대전赤壁大戰이다.

적벽대전은 중국 후한말기에 조조가 손권과 유비 연합군과 싸웠던 전투이다. 관도대전官渡戰鬪에서 원소를 무찌르고 화북을 평정한 조조는 중국을 통일하려고 약 80만 대군을 이끌고 남하하며 적벽에서 손권·유비 연합군 5만과 대치하게 되는데 이때 제갈량이 기후를 예측하고 바람(동풍)을 활용한 화공계략火攻計略을 펼침으로써 조조의 군대를 대파시킨다. 대패한 조조는 화북으로 후퇴하게 됨으로써 위, 촉, 오 삼국의 형세가 확정되는 계기가 된 전투다.

전투의 승리는 제갈량의 기후 파악 능력, 즉 정보를 활용하는 것으로부터 비롯되었다. 오늘날처럼 치열한 경쟁의 시대에 수많은 정보 중에서 승리를 얻기 위한 정보, 즉 아이템의 선정과 활용은 매우 중요하다. 그러므로 무한 경쟁의 싸움에서 승리하기 위해서는 정보를 모으고 관리하는 데 꾸준한 노력을 기울여야 한다. 콘텐츠기획의 필수 요소이며, 근간인 아이템(정보)으로 차별화되고 설득력 있는 기획을 위해 정보의 유형, 정보력을 강화하는 방법, 수집 등에 대해 세부적으로 관심을 갖고 살펴봐야 할 것이다.

아이템은 정보

21세기로 들어오면서 인터넷과 디지털 특히, 스마트폰의 급속한 확산, 코로나-19로 인해 모바일 환경이 세상을 급속도로 바꾸어 놓았다. 모바일로 이루어지는 요즘의 가장 큰 변화는 정보가 의식주와 더불어 생활에 필요한 제4의 요소가 되었다는 것이다. 정보화 사회의 발달로 정보 자체가 자원으로서 발전의 원동력이 되고 있으며 정보의 보유 유무로 인해 소득계층의 변화까지 일어나고 있다. 그래서 나라, 기업별로 경쟁자보다 한 발 앞서 양질의 정보를 확보하기 위해 보이지 않는 정보전쟁을 치르고 있다. 특히 소셜 네트워크 서비스^{SNS}의 시대로 인해 우리는 매일 매일 넘쳐나는 정보의 홍수 속에 살고 있다. 그런데 막상 콘텐츠를 기획하면서 필요한 정보를 구하기란 쉽지가 않다.

그럼, 정보는 어디서 얻을까?

콘텐츠기획을 위해 정보를 어떻게 얻는지 기업 내 기획자 100명에게 물어보았다. 1위는 인터넷(41.7%), 2위는 인적 네트워크(26.7%)였고, 다음으로 내부 자료와 보고서(18.3%), 외부 보고서(6.7%), 책 또는 잡지(5%), 기타(1.6%) 순으로 결과가 나왔다.

필자는 삼성전자 신입사원시절부터 업무와 관심 분야에 대한 자료들을 매일 하나 둘씩 꾸준히 모았고 이를 바탕으로 회사생활 10년차에 첫 책을 출간하게 되었다. 입사해서 과장이 된 후 10년 동안 추진했던 마케팅 기획과 현장 경험을 바탕으로 그동안 모은 문서와 자료에 기존의 이론을 믹스하여 책을 출간하게 된 것이다.

이처럼 정보는 꾸준히 체계적으로 모으고 나만의 것으로 만들어 놓으면 언젠가는 책과 같은 정보물을 만들어 낼 수 있을 것이다. '티끌모아 태산'이라는 말이 있듯이 작은 정보 하나하나가 모여 마침내 책이라는 멋진 열매를 맺을 수 있게 된 것이다. 이번 책도 학교와 외부에서 강의한 것을 정리하고 업그레이드하여 출간하게 된 것이고 그 시작은 매일 매일 수집한 정보이다.

아이템(정보) 유형

우리 주위에 있는 정보를 잘 선택하고 유형별로 나누어 주기적으로 수집하고 업데이트하면 콘텐츠기획에 있어 많은 도움을 얻을 수 있다.

아이템은 사회, 업무, 기업의 환경에 따라 정보 유형이 다르다. 비즈니스의 기회는 계속적으로 변화하는 시장 환경에서 나오므로 우리는 각 환경요소에서 무슨 일이 일어나는지를 계속 주목하고, 이곳에서 나오는 정보에 관심을 가져야 한다.

그러므로 우리는 정보를 주기적으로, 지속적으로 수집하여 놓고 이를 회사생활이나 문서 작성, 프로젝트 기획에 적절하게 사용해야 한다. 즉 콘텐츠를 잘 기획하기 위해서는 지속적인 정보의 수집이 필요하다. 이는 정보가 아이디어 발상의 기초가 되고, 구체적인 데이터로 신뢰감을 주며, 기획의 논리적 근거로 상사를 설득하는 데 훌륭한 도구로 활용되기 때문이다.

마케팅의 4P인 제품Product, 가격Price, 유통Place, 판매촉진Promotion과

4C 콘텐츠^{Contents}, 커뮤니케이션^{Communicaton}, 커뮤니티^{Community}, 커머스 ^{Commerce}를 유형별로 어떠한 정보를 모을 것인지에 대해 카테고리를 나누어야 한다. 콘텐츠는 물론 서비스 가격, 유통채널, 광고, 홍보, 판촉, 인적 판매 등 세일즈 프로모션에 대한 정보 대상을 정하고 관련된 정보를 수집하는 것이다.

아이템 수집 방법

시장조사를 통해 콘텐츠기획에 쓸 아이템을 선정하는 것은 결코 쉬운 일이 아니다. 요즘처럼 매일 매일 시장이 급변하는 환경에서 한 번의 시장조사를 통해 얻은 아이템을 기획에 적용하여 성공을 거두기란 어렵다. 그러므로 아이템은 매일 매일 꾸준히 모으고 수집과 동시에 잘 정리 정돈하여 언제든지 기획에 활용될 수 있도록 만들어 놓아야 한다.

아이템을 모은다는 것은 게임에서 아이템을 모으는 것처럼 단시간 내에 할 수 있기보다는 꾸준한 시간 투자와 노력이 필요하다. 중국 고전 『열자^{列子}』의 「탕문편^{湯問篇}」에 보면 '우공이산^{愚公移山}'이라는 말이 나온다. 어리석은 영감이 산을 옮긴다는 이야기이다.

중국의 태형^{太形}과 왕옥^{王屋}이라는 두 산은 둘레가 700리나 되는데 원래 기주^{冀州} 남쪽과 하양^{河陽} 북쪽에 있었다. 북산^{北山}의 우공^{愚公}이란 사람은 나이가 이미 90세에 가까운데 이 두 산이 가로막혀 돌아다녀야 하는 불편을 덜고자 자식들과 의논하여 산을 옮기기로 하였다. 흙을 발해만^{渤海灣}까지 운반하는데, 한 번 왕복에 1년이 걸렸다. 이것을 본 친구 지수^{智搜}가 웃으며 만류하자 그는 정색을 하고 "나는 늙었지만 나에게는 자식도 있고 손자도 있다. 그 손자는 또 자식을 낳아 자자손손 한없이 대를 잇겠지만 산은 더 불어나는 일이 없지 않은가. 그러니 언젠가는 평평하게 될 날이 오겠지.”하고 대답하였다. 지수는 말문이 막혔다. 그런데 이 말을 들은 산신령이 산을 허무는 인간의 노력이 끝없이 계속될까 겁이 나서 옥황상제에게 이 일을 말려 주도록 호소하였다. 그러나 옥황상제는 우공의 정성에 감동하여 가장 힘이 센 과아 씨의 아들을 시켜 두 산을 들어 옮겨, 하나는 삭동^{朔東}에 두고 하나는 옹남^{雍南}에 두게 하였다고 한다.

이처럼 하루에 한 바구니씩 흙을 나르다 보면 산도 옮길 수 있듯이 하루에 한 가지씩 자료를 매일 매일 모으다 보면 1년 뒤에는 남들보다 365개가 많은 정보, 즉 아이템을 가지게 된다. 비슷한 말로 ‘소걸음으로 천리를 간다’라는 의미의 ‘우보천리^{牛步千里}’라는 고사성어처럼 차별화된 기획, 스피디한 기획을 위해 매일 매일 아이템(정보) 수집을 위한 노력이 있어야 한다. 하루 한 가지라도 좋으니 최소한의 목표를 정해 놓고 신문, 인터넷, 책 등을 통해 얻은 아이템(정보)을 기획하고자 하는 콘텐츠나 관심분야 등의 기획에 활용될 수 있도록 자료를 정리해 보자. 이렇게 하루에 한 개씩이라도 모은 아이템은 새로운 콘텐츠를 기획할 때 매우 유용한 자료가 될 것이다.

수집한 아이템을 효율적으로 활용하기 위해서는 정리를 잘 해 놓아야 한다. 아이템을 잘 정리해 놓아야 찾기가 쉬워 신속하게 기획을 할 수 있기 때문이다. 그리고 분기나 반기별로 수집된 아이템을 정리해야 한다. 이미 남이 활용하였거나 시간이 경과된 아이템은 쓸모가 없기 때문에 주기적으로 불필요한 정보는 버리고 찾기 쉽고 알아보기 쉽도록 정리정돈을 한다.

여기서 정리整理와 정돈整頓의 차이는 무엇일까?

정리는 버리는 것을 말한다. 즉 정리는 쓸데없는 불필요한 정보 등을 버리는 것이다. 그리고 정돈은 정리 이후에 아이템을 찾기 쉽고 알아보기 쉽도록 항목별로 배열해 놓는 것이다. 즉 잘 찾을 수 있도록 정리하는 것이 정돈이다. 아이템을 잘 정리 정돈하지 않으면 정보가 산더미같이 쌓여 기획할 때에 찾지도 못해 제대로 쓰지도 못하고 버리게 되는 경우가 많다.

정보는 '정보처리 4단계'에 맞추어 정리 정돈하도록 한다.

첫째, 버린다.

시간이 조금만 지나도 필요 없는 정보가 있다. 이럴 때는 과감하게 버려야 한다. 이를 위해 월 1회 이상 자신이 모은 정보를 살펴보고 버릴 것은 과감히 버려야 한다.

둘째, 전달한다.

좋은 정보이기는 하나 자신에게는 필요 없는 정보가 있다. 좋은 정보라고 쓰지도 않으면서 가지고 있어 무용지물을 만들기보다는 필요한 사람에게 전달해 주고 유용하게 활용하게 하는 것이 좋다. 이러한 정보의 전달이 있어야 자신이 정보가 필요할 때도 원활하게 정보를 지원받을 수 있게 된다. 그리고 이를 통해 자연스럽게 자신의 정보체계가 구축할 수 있게 된다.

셋째, 처리한다.

한 번 사용한 정보는 다시 사용하기 어렵다. 그러므로 사용한 정보는 조금 아깝더라도 과감히 버려야 한다. 정보에도 사용횟수와 유효일자가 있기 때문이다.

넷째, 자료화 한다.

정보 중에는 지속적으로 쓸 수 있는 것이 있다. 이러한 정보는 나만의 장소에 자료(파일)로 보관하도록 한다. 그래야 언제든지 빠르게 찾아볼 수 있다. 정보는 수집과 동시에 정리정돈을 하는 것이 가장 좋다. 왜냐하면 정보는 필요할 때 바로 찾아 쓸 수 있어야 하기 때문이다.

회사에서 최고의 정보를 가지고 경영을 하는 지위가 높은 임직원들 특히, CEO들의 책상을 보면 항상 잘 정리정돈이 된 모습을 볼 수 있다. 이는 정보를 수시로 정리하고 정돈하여 생긴 결과이다.

지금 나의 책상 앞은 어떠한가? 여러 가지의 자료들로 정신없지 않은지, 여기 저기 모아놓은 정보가 있다면 지금 정리정돈을 해보자. 그러면 보다 효율적으로 정보를 활용하여 콘텐츠기획을 할 수 있을 것이다.

아이템에 나만의 생각 더하기

정리한 아이템에는 반드시 '나만의 생각'을 더하여 적어놓는 것이 좋다. 아이디어라는 것이 반짝하고 생각났다가 금방 사라지는 것처럼 수집한 자료에 바로 나만의 생각, 즉 아이디어나 느낌을 메모로 적어놓는 것이 좋다. 이것은 마치 시험을 볼 때 정답이 명확하게 무엇인지 모르는 문제에 대해 가장 먼저 생각한 것이 답이 되는 것처럼 수집한 자료를 보고 제일 먼저 떠오른 생각이 최선의 아이디어일 수 있기 때문이다.

　콘텐츠기획자들은 문제의 성격을 명확히 알고 해석하기 위해 방법과 순서, 프로세스를 전개하는 애널리스트Analyst처럼 매일 리서치, 조사를 하고 이를 통해 수집한 정보를 스크랩하고 생각을 적어 놓아야 한다. 스크랩은 사회문화 이슈, 이벤트별, 회사별, 관심분야별로 정리하고, 정책, 통계자료, 도표, 사진, 경제(시장)동향, 경쟁 기업 동향, 경쟁 제품 마케팅 기사, 트렌드, 광고, 홍보기사 등 종류별로 스크랩 한다. 이처럼 아이템(정보)은 시간이 날 때마다 수집하고 바로 카테고리별로 정리하여 콘텐츠를 기획할 때 사용하도록 한다.

일일정보 만들기

　우리는 매일 주위에서 수많은 정보를 접하고 아이템을 얻게 된다. 그래서 매일 정보를 수집하고 정리하여 정보 경로별로 콘텐츠기획에 활용할 수 있도록 한다.

　아이템 즉 정보를 수집하는 방법은 크게 3가지가 있다.

　첫째, 매일 매일 일일 정보를 만드는 것.

　둘째, 전문자료를 통해 정보를 수집하는 것.

　셋째, 소셜 미디어를 통해 정보를 수집하는 것이다.

　일일 정보를 만드는 첫 번째 방법은 신문을 활용하는 것이다.

신문을 통해 우리는 깊이 있는 정보와 트렌드를 살펴볼 수 있다. 신문은 조선, 중앙, 동아일보와 같은 중앙지와 매일경제, 한국경제 등 경제지를 종류별로 1개씩 보아야 한다. 특히 경제지는 매일 경제, 사회문화 트렌드 체크는 물론 업무 또는 관심 분야를 반드시 살펴봐야 한다. 신문을 읽는 시간은 30분 내외로 하여 단시간에 집중해 살펴보는 것이 좋다. 이를 위해 헤드라인, 그림, 데이터, 도표, 특집기사를 중심으로 읽으며, 이미지는 인터넷에서 검색하여 PC 파일로 저장, 향후 콘텐츠기획 시 활용하고, 계속적으로 활용할 수 있는 중요한 자료는 소셜 미디어(블로그, 페이스북, 브런치 등)에 스크랩하면 좋다..

두 번째 방법은 이메일, 인터넷을 활용하는 것이다.

이메일은 매일 효율적으로 정보를 얻는 최고의 방법으로 관심 분야와 관련된 사이트에 회원가입을 하여 정기적으로 이메일을 통해 정보를 입수하는 것이다. 회원가입을 할 사이트는 문화 콘텐츠, 예술, 마케팅, 디자인, 경제연구소, 방송, 신문사, 정부기관, 트렌드, 컨설팅 분야 등이다. 매일 이메일로 받는 기사 중 주요 내용은 자신의 블로그, 페이스북 등에 내용별로 분류하여 정리하는 것이 좋으며, 일일 스크랩 시간을 30분 내로 한정하여 많은 시간을 뺏기지 않도록 시간관리에 유의해야 한다. 사례로 주요 콘텐츠 기업의 CEO들은 하루에 오전 7시, 오후 3시, 오후 10시 등 시간을 정해 놓고 그 시간에만 이메일을 보거나 인터넷을 검색한다고 한다. 블로그는 관심 있는 블로거와 이웃맺기, 페이스북은 페이지에 '좋아요'를 통해 정보를 얻을 수 있다.

요즘은 정보도 구독하여 들을 수 있다. 필자는 미라클레터, 아웃스탠딩, 국회도서관, 까탈로그, 응답하라 마케팅, 콘텐타, 한국문화관광연구원, 뉴니커 등을 구독하고 있다.

세 번째 방법은 현장방문이다.

현장에 답이 있으므로 평일 오후나 여유 있는 주말에 시간을 할애하여 시간 날 때마다 현장을 방문하는 것이 좋다. 방문할 현장으로는 서점, 박물관, 미술관, 극장, 공연장(연극, 뮤지컬, 콘서트 등), 전시장 등의 문화공간을 방문한다. 현장에서 아이템을 수집하는 포인트는 고객의 소리 청취 및 고객 반응을 체크하는 것이다. 현장에서 자료는 장소와 인터뷰 상대자 이름을 기록하여 콘텐츠기획에서 활용함으로써 기획서의 신뢰도를 제고하도록 한다. 현장방문 전에 인터넷을 통해 사전조사를 시행하고 설문지, 체크리스트를 반드시 준비하고 현장을 방문하도록 하며 방문 횟수는 최소 월 1~2회, 해외는 년 1회 이상으로 수시로 많이 시행하여 콘텐츠기획에 현장의 목소리를 담는 것이 설득력을 높이도록 한다. 일일정보를 만드는 기타 방법으로는 신문이나 거리에서 배포하는 전단, 전시장, 행사장 등에서 얻을 수 있는 브로셔, 포스터, 티켓, 응모권, 기념품, 사은품, 굿즈 등을 수집하는 것이다. 특히 온오프와 콘텐츠와 관련된 행사 제작물은 전단, 포스터, 티켓, 초대장, 현수막 등 패키지 형태로 수집하며 이미지, 동영상 형태로 기록한다.

다음 사진은 필자가 해외출장을 갔을 때 주요 전시회나 전시공간에서 수집했던 카탈로그와 관련 기념품들이다.

이처럼 방문한 곳에서 콘텐츠와 연관된 아이디어를 연상할 수 있는 아이템들을 모아 두면 나중에 기획 특히, 제작물 디자인에 많은 도움이 된다. 그리고 브로셔, 카탈로그 같은 인쇄물은 한 종류 당 3부 이상씩 수집한다. 3부를 수집하는 이유는 첫 번째, 자신이 볼 것, 두 번째, 동료(상사, 후배, 동기 등)들에게 줄 것, 세 번째, 협력하는 사람이나 회사에 주기 위해서이다. 이렇게 정보를 공유하면 한 방향의 콘텐츠를 만들고 커뮤니케이션을 하는 데 많은 도움이 된다.

아이템(정보)을 잘 수집하여 성공한 영화의 사례가 있다.

1,424만 명의 관객을 끌어 모아 국내 흥행 역대 4위를 기록한 국제시장, 1,132만 명이 관람한 해운대 등 천만 명 이상이 관람한 영화를 두 편이나 제작한 윤제균 감독 사례이다.

윤 감독은 '내 영화의 원천은 신문'이라고 말하며 신문에서 영화 소재를 찾아 성공했다면서 이는 광고회사에 다니면서 아침마다 신문기사를 스크랩하고 이를 조합하여 아이디어를 만들던 습관에서 비롯된 것이라고 하였다. 한편 개그맨 중 아이디어뱅크로 불리는 김준호 씨도 "웃기는 단어를 찾기 위해 국어사전을 다 뒤졌다"는 말을 했다.

이처럼 정보를 찾고 기획에 활용하기 위해 전문서적을 깊게 보는 방법도 좋다. "고민하는 만큼 얻고 뛰는 만큼 얻는다"는 말이 있다. 정보를 얻기 위해서는 24시간 노력해야 한다. 하루 일과 중에 우리는 자투리 시간을 잘 활용해서 많은 정보를 얻을 수 있다.

다음은 콘텐츠기획을 업무로 하는 직장인 A씨의 하루 생활을 통해 정보를 얻는 것을 정리한 사례로 참고하여 자신에게 적용해 보면 좋겠다.

직장인 A씨는 아침에 지하철로 출근하면서 스마트폰으로 콘텐츠 관련 기사를 중심으로 국내외 자료, 신제품 PR 기사, 특집기사, 광고, 통계 데이터 등을 살펴보며 스크랩할 것을 추려낸다. 회사에 도착하면 인터넷 검색을 통해 스마트폰을 통해 본 기사를 찾아 자신의 블로그에 올려놓고 업무를 하면서 중간중간 인터넷으로 자료를 검색하고 유용하고 나중에 쓸 자료들은 블로그에 포스팅 또는 메모하여 스크랩 한다.

점심 식사를 하고 남는 시간에는 회사 지하에 있는 서점에 들려 신간 및 베스트셀러를 보며 고객의 기호와 트렌드를 파악한다. 오후 시간이 되면 사내 업무를 1차적으로 마치고 현장방문을 위해 조사자료와 체크리스트를 준비한다. 시장조사를 위해 매장, 콘텐츠 시설 등을 방문하여 판매원 및 고객과 대화를 나누며 기획한 내용이나 새롭게 추진할 프로젝트의 내용이 현장에 잘 맞는지, 잘 적용할 수 있는지를 체크하며 의논한다. 다시 회사로 복귀하여 그날의 업무와 현장방문 결과를 정리하여 상사에게 보고하고 퇴근한다. 퇴근길에는 지하철에서 서점에서 구입한 책을 읽으며 새로운 정보를 얻는다. 그리고 집에 와서는 읽은 책 중 메모할 내용을 노트북에 정리하며 하루의 일과를 마친다.

정보를 효율적으로 얻기 위해 별도로 시간을 내 마련하는 것도 좋지만 이 사례처럼 항상 관심을 가지고 지하철 출퇴근, 미팅 대기시간, 점심시간, 저녁 산책시간 등 자투리시간을 적극 활용하는 것이 좋다.

경제신문 재미있게 보는 방법

창의적이고 스마트한 콘텐츠기획을 위해 경제신문을 읽는 것은 필수이다. 그런데 조금은 읽기 어려운 경제신문을 어떻게 쉽게 읽을 수 있을까?

경제신문을 쉽고 재미있게 보는 다섯 가지 방법이 있다.

① 1면 헤드라인 기사에 주목하고, 이와 관련된 내용이나 해설기사를 반드시 읽는다. 1면은 전날이나 당일의 가장 중요한 경제 상황을 반영하기 때문이다.

② 각 섹션의 헤드라인에 주목하고, 각 섹션별로 어떠한 관계를 갖고 있는지 살펴본다.

각 섹션 중 자신이 관심을 가지고 있는 부분을 정하여 세심하게 읽기 시작한다. 어느 정도 숫자를 보는 감각이 생기면 다른 섹션에도 관심을 가지고 숫자 간의 상관관계가 어떻게 되는지를 살펴본다.

③ 시세표를 읽어 보도록 한다.

주식, 원자재 등에 대한 시세표는 매일 매일의 세계 및 국내 경제 흐름을 반영하는 것이므로 관심 있는 기업이나 원자재(금, 석유, 곡물 등)를 정해 놓은 후 이에 대한 시세의 변화를 체크하며 숫자의 흐름을 읽어 본다.

④ 정부에서 발표하는 경제정책과 관련된 숫자 기사를 본다. 이는 정부의 경제정책을 통해 국가경제의 흐름을 파악할 수 있기 때문이다.

⑤ 금융섹션을 살펴본다. 숫자의 흐름을 파악하기 위해서는 숫자로 꽉 채워진 금융섹션을 꼭 보고 동향을 분석해 보아야 한다.

이상의 방법을 활용하여 중요 기사를 중심으로 읽고, 차츰 익숙해지면 전체적인 기사를 통해 숫자가 어떻게 움직이는지를 살펴보도록 한다. 즉 경제신문을 읽는 것이 처음에는 생소해 잘 이해가 가지 않겠지만 2~3달 숫자의 변화를 기록하며 정리하는 습관을 들이다 보면 숫자의 움직임을 파악할 수 있게 되고 이를 통해 앞날을 추론할 수 있는 통찰력이 생기게 된다.

전문정보 수집 방법

하루 인터넷 정보량은 책으로 247,000권 정도나 된다고 한다. 이 책을 쌓으면 에베레스트산 56개의 높이가 된다. 이처럼 정보가 넘쳐나는 시대에는 정보를 얻는 노하우knowhow보다 어디서 차별화된 정보를 얻을 수 있는지 정보의 출처know-where가 중요하다.

그렇다면 스마트하고 창의적인 콘텐츠기획에 꼭 필요하고 중요한 정보를 수집하려면 어떻게 해야 할까?

전문정보를 수집하는 방법은 인맥, 현장방문, 논문자료, 세미나/강의, 전문사이트, 책, 블로그/카페, 포털사이트 등 여러 가지가 있다. 여러 방법 중 가장 좋은 정보는 어디에서 얻을 수 있을까?

차별화된 기획과 기획서를 작성하기 위해서는 인적 네트워크가 가장 중요하다. 인터넷이나 기획서 등에서 얻는 자료는 누구나 얻을 수 있는 자료지만 인적 네트워크, 즉 자신만이 아는 지인으로부터 얻는 자료는 자신만의 자료가 되기 때문이다.

전문화된 정보를 수집할 수 있는 여러 가지 방법을 중요한 순서대로 살펴보자.

첫째 '인적 네트워크(인맥人脈)'이다.

콘텐츠 분야 및 학교 선후배, 직장 내외 동호회, 기타 모임 등 좋은 정보를 얻기 위한 최고의 보물창고로 '사람'(인맥)이 가장 중요하다. 인맥을 만들기 위해서는 평소에 다양한 사람들과 인맥을 맺어 놓는 것이 중요하다. '신입사원으로 돌아간다면 경력관리를 위해 가장 주력하고 싶은 것'이란 설문조사에서 인적 네크워크의 구축이 33%로 가장 높게 나왔다. 요즘은 가난한 것이 '갖지 못한 것'이 아니라 '소속되지 못한 것'이라고 규정하며 인적 네트워크의 시대를 강조하였다. 샘 해리슨은 『아이디어의 발견』이라는 책에서 "창의적인 사람들은 네트워크를 좋아한다. 네트워킹이 도움이 되기 때문이다."라고 말하였다.

인맥을 관리하는 방법으로는 ① 인맥지도 작성 및 인맥지수 측정이 있다. 작성 방법은 가족, 친인척, 동창, 선후배 등 관계, 학교, 회사, 동호회, 종교 등 유형별로 만들어 보는 것이다.

② 자신을 차별화된 브랜드로 만드는 것이다. 이를 위해 자신을 적극적으로 알릴 수 있도록 차별화 된 디자인의 명함을 만드는 것도 도움이

된다.

③ 전시회, 세미나, 행사장 등을 직접 찾아다니며 적극적으로 관계를 맺는 것이다. 이를 위해 교육, 세미나, 특강, 포럼 등 행사에 정례적으로 참가한다.

④ 모임, 단체에 정기적으로 참여한다. 인맥 관리의 포인트는 '습관'이다. 인맥을 만들기 위해서는 전화, 이메일, 문자, 카톡, 페북 등으로 정기적이고 지속적으로 소통을 하는 것이 중요하다.

전문정보를 수집하는 두 번째 방법은 '현장방문'이다.

예를 들어 명동, 강남역, 대학로, 신촌, 홍대, 가로수길 등 타깃고객 밀집지역, 전시장, 공연장 등을 방문하여 정보를 얻는 것이다. 현장은 폭넓고 살아 있는 정보를 얻는 데 가장 좋은 곳이다. 이를 위해 서점은 매주, 행사장은 매월, 국내외 출장은 반기에 1회 이상 가는 것이 좋다.

현장을 방문할 때 유의할 사항은 시장조사에서 배운 대로 방문 전에 반드시 무엇을 볼 것인가에 대한 체크리스트를 만들어본 것을 기록하도록 하며 반드시 사진/동영상 등을 촬영한다. 체크리스트는 방문일시, 장소, 조사자, 방문목적 및 포인트, 조사내용, 현장사진 및 특이 사항 등으로 구성하며 조사항목에 따라 다르게 만들어 활용한다.

체크리스트란 체크할 대상에 대해 평가하거나 점검할 때 여러 가지 기준에 대한 질문을 나열한 것이다. 일을 시행하기 전에 체크리스트를 작성하여 실행할 항목별로 살펴보게 되면 실천도를 높이고 시행결과에 대해 중간 중간 평가함으로써 목표 달성률을 높일 수 있다. 그런데 기획서 작성을 준비할 때 수록할 내용들을 빠짐없이 체크하기가 쉽지 않으므로 체크리스트를 활용하는 것이 좋다. 체크리스트를 활용하면 실수를 줄이고 논리적으로 문서를 작성하는 데 많은 도움을 받을 수 있다.

체크리스트를 작성할 때는 '중요한 것부터 순서대로' 작성하도록 한다. 가령 고객이라면 '이번 기획에 가장 중요한 것이 무엇인가'를 생각해 보고 중요한 요소들부터 정리해 나가면 된다. 체크리스트는 기획의 내용이나 체크할 대상에 따라 다르게 작성되어야 하겠지만 우선적으로 무엇이 중요한 사항인지를 생각해본 후 작성한다.

세 번째 방법은 '논문자료'이다.

전문정보로서 논문자료를 수집하기 위해서는 국회도서관, 대학도서관 등에서 논문을 참고한다. 열람은 네이버, 다음, 구글 등 포털에서 국회도서관(www.nanet.go.kr, 전자도서관)을 친 후 사이트에 방문하여 원하는 키워드를 검색하면 다양한 논문을 열람할 수 있다.

네 번째 방법은 '강연, 포럼 등 세미나에 참석'하는 것이다.

세미나에서는 전문가들의 이슈, 특정 주제에 대한 보다 깊은 정보를 얻을 수 있으므로 관심 분야나 방송, 콘텐츠에 관련된 세미나, 강연, 포럼, 강의 등에 적극적으로 참석하도록 한다. 참가 전에 질문자료를 만들어 참석하면 더욱 좋은 정보를 얻을 수 있다. 특히 행사 전후에 참여한 사람들과 명함 교환을 통해 정보를 얻을 수 있는 인맥을 구축한다.

다섯 번째 방법은 방송, 미디어, 콘텐츠 및 관심 분야 등과 관련된 전문 사이트에서 정보를 수집하는 것이다.

관심 분야와 연관된 전문 연구기관의 홈페이지에 회원 가입을 하면 메일로 최신정보를 입수할 수 있으며 문화체육관광부, 한국콘텐츠진흥원, 문화관광연구원, 문화예술진흥원 등 공공기관 홈페이지에 가면 잘 정리된 보고서와 통계자료를 획득할 수 있다.

여섯 번째 방법은 책에서 정보를 수집하는 것이다.

책에서 정보를 얻기 위해서는 한 달에 한 번 이상 서점을 방문하거나 예스24, 알라딘 등 온라인서점에서 베스트셀러 및 관심 있는 책을 살펴보는 것을 추천한다. 책을 읽으면서 아이디어를 메모하면 콘텐츠기획서 작성에 잘 활용할 수 있다.

일곱 번째 방법은 블로그, 페이스북, 유튜브, 인스타그램, 틱톡 등 소셜 미디어를 활용하여 정보를 수집한다.

필자의 경우, 수집한 정보를 블로그에 스크랩한 후 페이스북과 연동하고, 동영상, 디자인과 관련된 정보는 유튜브, 핀터레스트를 이용한다. 소셜 미디어 중 조금 깊이 있는 정보를 원하면 파워블로그, 브런치 등에 관심 키워드를 검색하면 좋다. 블로그와, 페이스북에서 콘텐츠 관심 분야의 정보를 쉽게 얻으려면 블로그의 경우 이웃맺기, 페이스북의 페이지는 '좋아요'를 눌러 놓으면 자동적으로 업데이트 되는 정보를 얻을 수 있고, 온라인상으로 네트워크를 맺어 구성원 간에 서로 필요한 정보를 주고받을 수도 있다.

마지막으로 네이버, 다음, 구글 등 '포털사이트를 활용'하는 것이다.

이 방법은 가장 쉽게 정보를 구할 수 있는 것으로 범용성은 있으나 전문성은 떨어진다는 단점이 있다. 이를 보완하기 위해서는 정보 검색 시 최소 3개 이상의 사이트를 검색하여 새로운 아이디어로 재가공하는 것이 좋고, 필요한 경우에는 해외 사이트도 병행하여 조사하며 정보의 질을 높일 수 있다.

정보(아이템) 수집 기준 5가지

아이템 선정을 위한 정보력 강화와 수집한 정보의 효율적 운영을 위해 5가지 정보수집 기준이 있다.

① 일반성

정보는 누구나 쉽게 이해할 수 있어야 한다. 단, 특정화된 타깃을 대상으로 기획을 할 경우에는 그 타깃에 맞춘 정보를 수집하도록 한다.

② 논리성

일관성 있게 논리를 뒷받침할 수 있는 정보여야 한다. 콘텐츠기획의 생명은 논리다. 기획하는 사람과 듣는 사람이 모두 잘 이해하고, 설득할 수 있도록 논리적인 자료가 필요하다.

③ 현실성

현실적으로 적용할 수 있으며 경험적으로 검증이 가능한 자료여야 한다. 현실성이 없는 자료는 아무리 아이디어가 좋더라도 기획에 활용할 수 없다.

④ 객관성

사실적 근거를 갖춘 자료여야 한다. 기획에서 주관적인 자료는 지양해야 하기 때문이다.

⑤ 단순성

간단하고 명료한 자료여야 한다. 복잡한 정보는 자료로서 활용 가치가 떨어진다.

정보력 강화를 위한 4가지 방법

정보를 효율적으로 수집하고 잘 활용하기 위해서는 4가지의 방법이 있다.

첫 번째 방법은 '관심'을 갖는 것이다.

정보를 수집하기 위해 가장 먼저 자신의 주위에 관심을 가져야 한다. 무엇이든 관심을 가져야만 볼 수 있지, 관심이 없으면 아무리 중요한 것이라도 눈에 들어오지 않는다. 그렇다면 정보를 얻기 위해 무엇에 관심을 가져야 할까? 콘텐츠기획을 위해서는 방송, 미디어 등 콘텐츠 분야에 제일 먼저 관심을 가져야 한다. 어느 정도 정보에 대한 관심이 익숙해지면 타 분야, 해외 정보에서부터 정치, 경제, 사회, 예술 분야 등으로 관심의 폭을 넓혀 나간다. 이렇게 정보에 관심을 갖기 위해서는 'Why 생활법'을 실천하면 좋다. 'Why 생활법'이란 주변에서 일어나는 모든 일에 "왜 그렇게 되었을까?", "왜 그렇게 했을까?", "왜 발생했을까?" 등 '왜'라는 의문을 가지고 모든 일을 바라보고 생각하는 것이다.

그리고 많은 것에 관심을 갖기 위해 많은 장소에 다녀봐야 한다. 주중에는 사회(회사) 생활과 관련된 현장으로, 주말에는 고객들이 많이 모이는 공연장, 전시장, 공원 등을 방문하여 고객들의 관심이 무엇인지를 알기 위해 살펴본다. 이처럼 주위의 모든 분야에 관심을 가지고 경험하면 좋은 아이템 습득과 이를 콘텐츠기획에 활용할 아이디어를 얻게 된다. 즉 주위 환경에 관심을 가지면 맡은 일에 대한 열정이 자연스럽게 생기고, 이를 통해 즐거운 기획을 할 수 있게 된다.

두 번째 방법은 정보를 바라보는 '나만의 눈'을 갖는 것이다.

주위에 정보가 너무나 많은데 우리는 쓸 만한 정보가 없다고 하소연 하는 경우가 많다. 이것은 정보를 바라보는 눈이 없기 때문이다. 훌륭한 기획자는 아무리 하찮은 정보라도 이를 자신만의 정보로 변화시키고, 해석하여 멋진 기획을 만들어낸다. 철조망을 발명하여 돈과 명예를 거머쥔 조셉 F. 글리든이 그 사례라고 할 수 있다.

가난한 대장장이의 아들 조셉은 아무리 사소한 것이라도 눈여겨보는 관찰력이 있었다. 가정형편 때문에 중학교를 갈 수 없었던 그는 목장에 가서 일을 하게 되었는데 양들이 매번 나무 울타리를 넘어 농작물을 망쳐놓는 것을 보았다. 그런데 흥미로운 사실은 양들이 울타리를 넘을 때 가시가 있는 장미넝쿨 쪽으로는 가지 않고 피해 넘는다는 사실을 발견하였다. 이에 착안하여 그는 기존의 철조망에 가시 모양을 덧붙여 우리가 지금 쓰는 철조망을 만들었고 13살 때 만든 이 철조망은 1차 세계대전 이후 국경 분계선으로 사용되면서 수요가 급증하여 엄청난 돈과 명성을 얻게 되었다.

양들이 장미넝쿨 쪽로는 다가가지 않는다는 현상을 바라보고 조셉은 가시라는 자신의 눈으로 발견한 정보를 가지고 이를 철조망에 적용하여 놀라운 결과를 거둘 수 있었다.

다른 사례로 어느 와인샵의 성공 사례가 있다. 와인샵을 운영하면서 음악과 매출과의 관계를 살펴보던 중 매출을 올리는 데 가요, 팝송보다 클래식과 재즈가 효과적이라는 사실을 발견하였다. 그래서 매장의 배경음악을 클래식과 재즈로 바꾸면서 고급 와인의 매출을 3배나 올렸다.

필자도 강남역으로 미팅을 하러 갔다가 받았던 어학원 전단에서 신제품의 런칭에 대한 아이디어를 얻어 경쟁 PT에서 이긴 경험이 있는데, 길거리에서 나누어지는 수많은 인쇄물, 매일 신문과 우편함에 삽지되어 들어오는 전단 속에서도 유용한 정보가 많으므로 우리는 이를 발견하고 기회를 만들 수 있도록 매사에 관심을 가져야 한다. 즉 정보를 나만의 것으로 만들기 위해 바라보는 눈을 가져야 한다.

정보를 보는 나만의 눈을 가지기 위한 정보(아이템) 분석법이 있다.

① '연결법'. 정보 간의 지향성과 연관성을 파악하여 정보를 연결시킨다.

② '타깃팅 기법'. 중요한 정보의 흐름을 파악하여 다른 정보의 키워드를 발견하는 것이다.

③ '소거법'. 필요 없거나 중요도가 낮은 정보를 걸러낸다.

④ '통제법'. 정보의 상호 연관성을 파악하기 위해 통제선을 활용하여 대립시키는 것이다.

이밖에도 현실 적용 여부를 체크하는 방법, 공통분모를 추출하는 방법 등이 있다.

세 번째 방법은 '다양한 정보를 입수할 수 있는 체계'를 만드는 것이다.

회사에는 인사, 총무, 회계, 관리, 영업, 마케팅, 서비스 기획, 제조 등 다양한 부서에서 엄청난 정보가 매일 만들어지고 있다. 이를 잘 활용하려면 자신이 소속한 분야의 정보는 물론 타 부서, 타 회사의 정보도 잘 알아야 한다. 회사는 살아 있는 생명체처럼 유기적인 조직으로 대부분 부서 간 상호 연관이 되어 있고 구성원들이 서로 협업해야 업무를 원활히 진행할 수 있게 만들어져 있기 때문이다. 그리고 자사와 더불어 동종업종에 있는 경쟁사에 대한 정보도 얻어야 함은 물론 이종업종, 해외 기업의 정보까지도 얻어야 한다. 이를 위해서는 정보를 용이하게 수집할 수 있는 정보체계가 미리 구축되어 있어야 한다.

정보체계는 빠른 시간에 최신 정보를 입수할 수 있는 채널을 말하는 것으로 회사 내외에 다양한 사람들을 통해 자신만의 정보체계를 만들어 놓아야 한다. 예를 들어 회사 내에서는 부서원들을, 회사 밖에서는 매월 미팅하는 협력회사 직원, 동종업종에 종사하는 학교 동창, 해외 지사에 근무하는 동기, 세미나에서 만난 사람 등을 학교에서는 같은 학과 친구들 혹은 동아리 선후배 등을 정보원으로 정보체계를 구축하는 것이다. 외국 스파이 영화를 보면 얼마나 정보 체계가 잘 짜여 있는가에 따라 싸움의 승패가 결정됨을 볼 수 있다. 콘텐츠를 잘 기획하기 위해서는 제일 먼저 조직을 이해해야 하듯이 기획할 콘텐츠를 중심으로 어떠한 경로를 통해 정보를 교환되고 입수할 수 있는지에 대한 정보체계도를 만들어 활용하는 것이 좋다. 그리고 정보체계를 유지하기 위해 정기적인 커뮤니케이션을 하도록 한다.

세계적으로 유명한 팝가수 마이클 잭슨에게서 배우는 효율적인 정보관리 사례가 있다. 필자가 삼성전자에서 근무할 때 마이클 잭슨의 한국공연을 후원한 적이 있는데, 이때 현장 실무자로서 무대가 만들어지고 공연을 준비하는 과정을 지켜보았었다.

이전에 국내 유명 가수들이 나오는 행사를 기획하고 준비하면서 무대세팅과 리허설을 수없이 보아왔지만 마이클 잭슨 공연은 준비과정이 매우 달랐다. 당시 우리나라의 준비는 먼저 무대를 만들고 이를 중심으로 음향, 조명, 특수효과 등을 설치한 후 이를 컨트롤박스에서 조정할 수 있도록 선을 배치하는 것이었는데 마이클 잭슨의 경우에는 반대로 하는 것이었다. 먼저 배선 및 무대를 세울 설계도를 만든 후 컨트롤박스를 중심으로 무대까지 음향, 조명, 특수효과 등에 대한 배선을 하고 그 위에 무대를 세팅하는 것이다. 유사한 사례로 유튜브에서 Rammstein-Europe Stadium Tour Time Lapse를 보면 잘 이해할 수 있다.

이처럼 정보도 스피드 있게 활용할 수 있도록 체계적인 설계도를 그린 후 이곳에 세부 자료를 세팅해야 한다.

네 번째 방법은 수집한 정보를 '나만의 것으로 차별화'하는 것이다.

정보란 있는 그 자체로도 의미가 있겠지만 누구나 다 알 수 있는 정보나 어느 정도 사람들이 인식하고 있는 정보는 아이템으로서 활용가치가 떨어진다. '구슬이 서 말이라도 꿰어야 보배가 된다'는 말이 있듯이 정보도 꿰어야 보배가 된다. 그러면 정보는 어떻게 꿰어서 활용해야 할까? 수집한 정보를 나만의 것으로 차별화 해야 한다. 정보를 나만의 것으로 차별화하기 위해서는 몇 가지 방법이 있다.

① 믹스^{MIX}. A 정보와 B 정보를 합하여 색다른 정보 C를 만들어내는 것이다.

예를 들어 음료 회사에서 얻은 신제품 아이디어와 엔터테인먼트회사에서 상영 중인 콘텐츠를 융합^{MIX}하여 신개념의 콘텐츠 서비스를 기획하는 것이다.

② 업그레이드Upgrade. 정보는 매일 만들어질 뿐 아니라 매일 새롭게 변
   화된다. 기존의 정보를 활용하기 위해서는 한 차원 더 발전시켜 새
   로운 정보를 만들어낼 필요가 있다.

예를 들어 뮤지컬을 좋아하는 필자는 〈맘마미아Mamma Mia〉를 여러 번
보았다. 맘마미아는 '아바ABBA'라는 스웨덴 혼성그룹의 노래를 가지고 만
든 뮤지컬이다. 이 뮤지컬을 보면서 우리나라 가수 중에도 아바와 같은
유사한 그룹들이 많이 있는데, 이러한 그룹의 노래를 스토리텔링 형식으
로 엮어 뮤지컬로 업그레이드시키면 뮤지컬을 통한 한류열풍도 일으킬
수 있을 것이다. 이러한 예로 외국인들이 비빔밥을 좋아하는 것과 난타,
점프와 같은 넌버벌 퍼포먼스Non-verbal Performance 공연이 세계적으로 인기
를 끄는 것에 착안하여 '비빔밥' 공연이 만들어진 것이다.

③ 모방. 이 방법은 한 곳에서 사용된 정보를 다른 곳에서도 활용하는
   것으로 정보를 차별화하는 가장 기초적인 방법이다.

소셜 미디어를 활용한 정보의 효율적 운영

아이템을 선정하기 위해 매일 매일 정보를 수집해야 한다. 그런데 수집
한 정보를 어떻게 정리할까?

과거에 필자는 매일 신문에서 발췌한 정보를 노트에 스크랩하였다. 처
음에는 정리도 쉽고 보기도 좋았으나, 스크랩북이 하나 둘 많아지다 보니
찾아보기가 너무 힘들었다. 그래서 과감히 오래된 노트는 버리면서 스크
랩을 하였는데도 계속 정보가 발생하다 보니 스크랩북으로 정보를 정리

하는 데 한계가 발생하였다. 그래서 블로그를 만들고 여기에 정보를 스크랩하고 정리하기 시작했다. 블로그를 만들어 정보를 데이터화 하면서 다른 블로거들과 이웃을 맺고 정보를 교환하기도 하였다. 스크랩북에 혼자만 정리하던 수준에서 벗어나 쌍방향 커뮤니케이션으로 정보를 얻다 보니 기획에도 많은 도움이 되었다. 특히 블로그를 하면서 좋은 점은 기획할 때에 매일 매일 모아놓은 정보를 쉽게 찾아 바로 활용할 수 있게 된 것이다.

보통 새로운 콘텐츠를 기획할 때 자료 및 시장조사에 가장 많은 시간이 소요되는데, 블로그에 평소에 시장조사를 통해 자료를 모아 놓으면 이 시간을 획기적으로 줄일 수 있다. 스피디한 기획력을 높이기 위해서는 블로그를 통한 정보관리는 필수라고 할 수 있다. 그리고 페이스북, 유튜브, 인스타그램, 핀터레스트 등을 통해 정보를 검색하며 보다 폭넓은 정보를 얻을 수 있다.

블로그 활용 5단계

블로그를 만들고 활용하는 5단계 방법이 있다.

1단계는 벤치마킹이다.

인생에 롤모델Role model이 있듯이 스마트한 콘텐츠기획을 위해서는 1등 콘텐츠, 1등 기업, 1등 제품 등을 벤치마킹하는 것이 좋다. 정보를 관리하기위해 1차적으로 블로그가 유용한데, 블로그 중에서 가장 많이 활용되는 것이 네이버 블로그이며, 네이버의 이달의 블로그 또는 이전의 파워블로거를 벤치마킹하도록 한다.

이달의 블로그는 만화 · 애니, 패션 · 미용, 사진, IT · 컴퓨터 등 세부적인 분야별로 나누어져 있으므로 관심 있는 분야에 맞는 블로그를 찾아 따라해 보면 된다.

2단계는 목록 작성이다.

정보를 잘 정리하고 스크랩하기 위해서는 목록 작성이 가장 중요하다. 1단계에서 선택한 이달의 블로그의 목록을 참고하여 자신만의 목록을 작성한다.

3단계는 자료 입력, 스크랩, 이웃맺기다.

블로그의 목록까지 완성되면 직접 자료를 입력하거나 이달의 블로그와 이웃을 맺고 필요한 정보를 스크랩 또는 포스팅하도록 한다. 블로그를 좋은 자료 창고로 만들려면 자신이 직접 조사하고 느낀 점을 적는 것이 가장 좋으며, 자신이 잘 알지 못하는 분야에 대해서는 이웃 블로그의 글을 스크랩하도록 한다. 특히 이달의 블로그나 관심 있는 분야에 정통한 블로그와는 이웃맺기를 하여 정보공유를 실시간으로 자연스럽게 나누도록 한다. 유의할 점은 다른 사람의 글을 가져올 때는 저작권에 유의하도록 하며, 사전에 양해를 구하기 위해 댓글로 공유하겠다는 글을 반드시 게재한다.

4단계는 '아이디어, 나만의 생각 넣기'이다.

블로그에 자료를 스크랩할 때 단순히 자료만 가져와 게재하는 것이 아니라 자신의 생각이나 아이디어를 적어 넣어 기획할 때 즉시 활용할 수 있도록 한다. 즉 스크랩한 글 위에 눈에 잘 띄게 글을 컬러로 아이디어(생각)를 적어 놓는다.

5단계는 기획에 활용하는 것이다.

1~4단계를 따라 자료를 미리 미리 준비해 놓으면 기획을 할 때에 바로 자료를 찾아서 빠르게 기획할 수 있다. 보통 기획을 할 때 정보조사, 시장 조사에 주어진 시간의 50% 이상이 소요되므로 미리 자료를 잘 정리해 놓으면 시간도 줄이고 한 발 앞서 여유 있게 멋진 기획을 할 수 있다.

블로그 작성 TIP

다음은 블로그를 작성하는 TIP이다.

① 목표를 분명히 하는 것이다. 블로그 운영의 목표를 분명히 정하고, 이에 맞추어 자료를 수집하며 개인정보보호를 위해 너무 개인적인 것은 지양하도록 한다.

② 목록 작성은 신중하게 하는 것이 좋다. 기초가 탄탄해야 높은 건물 을 지을 수 있듯이 목록을 잘 만들어야 자료를 보기 좋게 정리할 수 있다. 그러므로 조금 시간이 걸리더라도 신중하게 목록을 작성하도 록 한다.

③ 꾸준히 정보를 게재하는 것이다. 최소 하루에 1개 이상 스크랩, 1주 에 1개 이상 자료를 올리는 것이 좋다.

④ 이웃과의 커뮤니케이션 강화를 하는 것이다. 스크랩을 해오는 이웃 블로그나 자신의 블로그를 방문하고 댓글을 남긴 블로거들에게 정 보에 대한 느낌, 아이디어 등을 적극적으로 나눌 수 있도록 소통에 힘쓴다.

⑤ 정성껏 작성하는 것이다. 자료를 작성한 본인이나 방문한 네티즌들에게 기분 좋게 볼 수 있도록 자료를 최대한 보기 좋게 작성한다. 이를 위해 현장에서 찍은 사진, 동영상, 이미지 등을 적극 활용하며 과다한 이모티콘 사용은 지양한다.

페이스북 페이지 운영 및 '좋아요' 늘리기

다음은 페이스북 정보관리 방법이다.

페이스북을 통해서는 전 세계의 정보를 얻을 수 있는 장점이 있다. 관심 있는 콘텐츠 회사나 인플루언서, 셀럽 등의 페이지에 '좋아요'를 누르면 상대방이 올리는 정보를 자신의 타임라인에서 읽을 수 있다. 그리고 블로그, 인스타그램, 유트브 등 다른 SNS와도 연계하여 정보를 얻을 수 있다. 블로그와는 달리 페이스북은 지나간 정보를 검색하기가 다소 어려우므로 페이스북에서 얻은 중요한 정보는 블로그에 옮겨놓도록 한다. 콘텐츠를 기획하거나 만든 후에 페이스북을 통해 홍보를 하기 위해서는 페이스북 페이지를 만들고 운영하는 것이 좋다. 인터넷의 홈페이지같이 페이스북에는 '페이지'라는 것이 있으므로 이를 통해 페이지를 만들고 홍보, 마케팅을 할 수 있는 것이다.

페이지를 잘 운영하기 위해서는 첫째, 고객이 편안하게 소통할 수 있게 하고, 둘째, 만든 콘텐츠만의 차별화된 마케팅 방법을 구사한다. 셋째, 재미와 명분을 가지고 커뮤니케이션을 하는 것이며, 넷째, 온라인과 오프라인을 연결시켜 페이지를 확장하는 것이다. 다섯째, '좋아요' 수를 늘리기 위해 광고는 지양하도록 하며, 마지막으로 고객과의 소통 강화를 위해 방문객에게 자주 묻는 활동, 즉 고객 참여(이벤트, 설문, 경품 등)를 적극적으로 시행한다.

페이스북 페이지의 '좋아요'를 늘리기 위해서는 매일 매일 일정한 시각, 예를 들면 오전 12시, 오후 6시에 유용한 정보를 꾸준하게 게재하는 것이 좋으며, 글, 텍스트와 더불어 재미있고 흥미로운 사진, 동영상 등을 함께 올린다. 그리고 지속적인 방문을 유도하기 위해 감성을 자극하는 스토리텔링 형식의 콘텐츠를 시기별 이슈, 계절에 맞게 올리는 것이 좋다. 그리고 주별, 월별로 시간, 요일, 콘텐츠 내용에 대한 분석을 통해 페이지를 지속적으로 업그레이드 시킨다.

아이템 선정 3가지 포인트

여러 경로를 통해 얻은 정보로 기획할 콘텐츠 아이템을 선정할 때는 3가지를 고려해야 한다. 콘텐츠를 기획할 아이템을 선정할 때는 트렌드, 타깃, 즉 고객의 기호, 기업, 즉 비즈니스로서의 가치에 대한 관심 등 3가지 측면에서 살펴봐야 한다.

첫째, 콘텐츠기획자가 트렌드를 잘 파악하기 위해서는 소비자의 변화를 포착하고 감지하여 공감대를 만들어야 하고 글로벌 환경 특히 콘텐츠, 예술, 사회 등의 변화와 흐름에 관심을 가져야 한다. 인터넷의 발달로 인해 국경과 시차가 없어진 시점에서는 국내 트렌드와 동시에 해외(특히 미국, 중국, 일본, 유럽)의 트렌드 변화를 동시에 체크해야 한다.

둘째, 타깃Target, 즉 고객의 기호嗜好 측면에서 검토해야 한다. 타깃의 기호란 목표로 삼은 고객들이 즐기고 좋아하는 것, 즉 고객의 관심사를 말한다. 예를 들어 요즘 대중들이 좋아하는 콘텐츠나, 제품, 서비스 등을 분석해 보면 재미있는 것, 신선한 것, 스토리가 있는 것 등이라는 공통점을 발견할 수 있다.

셋째, 기업 측면에서 비즈니스를 할 가치가 있는지 검토해야 한다. 기업 측면에서 아이템을 검토해야 한다는 것은 기획하고자 하는 아이템이 과연 회사에 유무형의 수익을 가져다 줄 수 있는지 비즈니스로서의 가치를 살펴보자는 것이다. 즉 기획은 고객을 대상으로 하되 회사의 관점에서 기획되어야 한다.

결국 콘텐츠의 아이템을 선정할 때에는 고객과 기업이 관심을 가지고 있는 것을 선정해야 한다. 만약 투자유치를 위해 투자자에게 제안하는 기획의 경우에는 투자자의 관점에서 예산을 얼마나 효율적으로 사용하여 최대한의 효과를 거둘 것인가에 초점을 맞춰야 한다. 왜냐하면 투자자는 최소의 투자로 최대의 효과를 얻는 것을 가장 좋아하기 때문이다.

다음은 '아이템 선정 체크표'이다.

기획 아이템 선정 체크표

아이템	트렌드	타깃 기호	기업 관심
A	△	○	×
B	○	○	△
C	○	×	○

시장조사를 하고 아이템을 선정할 때 여러 가지 좋은 아이템이 동시에 나올 수 있다. 이 때 여러 개의 아이템 중 최적안을 고르기 위해 아래의 아이템 체크표를 활용하면 좋다.

예를 들어 아이템 A, B, C가 있는데 트렌드, 타깃기호, 기업 관심의 측면에서 평가하여 표와 같은 결과가 나왔다. 기획할 때 A, B, C 세 아이템 중 어떠한 아이템을 선정할까?

당연히 'B'를 선택해야 할 것이다. 이처럼 아이템 체크표를 통해 아이템별로 트렌드, 타깃 기호, 기업 관심의 항목을 체크한 후 가장 적합한 아이템을 선정하여 이를 기획 프로세스에 맞추어 체계적으로 기획하면 콘텐츠를 성공시킬 수 있을 것이다.

콘텐츠를 돋보이게 하려면 독특한 아이템, 신선한 아이디어, 흥미진진한 스토리 등 어떤 것이 가장 좋은 방법일까?

차별화되는 기획을 위해서는 아이디어가 가장 중요하다고 할 수 있지만 아이디어를 만들어내고 이를 뒷받침하기 위해 필요한 것은 아이템, 즉 자료, 데이터 등 '정보'이다. 즉 기획을 차별화하기 위한 인프라로서 정보가 절대적으로 필요하다.

에베레스트가 세계 최고봉인 이유는 어디에 있을까? 파미르 고원 위에 있기 때문이다. 8,848m의 세계 최고봉인 에베레스트는 사실 4,848m이다. 에베레스트를 비롯해 히말라야 산맥의 산들은 세계의 지붕이라 불리는 4,000m의 파미르고원 위에 솟아 있어서 세계 최고의 산들이 될 수 있었다. 이처럼 에베레스트와 같은 최고의 콘텐츠를 기획하기 위해서는 4,000m 높이의 파미르고원 같은 정보(자료)가 밑받침되어야 한다. 로마가 하루아침에 이루어진 것이 아니듯이 기획에 필요한 정보는 하루아침에 쌓을 수 있는 것이 아니다.

창의적이고 스마트한 기획의 기초를 만들기 위해서는 정보와 자료를 꾸준히 수집해야 하는데, 필자는 4가지 방법을 사용한다.

첫 번째 방법은 1일 1개 아이템(정보) 수집하는 것이다. 기획의 기본은 아이템(정보)이다. 그러므로 콘텐츠기획을 하기 위한 초안을 잡을 때 정보가 필수 요소이다. 매일 접하는 정보 중에 1개 이상 수집하고 어떻게 아이템이 구성되어 있고 나오게 되었는지, 어떻게 기획에 활용할 것인지 분석하고 메모하도록 한다.

두 번째 방법은 1일 1 아이디어 만들기이다. 새로운 아이디어가 적용되어 새롭게 만들어진 아이템, 콘텐츠, 제품, 서비스 등에 어떻게 아이디어가 만들어졌는지를 살펴보고 이것을 자신만의 아이디어로 업그레이드시켜 본다.

세 번째 방법은 한 주에 기획서 한 개를 읽는 것이다. 기획서를 보기 위해서는 슬라이드쉐어www.slideshare.net 사이트에 들어가서 한글로 원하는 키워드를 검색하면 관련 기획서나 자료를 볼 수 있다. 기획서가 어떻게 작성되었는지 분석해 보고 이를 자신의 방식으로 다시 작성Rewriting해 보면 기획 및 작성 능력을 높일 수 있다.

네 번째, 월 책 한 권 읽기이다. 기획의 흐름과 논리를 잘 전개하기 위한 가장 좋은 방법은 책을 읽는 것이다. 콘텐츠나 관심분야에 대한 책을 선정한 후 읽으면서 기획에 활용할 내용을 메모하며 정리해 놓는다.

이상과 같은 방법 이외에도 많은 방법이 있을 수 있다. 정보를 수집하는 방법은 자신에게 가장 잘 맞는 방법을 선택하여 매일 실천하면 기획의 기본인 아이템(정보)를 자연스럽게 수집하고 이를 통해 성공 콘텐츠를 기획하는 밑바탕을 견고히 할 수 있다.

세계적인 화가 파블로 피카소, 그는 평생 몇 점의 작품을 남겼을까?

무려 2만 점이나 된다. 사람이 100년을 산다고 가정했을 때, 사는 날이 36,500일임을 감안한다면 실로 엄청난 작품 수이다. 비슷한 예로 발명왕 토머스 에디슨은 특허를 1,039개 등록하였고, 위대한 물리학자 알버트 아인슈타인은 240편의 과학 논문을 발표하였다.

아이템을 수집하고 모으는 데 사실 왕도가 없다. 피카소, 에디슨, 아인슈타인처럼 세계적인 천재들도 아이템을 얻고 이를 자기 분야의 콘텐츠화를 하는 데 매일 매일 엄청난 노력을 기울였다. 이처럼 아이템을 수집하는 비결은 '성실', 꾸준함과 '지구력'일 것이다. 이처럼 아이템을 수집하고 정보력을 강화하는 비결은 성실, 꾸준함일 것이다. 지금부터 하나씩 하나씩 관심 있는 분야의 아이템을 모으다 보면 반드시 멋진 콘텐츠를 기획의 탄탄한 기초를 마련할 수 있을 것이다.

트렌디한 차별화,
아이디어 업그레이드

우리는 온오프, 국내외 전방위 시장조사 및 분석을 통해 아이템(정보)을 수집할 수 있었다. 그런데 아이템은 가공되지 않은 날 것으로 타깃의 기호에 맞추기 위해서는 트렌드, 경쟁 관계를 고려하여 차별화를 해야 한다.

아이템을 타깃에 맞게 차별화하는 것을 아이디어라고 할 수 있다. 아이디어Idea는 어떤 일에 대한 구상, 고안, 생각, 착상 등'을 뜻하며 개념적으로 참신하고 유용한 구상을 말한다. 아이디어 구상은 시장조사를 통하여 얻은 아이템(정보)에 차별화된 상상력Creative를 가미하여 새로운 것을 만드는 것이다. 즉 수집한 정보에 새로운 생각을 집어넣어 차별화된 것으로 만드는 것을 아이디어라 할 수 있다.

예를 들어 생선을 잡아 바로 회(아이템)로 먹는 것도 좋지만, 이를 숙성(아이디어)시켜 먹거나 다양한 다른 요리들, 즉 생선초밥, 회덮밥, 매운탕 등으로 차별화하면 더 맛있고 다양한 생선 요리를 먹을 수 있는 것과 같다. 피아노라는 아이템에 게임이라는 콘텐츠를 융합하여 1인용, 2인용 음악게임으로 발전시킨 것도 좋은 예(유튜브 피아니케이스 참고, www.youtube.com/@pianicast-8685)이다. 피아노 게임은 아이들이 조금 어려워하거나 싫증낼 수 있는 피아노 레슨을 게임하듯이 재미있게 받을 수 있게 만들어 줄 수 있다.

이처럼 사람들의 눈길을 끌어 성공적인 콘텐츠를 만들기 위해서는 차별화된 아이디어가 있어야 한다.

다양한 아이디어 발상법

아이템(정보)을 아이디어로 발전시키기 위해서는 브레인스토밍법, 스캠퍼기법, 카탈로그법, KJ법, 발상전환법, 정보조합법, 연상자극법 등 다양한 발상법이 있다.

브레인 스토밍Brain Storming은 아이디어 발상을 위한 가장 대표적인 방법으로 창의적 태도나 능력을 증진시키기 위한 기법이다. 일상적인 사고 방법대로가 아니라 '뇌폭풍'이라는 해석처럼 제멋대로 거침없이 생각하도록 격려함으로써 좀 더 다양하고 폭넓은 사고를 통하여 새롭고 우수한 아이디어를 얻어 보려는 방법이다.

브레인 스토밍이라는 용어는 원래 정신병 환자의 정신착란을 의미하는 것이었으나 1941년 세계적인 광고대행사 BBDO의 '알렉스 F. 오스본'이 제안한 '아이디어를 내기 위한 회의기법'에서 비롯한 뒤로는 자유분방한 아이디어의 산출을 의미하게 되었다. 이 과정에서 창의적 사고를 위해 꼭 지켜야 할 몇 가지 기본 원칙이 있다.

① 자신의 의견이나 타인의 의견에 대하여 일체의 판단이나 비판을 의도적으로 금지한다. 아이디어를 내는 동안에는 어떠한 경우에도 평가를 해서는 안 되며 아이디어가 다 나올 때까지 평가는 보류하여야 한다.

② 어떤 생각이든 자유롭게 표현해야 하고 또 어떤 생각이든 거침없이 받아들여야 한다.

③ 질보다는 양에 관심을 가지고 무조건 많이 내려고 노력한다.

④ 남들이 내놓은 아이디어를 결합시키거나 개선하여 제3의 아이디어를 내보도록 노력한다.

스캠퍼SCAMPER 기법은 밥 에버르Bob Eberle가 고안한 아이디어 촉진 질문법이다. SCAMPER 기법이란 SSubstitute-대체, CCombine-조합, AAdapt-적용, MModify or Magnify-수정 또는 확대, PPut to other uses-다른 용도로, EEliminate or minify-제거 또는 축소), RReverse or Rearrange-뒤집기 또는 재배열 등 7개 아이디어 발상 방법의 머릿글자를 딴 것이다.

SCAMPER 기법을 하나씩 살펴보자.

① SSubstitute-대체는 정보(아이템)의 일부분, 예를 들어 성분, 과정, 장소, 사람 등을 다른 무엇으로 대체하는 것이다. 치약 대신 가글, 부채 대신 선풍기 등이 있다.

② CCombine-조합는 다른 아이템과 결합해서 문제점을 해결하는 것이다. 사례로는 MP3에 카메라와 핸드폰을 결합하여 스마트폰을 만든 것이 있다.

③ AAdapt-적용는 정보를 응용(각색)하여 다른 곳에 활용하는 것이다. 지문

인식 기능을 활용한 디지털 도어록, 조명을 활용한 살균기기 등이 있다.

④ M^{Modify or Magnify}은 정보를 수정, 확대하여 다른 것으로 변환하는 것이다. 바나나맛 우유, 꼬부라진 물파스, 내시경 카메라 등이 있다.

⑤ P^{Put to other uses}는 다른 용도로 수집한 정보를 다른 용도로 사용하는 것이다. 무전기를 휴대폰으로, 폐품을 예술품으로, 물파스를 얼룩 제거제로 만든 것이 사례이다.

⑥ E^{Eliminate or minify}는 제거 또는 축소는 정보의 기능, 부품 등 부분을 제거하거나 축소하는 것이다. 무가당 껌(오렌지), 무선 키포드(주전자), 간단 휴대폰(리모콘) 등의 사례가 있다.

⑦ R^{Reverse or Rearrange}은 뒤집기 또는 재배열은 정보 순서, 배치 등을 바꾸어 변환을 유도하는 것이다. 누드 김밥, 마트에서 홈쇼핑으로, 학원에서 인터넷 강좌로 변환한 것이다.

카탈로그법은 주로 개인이 분명한 목적의식을 갖고 도형, 사진, 광고, 카탈로그, 문서 등을 보면서 아이디어 발상을 기대하는 것이다. 즉 카탈로그, 사진, 문서 등 참고자료를 통해 순간의 번득임을 잡아내는 것이다.

KJ법은 가설 발견의 방법이다.

개개의 사실이나 정보를 보고 직감적으로 서로 어떤 관계가 있다고 느끼는 것끼리 만들어 나아가는 것이다. 이 방법은 문화 인류학자인 일본의 카와 기다지로가 고안해 낸 것으로 이름의 이니셜을 따서 KJ법이라고 명명하였다. 이 방법의 특징은 하나의 사실, 관찰한 결과 또는 사고한 결과

(정보) 등을 각각 작은 카드에 단문화 하여 기입해서 활용하는데, 그 방법의 전개 순서는 다음과 같다.

① 사실, 관찰 결과, 생각한 것들을 노트에 모두 기록한다.

② 각 정보마다 그 내용을 단문화 한다. 가급적 한 줄로 표현하여 정보의 내용이 쉽게 눈에 들어오도록 한다.

③ 작성한 카드를 모두 책상 위에 보기 쉽게 늘어놓고 내용이 비슷한 것, 어떤 관계가 있는 것끼리 2~3매를 모아 그것을 소그룹으로 분류한다.

④ 소그룹으로 모인 내용을 다시 분류하여 그 내용을 나타내는 단문 카드를 작성한다.

⑤ 카드의 숫자가 많을 때는 이것을 다시 대그룹으로 나눠 표찰을 만들어 전체의 설명이나 가설을 찾는다.

⑥ 카드 집단별로 알기 쉽게 그리고 가설을 발상하기 쉽게 그림으로 엮어본다. 관계가 있는 카드를 가까이 배치하거나 테두리를 쳐서 그 위에 표찰을 붙인다. 상관관계가 있는 것끼리 화살표로 연결하여 가설을 쉽게 이해할 수 있도록 한다.

이외에도 아이디어를 만드는 방법은 무수히 많다. 여기서 유의할 점은 위의 방법은 방법론일 뿐이고 방법을 사용해서 아이디어를 내는 것은 우리 자신이므로 일상생활 속에서 다양한 경험과 꾸준한 콘텐츠 아이템 수집을 통해 새로운 아이디어를 만들 수 있는 자신만의 방법을 직접 강구해보도록 한다.

나만의 아이디어 만들기

아이디어를 만들기 위해서는 다양한 방법이 있지만 좀 더 차별화된 아이디어를 만들기 위해서는 나만의 아이디어 발상법이 필요하다. 필자는 운 좋게 첫 사회생활부터 지금까지 기획 업무를 하면서 나만의 아이디어 발상법을 통해 좋은 생각을 현실화시켰다.

나만의 발상법은 첫째, 주어진 정보에 하나 또는 여러 개를 더하는 방법(+1/+n), 둘째, 재미있게 만드는 방법Fun, 셋째, 생각의 틀을 깨트리는 방법Break, 넷째, 생활에 자연스럽게 적용하는 방법Natural, 다섯째, 서로 믹스하여 변화시키는 방법Mix&Change 등이 있다.

하나씩 구체적으로 살펴보자.

첫 번째, 플러스 하나.

하나를 더하는 것이다. 몇 가지 사례를 살펴보면 첫 번째 색(色, Color을 더하는 것이다. 유명 아이돌 그룹은 유닛앨범을 발표하면서 같은 앨범을 여러 가지 컬러로 색을 차별화하여 출시했다. 결과는 한 가지 색으로 앨범을 만들었을 때보다 매출이 컬러 수만큼 올랐다. 이유는 팬들의 콜렉션 수집 심리를 파악했기 때문이다. 이러한 컬러를 다양화하여 성공한 사례로 스마트폰이 소비자의 기호에 맞추어 다양한 컬러를 출시하여 판매를 2~3배 높인 것이다.

두 번째 사례는 안전安全을 더하는 것이다.

프리미엄 오토바이 H사는 신제품에 안전을 더하기 위해 에어백을 더하며 자연스럽게 가격도 올리고, 신뢰도도 높이게 되었다.

우리나라 자동차회사에서는 프리미엄 모델에 해외 명품의 디자인과 재질을 더하고 한정 판매하는 마케팅을 전개하여 조기에 완판하는 결과를 거두었다. 영화, 방송, 게임 등을 홍보하기 위해 광고를 랩핑Wrappin한 자동차를 운영하여 시선을 끌고, 버스 안에 문화예술을 체험할 수 있는 시설을 갖추어 움직이는 예술 체험장을 만드는 것도 자동차에 아이디어를 더한 사례이다.

세 번째 사례는 장소를 더하는 것이다.

골프는 잔디가 있는 곳에서 하는 스포츠인데 겨울철에는 땅이 얼어 운동하기가 쉽지 않다. 그래서 만들어진 것이 실내골프장이다. 실외에서 실내로 옮긴 실내골프장은 평소에도 많은 사람들이 즐겨 찾는 실내스포츠 장소가 되었고 최근에는 실내야구장, 실내사격장 등으로 다양하게 변화, 발전되었다. 이밖에도 스포츠를 하는 장소를 경기장을 벗어나 우리가 흔히 생각하는 장소(거리)에서 대중화되거나 독특한 장소를 하나 더 생각하여 성공한 사례가 많이 있다. 바다 위에서, 고층 헬리콥터 이착륙장에서 세계적인 테니스 대회를 홍보한 것이 그 사례이며, 콘텐츠 적용 사례로는 해수욕장에 도서관 만들기, 산 속에서 여는 음악회 등이 기존의 장소에 새로운 아이디어를 더한 사례가 있다.

5~6년 전부터 한국 뮤지컬이 해외에서 열풍을 일으키고 있다. 그런데 뮤지컬은 영화나 게임에 비해 티켓 가격이 매우 높은 편이다. 그래서 보다 많은 관객에게 저렴하게 볼 수 있도록 뮤지컬 공연을 실황으로 극장에서도 동시 중계하여 많은 사람이 볼 수 있게 만들었다. 사례로 〈잭 더 리퍼〉의 요코하마 공연을 오사카 영화관 스크린에 연결하여 '생중계 뮤지

컬'의 시대를 연 것이다. 코로나-19로 인해 무관중 콘서트나 랜선 콘서트도 변형된 사례라고 볼 수 있다. 이밖에도 비슷한 사례로 버스 안에서의 콘서트, 버스 미술관, 듣는 사진전 등이 있다.

네 번째 사례는 시간을 더하는 것이다.

마라톤은 낮에만 하는 것이 아니라 밤에도 할 수 있다. 건전지 브랜드인 에너자이저는 마라톤을 낮에만 하는 경기가 아니라 야간에도 할 수 있도록 건전지를 넣은 헤드렌턴을 머리에 쓰고 밤에 달리는 야간 마라톤대회를 수 년째 열고 있다.

다섯 번째 음악을 더하는 것이다.

전 세계적으로 주목받는 K팝에 클래식 음악을 더하는 것이다. 블랙핑크의 두 번째 정규앨범 본핑크의 타이틀곡 '셧다운'은 파가니니의 '라 캄파넬라'를 인트로 부분에 샘플링을 하여 안무 영상이 126일 만에 유튜브 1억뷰를 돌파하는 놀라운 기록을 세웠다. 클래식을 더하는 샘플링은 국내뿐 아니라 전 세계에서도 대중성을 확보하는 동시에 고급화를 꾀하는 전략으로 많이 활용되고 있다.

이상의 사례들처럼 현재 아이디어로 좋은 반응을 얻고 있는 것을 벤치마킹하여 새로운 콘텐츠에 +1을 하여 업그레이드 시키면 좋은 아이디어로 만들 수 있을 것이다. 또한 여러 개를 합하여 멋진 콘텐츠를 만들 수도 있다. 해외에서 남녀노소 1,000명이 보컬, 기타, 드럼을 합주 하는 축제를 개최하였는데 너무 멋진 연주행사가 되었다.

나만의 아이디어를 만드는 두 번째 방법은 재미있게 만드는 것이다.

사람의 관심을 끌려면 재미가 있어야 한다. 사례로 강력한 건전지를 재미있게 알리기 위해 자동차 전조등을 건전지로 켜고, 건전지로 버스가 움직이며, 건전지로 가로등이 켜지게 광고한 것이다. 슈즈크림(구두약)을 선전하기 위해 백미러를 광낸 구두로, 범인을 보기 위해 광낸 구두를 거울로 활용하는 모습 등은 재미난 과장을 통해 고객의 눈길을 끈 매우 좋은 아이디어다

재미있게 자극한 사례도 있다. 사람의 음식에 대한 욕구는 때와 장소를 가리지 않는다. 이러한 점에 착안하여 기존의 구조물이나 장소에 사람, 또는 콘텐츠의 속성을 재미있게 더하여 고객의 심리를 자극하는 아이디어를 만든 사례가 많이 있다. 예를 들어 항구에 정박한 배를 묶는 로프에 사람의 이미지를 더하여 스파게티 전문점을 홍보하고 공원벤치에 초콜릿 색칠을 하여 자연스럽게 초콜릿을 먹게 싶게 만든 사례는 기존의 콘텐츠 아이템(정보)에 재미를 더하면 멋진 아이디어가 되는 것임을 볼 수 있다. 기존 구조물에 과장된 이미지를 재미있게 부착함으로써 좋은 효과를 얻는 방법도 있다.

나만의 아이디어를 만드는 세 번째 방법은 틀을 깨트리는 것이다.

사람들에게 강력한 이미지를 전달하기 위해서는 기존의 상식적인 틀을 깨는 강력한 방법이 좋다. 즉 소비자들의 상상을 뛰어넘어 고객의 뇌리에 깊게 콘텐츠의 컨셉, 회사의 이미지, 브랜드를 알리기 위해 주어진 정보를 새로운 장소에, 모양/디자인을 파격적으로 바꾸는 발상의 전환이 새로운 아이디어를 만드는 방법이다. 쓰레기를 아무데나 버리는 것을 보

고 쓰레기를 재미있게 버릴 수 있도록 점수판과 농구 골대형 쓰레기통을 만들었다. 효과는 만점이었다. 나이키에서는 쓰레기를 함부로 버리는 지역에 남자들이 멀리 있는 휴지통에 쓰레기를 넣을 때 농구를 하듯이 슛을 하는 것에 착안하여 농구대 쓰레기통을 만들고 백보드에 브랜드 로고를 넣어 자연스럽게 광고를 함으로써 좋은 성과를 거두었다. 이는 광고는 깨끗한 곳에 해야 한다는 기존의 틀을 과감히 깬 좋은 사례다.

세계적인 오토바이 할리데이비슨은 남자들이 지하철이나 버스의 손잡이를 잡을 때 오토바이 타는 기분을 느껴게 해 주기 위해 버스 손잡이에 오토바이 핸들을 부착하여 일상에서 신나는 경험을 안겨 주었다. 이 역시 어디에서든 오토바이를 탈 수 있다는 이미지를 전달하기 위해 장소의 틀을 깬 사례라 할 수 있다. 하얀색 일변도의 이모티콘에서 흑인 이모티콘을 만들어 대박을 낸 벤처기업도 편견을 깬 좋은 사례라고 할 수 있다.

나만의 아이디어를 만드는 네 번째 방법은 일상생활과 자연 환경을 활용하는 것이다.

아이디어를 친근하게 전하기 위해 가장 손쉬운 방법은 의식주와 관련된 생활 제안과 우리를 둘러싼 자연을 이용하는 것이다. 특히 타깃(고객)의 기호에 맞춘 콘텐츠 제안은 더욱 전달력이 높아 아이디어의 효과를 극대화시킬 수 있다. 생활과 자연을 활용한 몇 가지 사례를 살펴보면 주방용품을 판매하는 회사에서 음수대에 흡수력이 강한 제품을 광고하기 위해 설치해 놓은 스폰지는 매우 감각적이며 음수대를 사용하는 고객들에게 빠르게 상품의 특장점과 브랜드를 알릴 수 있었다.

요가학원 명함의 경우에는 단순한 명함에 동그란 구멍을 2개 넣어 명함을 받은 사람들이 손가락을 넣었을 때 어려운 요가의 자세를 연출하게 함으로써 흥미와 더불어 요가에 대한 욕구를 재미나게 불러 일으켜 잘 기억하게 했다.

공중화장실에서는 집에서와는 달리 휴지를 너무 많이 쓰고 아무데나 버리는 경향이 있어 이를 개선하기 위해 휴지 용기를 나무 모양으로 만들어 환경을 생각하게 함으로써 자연스럽게 휴지를 절약하게 하였고 화장지도 자연 소재로 만들었음을 감성적으로 알릴 수 있었다.

벽화를 통한 마을 환경 개선과 예술 콘텐츠화 사례도 있다. 우리 주위에서 흔히 볼 수 있는 마을 벽화는 페인트로 그림만 그린 사례와 기존 구조물에 입체적인 이미지(소재)를 넣어 배경과 자연스럽게 조화시킨 사례를 부산 감천마을, 인천 동화마을 등에서 볼 수 있다. 벽화에서 한 걸음 더 나아가 유명 시인의 시와 연관되는 이미지의 그림으로 단순한 벽화를 넘어 하나의 예술작품처럼 느껴지도록 만들기도 하였다. 그리고 기존의 나무에 벽화를 추가하여 멋진 작품을 만든 사례도 있다. 이처럼 기존의 사물(아이템)을 활용하여 새로운 콘텐츠를 창조하는 것이 아이디어다. 그리고 페인트로 벽화를 그려 마을을 콘텐츠화하는 경우가 너무 많아짐에 따라 차별화를 위해 레고블록, 털실 등을 활용한 아이디어 사례도 있다. 겨울철 가로수에 털실로 예쁘게 감싸서 따스한 거리를 만드는 사례도 스트리트 아트 콘텐츠street art contents라고 할 수 있다.

이 같은 대부분의 아이디어는 지극히 평범한 일상 속에서 나오게 된다.

아이디어는 관찰에서 시작

아이디어를 만들기 위해서는 우리 주위에 주어진 환경과 현상을 적극적으로 보는 자세가 필요하다. 아이디어는 관찰에서 시작되기 때문이다.

관찰력이 어느 정도인지 몇 가지 테스트를 해보자.

관찰력을 테스트하기 위한 첫 번째로 편의점 세븐일레븐의 로고를 한번 보자. 로고는 7과 영문으로 이루어져 있는데 대문자일까? 소문자일까? 대부분의 사람들이 대문자라고 알고 있다. 정답은 '대문자 + 소문자'로 이루어져 있다. 정확히 말하자면 마지막 글자인 n만 소문자이다.

관심을 가지지 않고 자세히 보지 않으면 답을 맞출 수가 없다. 아마 세븐일레븐이라는 로고를 만들 때 모든 알파벳이 대문자로만 이루어졌다면 재미가 없었을 것이다. 이것은 무언가 사람들의 관심을 끌고 구전口傳시키기 위해 작은 변화를 준 것이다.

이처럼 아이디어에는 숨겨진 무엇인가가 있다. 우리는 관찰을 통해 숨겨진 아이디어를 발견할 수 있고 다른 아이디어 만들기에 활용할 수도 있다. 그래서 아이디어를 잘 만들기 위해서는 평범하고 일상 적인 것에 관심을 갖고 살펴보는 자세가 필요하다.

관찰력 테스트의 두 번째로 단원檀園 김홍도金弘道의 씨름이라는 작품을 살펴보자. 이 그림을 자세히 보면 씨름을 구경하는 사람들의 표정이 다 다르고 너무 재미있게 표현되어 있다.

김홍도의 씨름 속에서 몇 가지 문제를 풀어보자.

첫 번째 문제. 이 씨름을 하는 두 사람 중 누가 이길까?

정답은 그림에서 등을 보이고 입을 꽉 다문 사람이다. 지금 다리가 들린 사람은 얼굴에 당황한 기색이 역력하다. 그리고 오른쪽 하단에 있는 사람들이 자기 쪽으로 넘어질까봐 뒤로 물러서고 있다.

두 번째 문제. 다음 씨름을 준비하는 사람은 누구일까?

정답은 왼쪽 상단의 무리 중 왼쪽 아래의 두 번째 사람으로 신발과 갓을 가지런히 벗어 놓고 다음 씨름을 기다리며 긴장을 한 채로 두 다리를 꼭 붙잡고 있는 사람이다.

세 번째 문제. 그림에서 어떤 사람이 가장 태평스러울까?

정답은 엿장수이다. 씨름 경기 전에 엿도 거의 다 팔아서 경기 결과에는 별 관심 없이 다른 곳을 보며 태평한 표정을 짓고 있다.

네 번째 문제. 이곳에 오지 않아야 될 신분을 가진 사람(양반)은 누구일까?

정답은 왼쪽 상단의 무리들 중 왼쪽 아래 세 번째 사람으로 부채로 얼굴을 가리고 있다. 양반이기에 평민들이 즐기는 씨름을 재미는 있지만 얼굴을 내 놓고 볼 수는 없어 부채로 얼굴을 가린 채 씨름을 보고 있는 것이다.

이러한 질문들처럼 그림에 관심을 가지고 유심히 관찰하다 보면 많은 재미와 영감을 얻게 될 것이다.

관찰력 테스트 3번째로 2020년 12월 국가에 기증한 추사秋史 김정희金正喜 선생의 세한도歲寒圖를 살펴보자.

세한도는 한 채의 집을 중심으로 좌우에 나무가 대칭을 이루고 있으며, 주위를 텅 빈 여백으로 처리하여 극도의 절제와 간략함을 보여주고 있다. 한 채의 집과 고목이 풍기는 스산한 분위기가 추운 겨울의 분위기를 맑고 청결하게 표현하여 문인화의 특징을 엿볼 수 있는 조선 후기 대표적인 그림으로 평가되고 있다.

이 세한도에 나오는 두 나무의 이름은 무엇일까?

우리는 중고등학교 시절 이 그림을 그린 사람이 누구인지, 무엇을 표현하였는지 등에 대한 것은 많이 공부하였으나 정작 이 그림에 나온 나무의 이름은 무엇일까에 대한 생각을 품은 사람은 그다지 많지 않을 것이다.

정답은 소나무와 측백(편백)나무이다.

관심을 가져야만 안 보이던 것이 보이고 이를 아이디어로 연결시킬 때 기획은 빛이 나게 될 것이다.

이상의 관찰력 테스트처럼 우리 주위의 일상적인 것들 중에 무심코 지나치는 것들에 관심을 가지는 것이 아이디어를 만드는 출발점이다. 사람들은 누구나 자신이 보고 싶어 하는 것, 필요한 것만 본다. 관심을 가지지 않으면 아이디어는 보이지 않는다. 콘텐츠기획자로서 새로운 아이디어를 만들고 싶다면 주위의 사물들, 사람들에 관심을 가지고 보기 시작해야 한다. 무엇인가 새로운 것이 보이고 참신한 아이디어를 생각해 낼 수 있을 것이다. 그러므로 우리는 콘텐츠를 중심으로 이루어진 여러 가지의 작품, 서비스 등에 깊은 관심을 가지고 세세히 관찰해 보면 좋은 아이디어의 영감을 얻을 수 있을 것이다.

『베끼고, 훔치고, 창조하라』(김종춘 지음)에서는 이렇게 말한다.

"모방을 거치지 않은 새것은 없다. 모방은 가장 탁월한 창조 전략이다. 모방하는 자는 흥하고 모방하지 않는 자는 망한다. 고수는 남의 것을 베끼고 하수는 자기 것을 쥐어짠다. 그 결과 고수는 창조하고 하수는 제자리걸음이다. 모방을 축적하다 보면 한 순간, 창조의 한방이 나온다."

2017년 89회 오스카, 역대 최다 14개 후보에 오른 〈라라랜드〉도 1950년대부터 1990년대까지 다양한 영화의 멋진 장면들을 참고하여 만든 명작이다. 이처럼 아이디어 만들기가 어렵다고 머리를 쥐어짜지 말고 성공 사례를 창의적으로 베껴보면 좋겠다.

아이디어를 만드는 6가지 도구

아이디어는 어떻게 만드는 걸까?

아이디어는 만들기는 결코 쉽지 않다 그래서 모방을 통해 새로운 것을 창조하는 것이 좋은데 무엇을 보고 모방하면 좋을까? 필자는 책, 마인드 맵, 현장방문, 만남, 메모, 벤치마킹 등 6가지의 도구를 통해 아이디어를 얻기 위한 방법으로 활용해 볼 것을 제안한다.

첫 번째는 '책'이다.

아이디어를 만드는 가장 기본적인 도구는 '책'이다. 책을 읽는 이유는 읽는 만큼 볼 수 있기 때문이다. 책은 우리가 과거, 현재, 미래 속에서 만날 수 없는 사람과 경험할 수 없는 환경을 전문가를 통해 만날 수 있는 통로이다. 아이디어가 생각과 경험을 통해 나오는 것처럼 우리의 생각에 경험을 더하기 위해서는 절대적으로 '책'이 필요하다. 한 주에 수십 권, 한 달이면 수백 권의 국내외 서적들이 출간되고 있다. 일주일에 한 번 서점을 들려 1~2시간을 돌아보면 새로 나온 책이 너무 많아 무엇을 읽어야 할지도 모를 정도이다. '책'이라는 도구를 통해 아이디어를 만들어내기 위해서는 좋은 책을 읽어야 한다. 아마존의 제프 베조스, 페이스북의 마크주커버그, 마이크로 소프트의 빌 게이츠 등 세계적인 회사의 CEO는 물론 유명 유튜버에 이르기까지 아이디어를 만드는 원천은 책에서 시작된다고 말하고 있다.

그렇다면 너무나 많은 책 속에서 아이디어를 얻기 위해 어떤 책을 읽어야 할까?

가장 손쉬운 방법은 자신의 취향과 눈높이에 맞는 책을 읽는 것이 가장 좋겠으나 이는 찾는 데 시간이 많이 소요되므로 주요 기관, 경제연구소, 학술기관 등 전문기관에서 추천한 책이나 명사들이 추천하는 서적을 읽는 것을 추천한다. 그리고 롤모델로 삼고 싶은 인물이나 국내외적으로 유명인사(기업인, 문화인, 정치인 등)가 읽는 책은 반드시 읽어야 한다.

필자는 아이디어를 만들고 기획에 도움을 얻기 위해 인문, 역사, 디자인 관련 서적을 읽는다. 인문학을 통해 인간의 삶에 대한 통찰력을 얻을 수 있고, 역사 서적을 통해서는 과거에서 현재까지 일어난 일련의 사건을 읽으며 현재의 상황별로 어떻게 대처해 나아가야 할지에 대한 아이디어를 얻을 수 있다. 특히 콘텐츠에 대한 경쟁력을 높이기 위해 문화, 예술 등에 대한 역사는 매우 중요하다. 그리고 요즘처럼 비주얼이 강조되는 시대에는 디자인이 매우 중요하다. 그래서 디자인, 광고 관련 서적은 표현력을 높이기 위해 읽어야 한다. 이러한 책과 병행하여 마케팅 및 기획관련 서적을 읽으면 아이디어를 글로 옮기고 실행력을 높이는 데 도움이 될 것이다

두 번째는 '마인드맵Mind Map'이다.

마인드맵이란 문자 그대로는 '생각의 지도'란 말이며, 사전에서 살펴보면 마음속에 지도를 그리듯이 줄거리를 이해하며 생각을 정리하는 방법이다. 즉 자신의 생각을 지도 그리듯이 이미지화하여 창의력을 업그레이드 시키는 방법이다. 마인드맵은 영국의 토니 부잔Tony Buzan이 1960년대 컬럼비아대학원을 다닐 때 인간 두뇌의 특성을 고려해 만들어냈다. 사람들이 그림과 상징물을 활용해 배우는 것이 훨씬 더 효과적이라고 생각하며 생각과 아이디어를 나무처럼 바깥으로 가지를 뻗어나가게 하며 생각

을 정리하는 방법이다.

아이디어를 만들고 기획을 할 때 중요한 것이 논리적으로 전개해야 한다. 그래서 마인드맵을 활용하여 생각을 논리적으로 정리하는 방법은 주제어를 중심으로 생각해야 할 것들을 우선 대분류(시기, 가격, 고객, 마케팅, 인력운영 등)를 한 후에 이를 바탕으로 세부적으로 어떻게 할 것인가를 계속 적어가면 된다.

아래 이미지는 필자가 새로운 콘텐츠를 런칭하기 위한 아이디어와 컨셉을 도출하기 위해 마인드맵을 활용하여 생각을 정리한 것이다. 아래와 같이 마인드맵 방식을 통해 머릿속에 떠오르는 생각들을 종이에 직접 그려보면서 콘텐츠기획 아이디어를 체계적으로 정리할 수 있다.

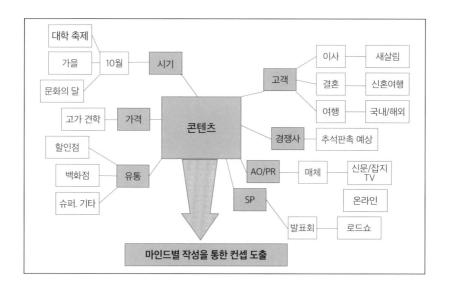

아래 이미지는 세르게이 브린과 래리 페이지가 '구글'을 설립할 당시, 마스터플랜을 짜기 위해 그렸던 마인드맵이다. 구글은 회사를 어떻게 체

계적으로 운영할 것인가에 대해 가장 먼저 고용Hiring, 누구와 함께 일한 것인가를 최우선으로 고려하고 최종적으로 사용자들의 행복User Happiness 을 통한 세계 평화World Peace를 목표로 마인드맵을 완성하였다.

마인드맵을 만들 때는 다음 사항을 유의하여 작성하도록 한다.

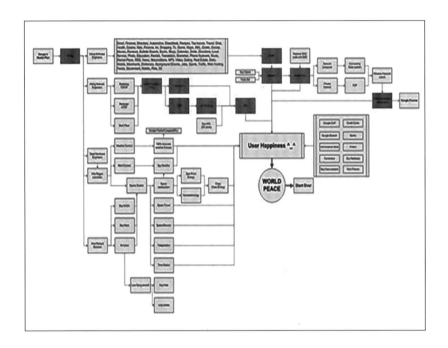

① 콘텐츠나 프로젝트를 중심으로 주 가지를 너무 많지 않게 해야 한다. 가지를 쳐야 나무가 잘 자랄 수 있듯이 너무 세부적인 가지는 주 가지 밑으로 정리해야 한다. 주主 가지는 부附 가지들을 포괄하는 핵심 주제이다.

② 가지를 그리는 중 생각이 단절될 경우에는 무리하게 고민하지 말고 다른 가지로 넘어 가면 된다.

③ 가지를 뻗다가 다른 가지와 연관이 있는 경우에는 연결하여 새로운 아이디어를 만든다. 즉 중심 가지로부터 서로 다른 주 가지에서 나온 가지들이 연관되어 있는 경우 두 가지를 연결시켜 새로운 생각을 만들어내는 것이다.

④ 마인드맵의 용어는 가급적 키워드(단어, 기호, 그림 등)를 사용하여 한눈에 보기 좋고 이해하기 쉽게 만들도록 한다.

세 번째는 '인구 밀집지역 방문'이다.

책상 앞에만 앉아 있으면 '우물 안 개구리'식 탁상공론만 하게 되고 아이디어가 잘 떠오르지 않는다. 그래서 기획자들은 책상을 털고 일어나 현장에 나가 답을 찾으라고 한다. 이럴 때는 사람들이 많이 모이는 곳으로 가서 어떤 색의 옷을 입고, 머리 스타일은 어떤지, 무엇에 관심을 가지고 어떤 물건들이 구매하는지 등을 살펴보면 잘 생각나지 않던 것들이 새로운 아이디어로 떠오르는 경우가 많다. 특히 고객의 기호와 트렌드를 파악하려는 콘텐츠기획자는 반드시 1주일에 한 번 이상 현장에 나가야 한다.

일본 최고의 부자 유니클로 야나이 다다시 회장은 현장 경영으로 유명하다. 자기 매장은 물론 경쟁사 매장까지 수시로 방문하여 고객의 동향을 살피면서 기회와 트렌드를 파악하여 상품 기획 및 경영에 반영한다.

어떤 방송작가들은 버스, 지하철 같은 대중교통을 타고 이동하면서 사람들의 이야기나 밖의 풍경을 보면서 아이디어를 구상한다고 한다. 그래서 기획자들은 여행을 자주 다닌다.

그렇다면 어떤 현장으로 나가야 할까? 우선 사람들이 많이 모이고 다니는 인구 밀집지역을 방문하는 것이 좋다. 그곳에 가면 고객과 매장의 최신 동향을 보고 분위기를 파악할 수 있다. 아래 보이는 도표는 서울 시내 주요 인구 밀집지역을 정리한 표인데 지역별로 밀집 시간과 유동인구 수가 다르며 특이사항을 보면 어느 장소에서 어떤 고객들이 모이는지, 어떤 마케팅이 효과를 발휘하는지 다름을 확인할 수 있다.

구분	밀집시간	유통인구수	특이사항
명동	15시 ~ 21시	100 ~ 150만	신제품 런칭, 로드쇼/ 관광객
코엑스	16시~22시	40 ~ 60만	프로모션 반응/ 참여도 높음
종로	13시~20시	20 ~ 30만	학생과 함께 직장인도 다수
대학로	17시~21시	주중 40만, 주말 100만	문화공연, 이벤트 다양
신촌	16시 ~ 20시	주중 20만, 주말 40만	패션, 유행 민감
강남역	15시 ~ 21시	20 ~ 30만	신세대에서 기성세대까지 다양
압구정	14시 ~ 20시	5 ~ 10만	20대 중심, 트렌드 표출

그래서 아이디어를 얻기 위해 장소를 잘 선정하고 현장방문을 해야 한다. 사람들이 많이 모이는 곳에서는 각 기업들마다 콘텐츠에 대한 고객 반응을 체크하고 트렌드를 관찰하는 테스트 마케팅 장소로 다양한 이벤트와 행사가 열리고, 고객들의 다양한 움직임을 통해 현재의 트렌드와 향후의 트렌드를 예측한다. 즉 인구가 밀집되는 지역을 찾아가서 매장에서는 무엇이 팔리고, 고객들은 무엇을 찾는지를 살펴봄으로써 콘텐츠기획에 필요한 아이디어와 소재를 발견할 수 있는 것이다. 그리고 한 달에 1번 정도 영화, 전시회, 콘서트, 음악회 등 문화공연을 관람하는 것도 아이디어를 얻는 좋은 방법이다. 문화공연을 통해 새로운 경험 속에서 색다른 아이디어를 얻게 되고 참여한 고객들의 반응을 보며 고객들이 무엇을 원하는지를 파악할 수 있다.

네 번째는 '만남'이다.

아이템 수집을 위해 가장 중요한 것이 인적 네트워크, 인맥이라고 앞에서 살펴보았다. 만남을 통한 인적 네트워크의 구축이 아이디어를 만들고 적용하는 가장 중요한 방법이다. 인맥을 쌓기 위한 방법이 여러 가지 있으나 가장 좋은 것은 만남과 모임에 적극적으로 참여하는 것이다. 사람들은 대부분 어려운 문제일수록 혼자서 고민하게 되는데 혼자 하면 할수록 더욱 딜레마에 빠지게 된다. 아이디어를 생각하는 도중에 진척이 없을 때 가장 좋은 방법은 사람을 만나 고민을 나누는 것이다. 친구나 주위 동료, 동호회 사람들을 만나 잘 안 풀리는 부분에 대해 이야기를 나누어 보면 의외로 빨리 답을 얻을 때가 많다. 특히 문제를 다른 사람에게 이야기 하는 도중에 자신도 모르게 머리에서 좋은 생각이 떠올라 문제가 풀리는 경우도 있다.

아이디어를 만든 후에도 만남은 중요하다. 자신이 생각하기에 좋은 아이디어라도 다른 사람들이 이해를 못 하는 경우가 있다. 이러한 경우를 대비하여 아이디어를 만든 후에 반드시 다른 사람들에게 정말 괜찮은지 검토를 받는 것이 좋다. 만남의 범위는 학교 친구는 물론 가족, 친구, 고객에 이르기까지 광범위하게 하며, 정기적으로 모임에 참석하여 아이디어와 정보를 나누도록 한다. 그리고 모임에 나갈 때는 반드시 명함을 지참, 교환하며 자연스럽게 인맥을 쌓도록 한다. 아이디어는 현장에서 고도화된다. 반드시 시장에서 반응을 살피며 아이템을 아이디어로 업그레이드해야 한다.

다섯 번째는 '메모'다.

무언가를 잃어버렸을 때 아무리 찾아도 찾을 수 없을 때가 있다. 이럴 때는 잠시 다른 일을 하면 생각나는 경우가 많다. 이처럼 책상 앞에 서 도저히 아이디어가 생각나지 않을 때는 하던 일을 잠시 중단하고 주변을 걷거나 나와서 10분이라도 바깥 공기를 쐬며 산책하면 신기하게도 아이디어가 떠오르게 된다. 굳이 시간을 내어 산책하기가 어렵다면 출퇴근(통학) 시간, 점심시간, 휴식시간, 기다리는 시간 등 자투리 시간을 이용하여 아이디어 발상 타임으로 만들어 보면 좋을 것이다. 그리고 누구든지 어떤 일에 몰입하게 되면 크고 작은 아이디어가 하루에도 여러 번 떠오르게 된다. 특히 잠자리에 들었을 때, 밥을 먹을 때, 샤워를 할 때, 운동을 할 때 등 예측할 수 없는 순간에 아이디어가 떠오르는 경우가 많은데 아무리 메모를 할 수 없는 상황이라도 이때를 놓치면 아이디어가 다시 생각나지 않고 사라지므로 반드시 스마트폰에 메모하도록 한다.

'둔필승총^{鈍筆勝聰}'이라는 말이 있다. '둔한 필기가 총명한 머리를 이긴 다'는 뜻으로 메모의 중요성을 일깨우는 말이다. 메모광으로 유명한 에디슨은 3,400권의 메모 노트를 통해 1,900건의 발명품을 개발하였다. 〈크리스마스의 유령〉, 〈베트맨〉을 기획, 제작한 팀버튼Tim Burton | Timothy Walter Burton 감독은 냅킨에 생각나는 영상 이미지를 메모하는 것으로 유명하다.

다음 사진은 거장 스탠리 큐브릭 감독이 스티븐 킹의 명작 〈샤이닝〉을 영화로 전환하기 위해 원저를 읽으며 행간에 썼던 메모들이다.

이처럼 메모는 아이디어를 필요로 하는 기획자에게 매우 중요한 수단이다. 여러 책들과 유명 인사들의 성공담을 통해 메모의 중요성은 검증되었으며, 보다 구체적이고 차별화된 메모를 하기 위해서는 숫자에 대한 메모도 신경을 써야 한다.

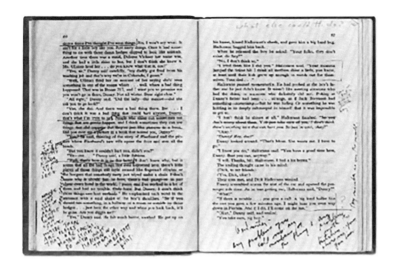

다음은 아이디어를 얻기 위한 메모 방법이다.

① 'TV 메모'. 뉴스, 다큐멘터리, 경제프로그램, 기업정보 프로그램 등을 통해 최근 동향을 보면서 자신만의 메모를 한다.

② '이벤트 메모'. 전시회, 연극, 영화, 뮤지컬 등 현장에서의 느낌, 감동을 메모한다.

③ '신문, 잡지 메모'. 내용을 보면서 떠오르는 메모는 붉은 글씨로 기사 옆에 메모한다.

④ '책 메모'. 책을 읽을 때는 필기구를 가지고 읽으면서 느끼는 것이나 생각나는 것을 메모한다. 많은 콘텐츠기획자들이 책 메모를 하고 있으며 필자도 책 메모를 가장 많이 한다.

이처럼 메모는 아이디어를 얻을 수 있는 매우 좋은 방법이므로 습관화해야 한다. 그리고 평소에 떠오르는 아이디어를 기록할 때는 빠르게 기록하여야 하므로 문자, 그림, 도형 등 나중에 자신이 가장 잘 기억할 수 있는 방법으로 메모한다.

필자는 바로 확인하고 쓸 수 있도록 카톡에서 나에게 메모하거나 문자로 아이디어를 메모하고, 아이디어와 연관되는 이미지는 카메라로 촬영한다.

여섯 번째는 벤치마킹bench-marking이다.

아이디어를 가장 손쉽게 만들 수 있는 방법으로 같은 분야나 유관 분야의 성공 사례를 따라하는 것이다. 벤치마킹은 "어느 특정 분야에서 우수한 상대를 표적으로 삼아 자기 기업과의 성과 차이를 비교하고, 이를 극복하기 위해 그들의 뛰어난 운영 프로세스를 배우면서 부단히 자기혁신을 추구하는 경영기법"이라고 나와 있다.(네이버 지식사전) 즉 뛰어난 상대에게서 배울 것을 찾아 배우는 것이다. 이런 의미에서 벤치마킹은 '적을 알고 나를 알면 백전불태百戰不殆'라는 말에 비유되기도 한다.

벤치마킹은 원래 토목 분야에서 사용되던 말로 강물 등의 높낮이를 측정하기 위해 설치된 기준점을 벤치마크benchmark라고 부르는데, 그것을 세우거나 활용하는 일을 벤치마킹이라고 불렀다. 그 후 컴퓨터 분야에서 각 분야의 성능을 비교하는 용어로 사용되다가 기업 경영에 도입되었다.

경영 분야에서 이 용어가 처음 사용된 것은 1982년 미국 뉴욕주 로체스터에서 열린 제록스Xerox 사의 교육 및 조직 개발 전문가 모임이었다. 제록스 사는 일본의 캐논 등의 관련회사에 뒤지는 이유를 단순히 복사기의 부품 문제뿐 아니라 디자인, 생산, 주문 처리의 모든 면을 분석해 일본식 작업 방식을 배우는 벤치마킹을 시도, 벤치마킹의 꽃을 피우게 되었다.

그리고 1989년 로버트 캠프 박사의 《벤치마킹》이란 저서에서는 동종 업계가 아닌 다른 업계의 경영 기법도 비교·분석해 벤치마킹의 범위를 확대했다. 벤치마킹 기법을 활용한 경영혁신의 추진은 일반적으로 ① 벤치마킹 적용 분야의 선정 ② 벤치마킹 상대의 결정 ③ 정보 수집 ④ 성과와 차이의 확인 및 분석 ⑤ 벤치마킹 결과의 전파 및 회사 내 공감대 형성 ⑥ 혁신계획의 수립 ⑦ 실행 및 평가 순으로 진행된다.

벤치마킹을 성공적으로 활용하기 위해서는 벤치마킹의 적용 분야, 벤치마킹 상대, 성과측정 지표, 운영 프로세스라는 벤치마킹의 4가지 구성 요소에 대한 명확한 이해가 필요하며, 이에 대한 적극적인 실행과 체크가 요구된다.

벤치마킹은 첫째, 무엇을 벤치마킹 대상으로 할 것인가. 둘째, 누가 최고인가를 살펴야 한다. 벤치마킹은 1등을 대상으로 하는 것이다. 1등은 국내뿐 아니라 세계 1등을 살펴보며 벤치마킹할 포인트를 찾아낸다. 셋째, 우리는 어떻게 하고 있는가? 마지막으로 다른 회사는 어떻게 하고 있는가의 순서에 맞추어 시행한다.

벤치마킹에서 유의할 점은 동종, 이종업종의 성공 사례와 더불어 실패 사례도 반드시 참고하여 똑같은 실수를 범하지 않도록 해야 한다. 즉 한 회사만 벤치마킹하는 것이 아니라 시스템, 프로세스, 디자인 등 1등으로 특화된 부분으로 여러 회사를 벤치마킹하는 것이 좋다. 벤치마킹 대상은 1등 제품, 경쟁기업, 관련 분야 1등 제품 및 최우수기업, 회사 조직 내 1등 사업부 또는 부서, 트렌드를 이끄는 제품, 기업, 언론 및 평가단체에서 수상한 제품, 기업 등이다.

지금도 새로운 아이디어가 계속해서 만들어지고 있다. 우리는 기존의 아이디어를 가지고 어떻게 재창조할 것인가, 어떻게 차별화시킬 것인가를 고민하며 나만의 아이디어로 업그레이드시켜야 성공하는 콘텐츠를 기획할 수 있을 것이다.

위대한 예술가 파블로 피카소는 "좋은 아티스트는 베끼고 위대한 아티스트는 훔친다.Good artists copy, Great artists steal"고 말했다. 텐센트의 최고경영자 마화텅(馬化騰 Ma Huateng은 "고양이를 보고 호랑이를 그리라"고 말하였다. 베끼는 것을 뛰어넘어 더 위대한 것으로 아이디어를 업그레이드하여야 성공적인 콘텐츠를 기획해야 한다는 것이다.

우리는 시장조사를 통해 얻은 아이템을 차별화하기 위해 아이디어로 차별화하는 것에 대해 살펴보았다. 즉 차별화된 기획을 위해 아이디어가 꼭 필요하다. 재미난 아이디어는 타깃에게 콘텐츠나 컨셉, 브랜드의 이미지를 효과적으로 전달한다. 우리는 음식점에서 흔히 주문을 하거나 서비스를 요청하기 위해 호출벨을 사용한다. 보통 호출벨은 호출버튼만 있다. 이러한 단순 호출벨에 추가 주문메뉴 버튼(물, 반찬, 소주, 맥주, 계산서 등)을 만들면 주문하는 사람과 받는 사람의 수고를 줄일 수 있다. 이런 업그레이드된 아이디어를 통해 손님은 재미가 있어 더욱 많은 주문을 하게 되고, 매장 주인은 많은 매출로 수익을 얻게 되는 1석 2조의 효과가 있다.

프로야구 1000만 관객 시대와 더불어 생겨난 아이디어가 있다. 모 맥주회사에서 각 구단별 로고를 활용한 맥주를 출시한 것이다. 야구장에서 맥주를 먹는 문화에 맞추어 더욱 많은 수요를 창출하기 위한 것이었다. 그런데 일본에서는 이를 맥주뿐 아니라 다양한 음료수 및 굿즈로 확대하여 타깃층을 넓힘으로써 판매를 확대하였다.

그런데 이처럼 반짝이는 아이디어가 멋지긴 한데 오래 기억되지 못하는 단점이 있다. 예를 들어 우리 주위에 매일 만나는 너무나 잘 알려진 브랜드인데도 어느 회사 제품인지 모르는 경우가 허다하다. 이유는 재미있고 공감이 가는 아이디어가 순간적인 효과는 있으나 지속적으로 전달하는 힘이 약하기 때문이다.

순간적인 아이디어의 한계를 극복하기 위해서는 스토리가 있어야 한다. 스토리는 아이디어에 지속성과 파급성을 보완하여 콘텐츠의 힘을 더욱 높이게 된다. 반짝이지만 금방 사라지는 아이디어에 지속적인 생명력을 주기 위해서는 스토리를 꼭 입혀야 한다.

지속성 강화를 위한
스토리텔링 & 스토리두잉

시장조사를 통해 아이템을 선정하고 차별화를 위해 아이디어를 더한 후 구전효과口傳效果를 통한 지속적인 생명력을 더하기 위해 스토리가 필요하다. 스토리는 아이디어를 전달하는 기초이며 가장 강력한 커뮤니케이션 도구이다. 이는 상대방의 감성에 호소하여 흥미와 몰입을 이끌어내기 때문이다.

스토리는 3가지의 힘을 가지고 있다.

첫째, 가장 효과적인 전달 방법이다.

아이디어에 스토리를 덧붙이면 상대방이 오래 기억하게 되고, 나아가 다른 사람들에게 이야기를 전하는 구전효과를 불러일으킨다.

둘째, 명확한 설득력을 발휘한다.

기획한 내용을 전달할 때 현장의 이야기, 경험한 이야기, 성공 사례 등 스토리를 가미하면 금방 이해하고 신뢰도를 높여 설득이 용이하다.

셋째, 강력한 마케팅 도구로 활용된다.

고객에게 콘텐츠, 기업, 브랜드를 직접적으로 전달하면 거부감을 갖는 경우가 많다. 그런데 스토리텔링을 가미한 마케팅은 고객들에게 자연스럽게 다가가 상업적인 마케팅보다 더욱 큰 효과를 발휘하게 된다. 그래서 많은 기업들이 스토리텔링 마케팅을 활발히 시행하고 있다.

세계적인 스토리 : 미키마우스와 해리포터

스토리의 중요성을 알아보기 위해 세계적으로 성공한 캐릭터를 살펴보자.

첫 번째 사례는 세계적으로 가장 유명한 캐릭터 월트 디즈니의 '미키마우스'다.

미키 마우스는 매년 6조 원의 매출을 거두는 엄청난 캐릭터인데, 미키마우스는 어떻게 해서 세계적으로 성공 한 캐릭터가 될 수 있었을까? 여러 이유가 있겠지만 가장 큰 이유는 '스토리'다. 1928년에 태어난 미키 마우스는 올해 95세로 '스팀보트 윌리Steamboat Willie'라는 작품으로 데뷔를 했다. 당시에는 이름도 미키가 아닌 '모르티머'였으며 흑백에 지금의 모습과는 조금 다른 형태로 등장하였다.

처음에는 큰 반응이 얻지 못하였지만 '미키 마우스'로 이름을 바꾸고,

여자 친구 미니, 도널드 덕, 구피 등 새로운 친구들을 등장시키며 '미키와 친구들'로 스토리를 확장하며 큰 인기를 끌기 시작하였다. 이로 인해 세계적으로 유명해지고 애니메이션에서 만화, 테마파크 등의 비즈니스 확장으로 엄청난 매출을 기록하는 세계 최고의 캐릭터가 되었다. 디지털 시대의 우리나라 핑크퐁도 이와 맥락을 같이 한다고 볼 수 있다.

두 번째 사례로 세계적으로 가장 성공한 스토리의 또 하나인 영국을 문화 콘텐츠 강국으로 변화시킨 '해리포터'다.

해리포터 시리즈는 7편 23권으로 전 세계에 67개국 언어로 4억 5천만 부가 팔렸다. 영화로도 8편이 제작되어 70억 달러의 영화 수익을 올리며 부가가치 300조 원의 경이적인 매출 실적을 거두었다. 300조 원은 삼성전자 2022년 매출액과 비슷한 금액이다.

해리포터의 세계적인 성공은 멋진 스토리를 책으로 엮은 출판과 더불어 영화, DVD, 비디오, 게임, 음악^{OST}, 광고, 캐릭터 상품, 관광, 테마파크 등 스토리를 바탕으로 한 OSMU$^{One Source Multi Use}$의 힘이라고 할 수 있다. 특히 문화 콘텐츠로서 스토리의 힘은 차별화된 경쟁력으로 매우 중요하다.

창의적인 생각을 공감할 수 있는 스토리로 글로벌하게 성공한 방탄소년단, 영화 〈기생충〉, 〈미나리〉, 시리즈 드라마 〈오징어게임〉은 대표적인 사례라고 할 수 있다.

이처럼 잘 짜여진 스토리는 나라도 발전시키고 세계 최고의 기업도 능가하는 놀라운 힘을 발휘한다. 그러므로 타깃고객에게 사랑받는 콘텐츠, 브랜드, 제품을 만들기 위해 스토리 만들기에 주력해야 할 것이다.

스토리텔링이란?

우리는 수많은 스토리 속에 살고 있다. 매일 매일 아침부터 저녁 잠드는 시간까지 스마트폰으로 TV로 신문, 광고, 드라마, 스포츠, 영화, 게임 등 다양한 매체와 콘텐츠를 통해 여러 스토리를 만나게 된다. 그런데 가장 많이 접하는 방송매체의 스토리를 살펴보면 상업적이거나, 의도된 노골적 이야기로 거부감이 생겨 전달력이 떨어지는 단점이 있다. 그래서 비상업적이며, 우회적인 이야기가 필요하게 되었고 이를 위해 스토리텔링이 탄생하게 되었다.

스토리텔링Storytelling이란 무엇인가?

스토리텔링은 스토리(이야기)와 텔링(말하는 것)이 조합된 말로 상대방에게 알리고 싶은 정보를 생생한 이야기로 설득력 있게 전달하는 것을 말한다. 지식백과사전인 위키백과를 찾아보면 스토리텔링이란 단어, 이미지, 소리를 통해 사건, 이야기를 전달하는 것이라고 설명하고 있다.

스토리Story 또는 내러티브Narrative는 모든 문화권에서 교육·문화 보존·엔터테인먼트의 도구로서, 또 도덕적 가치를 가르치는 방법으로써 공유되어 왔다. 스토리텔링에는 줄거리plot, 캐릭터, 그리고 시점時點이 포함되어야 한다.

이제는 콘텐츠의 이미지와 스펙, 가격만을 홍보하는 광고는 더 이상 소비자에게 어필할 수 없다. 콘텐츠 상품에 이야기를 입혀서 소비자의 관심을 끌고 더 오래, 더 잘 기억할 수 있도록 하는 것이 스토리텔링으로 최근 중요한 마케팅 전략으로 각광 받고 있다.

스토리텔링의 역할은 첫째, 고객과의 전략적 커뮤니케이션을 위해서,

둘째, 기업과 상품의 차별화된 컨셉을 전달하기 위함이다.

스토리텔링 전략은 보통 3단계로 시행된다. 1단계는 콘텐츠와 브랜드의 일관된 스토리를 만들고, 2단계로 모든 매체를 활용하여 고객에게 인식시키며, 3단계로 자연스럽게 비즈니스의 도구로 스토리텔링을 활용하는 것이다.

스토리텔링 4요소 및 개발 4단계

스토리텔링은 4가지 요소로 이루어진다.

메시지

스토리텔링은 명확한 메시지로부터 출발해야 한다. 메시지는 콘텐츠를 통해 특별한 경험을 할 수 있도록 유도하고 설득하기 위한 커뮤니케이션 전략이다. 그래서 스토리텔링에는 무엇을 전할 것인지가 포인트로 분명한 메시지가 필요하다. 예를 들어 미키 마우스와 친구들의 메시지는 '우정'이다. 이처럼 콘텐츠에는 분명한 메시지, 즉 컨셉을 명확하게 설정하고 지속적으로 이야기를 이어가야 성공할 수 있다. 그리고 이를 통해 다른 콘텐츠와 확실한 차별화를 거둘 수 있다.

갈등

갈등은 콘텐츠의 매력을 만들어 준다. 콘텐츠의 역동성은 고난과 역경을 극복하고 목표를 달성하는 도전 과정, 즉 갈등 속에서 발견할 수 있다.

드라마나 영화에서 악역이 있어야 주인공이 더욱 빛나는 것처럼 갈등이 분명하고 클수록 매력적인 콘텐츠가 만들어진다. 스토리에 갈등이 없다면 그 스토리는 재미가 없을 것이다. 갈등을 이겨내고 극복하는 과정 속에서 진정으로 소중한 가치를 만들어낼 수 있다.

미키마우스에서도 친구들과 사이좋게만 지낸다면 재미가 있을까? 서로 오해하고, 싸우고, 화내고, 갈등하면서도 우정을 더욱 견고히 만들어가는 과정 속에서 오히려 자연스럽게 메시지를 전할 수 있다. 즉 단순히 착하고 아름다운 이미지가 아닌, 대립과 갈등이란 측면을 통해 콘텐츠를 강화해 나가는 것이 스토리텔링의 매력을 높이는 것이다.

등장인물

등장 인물은 갈등을 통해 메시지를 전달하는 객체들이다. 스토리를 한 사람만의 이야기로 만들기에는 재미 요소가 많이 떨어진다. 그래서 재미있게 스토리를 이끌어가기 위해서는 이야기를 전개할 등장 인물(캐릭터)이 반드시 필요하다. 특히 등장 인물 중 주인공의 역할이 매우 중요하다. 주인공을 통해 말하고자 하는 메시지를 직간접적으로 드러낼 수 있기 때문이다. 주인공을 통해 주장하고, 중재하고, 협력하는 등 스토리의 주제를 분명히 드러내기 위해 등장인물들과 함께 조화롭게 설정되어야 한다.

플롯Plot

플롯은 스토리의 원활한 흐름, 즉 이야기를 형성하는 줄거리이다. 일반적으로 스토리 흐름은 '도입-전개-절정-결말'의 형식으로 이루어진다. 플롯, 즉 줄거리는 이러한 전개를 바탕으로 사람들에게 콘텐츠를 보다 극적으로 다가갈 수 있게 만든다. 콘텐츠에 널리 알려진 이야기(설화, 동화, 소설 등)를 풍자하거나 비유하는 것도 스토리의 새로운 흐름을 만드는 방법이 될 수 있다.

아이디어를 스토리텔링으로 개발하려면 4단계를 거쳐야 한다. 김민주 리드앤리더 대표가 저술한 『성공하는 기업에는 스토리가 있다』는 책에서 발췌한 내용을 살펴보면 스토리텔링은 4단계로 전개해야 한다.

1단계는 스토리 소재 수집하는 것이다. 기획할 콘텐츠 주변에 퍼져있는 다양한 이야기 소재를 모은다. 2단계는 수집한 스토리를 소재로 정제된 스토리로 가공하여 차별화된 이야기를 만들어낸다. 3단계는 완성된 이야기를 콘텐츠의 형식으로 고객에게 전달하고 구전이 될 수 있도록 바이럴 마케팅을 시행하는 것이며, 마지막 4단계는 스토리 커뮤니케이션 효과를 정성적, 정량적으로 측정, 분석하고, 이를 피드백하여 스토리를 한 단계 더 업그레이드시킨다.

스토리텔링 경영의 시대

모바일과 소셜 미디어의 발달로 기업과 브랜드 간의 콘텐츠 경쟁이 치열해짐에 따라 고객에게 차별화된 이미지를 전달하기 위해 스토리텔링이 경영 활동의 핵심 수단으로 활용되고 있다.

수 년 전 신문에 '이야기가 없는 기업은 망한다!' 라는 기사가 실렸다. 위대한 기업에는 이야기가 있는 법이다. 애플에는 스티브 잡스, 테슬라엔 일런 머스크, 아마존에 제프 베조스, 삼성은 이건희 회장, 알리바바에는 책 마윈에 대한 이야기가 있다. 고객들에게 이야기를 만들어 주기 위해 대부분의 기업들은 비상업적인 광고를 만들어 고객과 이야기를 하고자 한다. 고객들과 이야기가 없는 기업은 지속적으로 성장할 수 없기 때문이다.

그런데 대부분의 기업이 사내 고객, 즉 임직원들에 대해서는 이야기를 잘 만들지 않는다. 구글, 애플 등 세계적인 회사로부터 우리나라의 네이버, 카카오 등에는 직원들이 회사에 관해 끊임없이 즐거운 이야기를 나눌 수 있는 환경과 소재를 만들어 주고 있다.

직원들이 자기 회사에 대해 즐거운 이야기를 하고 있다면 그 기업은 진짜 좋은 기업이고 발전 가능성이 매우 높은 기업이다. 이를 위해 수많은 기업들이 직원들에게 놀이와 휴식 공간을 만들어 쉬고 싶으면 언제든지 쉴 수 있고 무료로 다과를 즐기게 해 주며 건강, 육아 등을 위해서도 편의 공간을 제공하고 있다.

스토리텔링 경영을 위해서는 3가지 원칙을 지켜야 한다.

첫째, 논리보다는 감성으로 경영해야 한다. 획일화된 경영 방식보다는 임직원과 고객의 마음을 움직일 수 있는 감성 스토리텔링이 필요하다.

둘째, 비용보다는 혜택을 제공해야 한다. 상업성을 드러내지 말고 고객의 혜택을 위해 어떻게 하고 있는지를 이야기해야 한다.

셋째, 이야기 속으로 끌어 들여야 한다. 일방적으로 이야기하기보다는 고객들이 체험하고 느끼고 싶은 마음이 들도록 양방향 커뮤니케이션Two Way Communication 스토리를 제공해야 한다.

스토리 있는 성공 기업을 만들기 위해서는 스토리텔링 소재가 있어야 한다.

대부분의 기업들에는 기업 역사, CEO, 임직원, 브랜드, 서비스, 협력회사, 고객 등 6가지 정도의 소재가 있고, 그래서 이야기를 만들어낼 소재가 있다. 그에 대해 알아보자.

① 기업 역사, 히스토리이다.

기업 연혁은 기업의 역사와 발전에 관한 모든 자료(예를 들어 설립 취지, 성공 사례, 위기 등)가 있다. 기업 역사의 소재를 파악하기 위해서는 설립자 직접 인터뷰 또는 초창기 때 임직원과 인터뷰를 통해 기업의 설립 동기, 설립 방법 등 과정에 대해 리뷰와 기업의 목표, 비전, 인재상 등에 대해 조사하는 것이다.

② CEO

CEO의 경영 스타일, 특별한 행동이나 습관, 성공 및 위기대응, 해결 사례 등을 소재로 살펴본다.

③ 임직원

소재로 직원들에게 좋았던 점과 나빴던 경험과 동료, 친구들에게 전하는 기업 이미지가 있다.

④ 브랜드

콘텐츠, 서비스로 브랜드 개발 과정, 콘텐츠. 제품 생산, 서비스, 마케팅, 유통 과정 등을 경쟁 콘텐츠, 제품과 비교하여 소재를 발굴해 낸다.

⑤ 협력회사

소재 개발을 위해 협력회사 인터뷰, 협력관계의 특징, 협력회사와의 성공 사례를 살펴본다.

⑥ 고객

고객의 계층(즉 나이, 성별, 거주지역 등)별로 고객과의 대화 내용, 경험, 느낌 등을 조사하여 소재를 만든다. 신규 콘텐츠나 서비스, 신제품의 경우, 얼리어답터, 오피니언 리더 등 초기수용자를 전략적 소재로 삼아야 한다.

요즘에는 기업과 더불어 콘텐츠의 주목률을 지속적으로 높이기 위해 다양한 방법의 브랜디드 콘텐츠를 만들어 다양한 스토리텔링을 하고 있다.

다음은 스토리텔링 유형 중 김민주 리드앤리더 대표의 『성공하는 기업에는 스토리가 있다』는 책에서 발췌한 유형별 사례이다.

스토리텔링 유형

스토리텔링의 유형에는 에피소드 스토리텔링, 경험담 스토리텔링, 패러디 스토리텔링, 드림(꿈) 스토리텔링, 기념일 스토리텔링, 시리즈 스토리텔링, 시상 스토리텔링, 디지털 스토리텔링 등이 있다.

첫째, '에피소드episode 스토리텔링'이다.

회사에는 많은 에피소드가 있다. 창업자, 제품, 임직원, 고객, 브랜드명, 광고, 마케팅 등 회사를 구성하는 인적 인프라와 더불어 회사의 제품, 브랜드, 콘텐츠 마케팅 등과 관련된 알려지지 않은 다양한 에피소드를 스토리텔링으로 활용하면 사람들의 호기심을 자극하여 좋은 효과를 거둘 수 있다.

사례로 세계 1위 생수인 에비앙이 있다. 에비앙은 프랑스의 작은 마을로 신장결석을 앓던 후작이 이곳에서 요양하며 물을 마시고 깨끗이 나음으로 인해 이를 약의 개념으로 상품화하여 100년 이상 세계 1위의 자리를 지키고 있다. 우리나라에도 세계 3대 광천수 중의 하나로 세종대왕이 눈병을 치료했다는 초정리 약수가 있다.

이처럼 제품 탄생의 에피소드를 스토리텔링으로 활용함으로써 세계적인 명성의 브랜드 가치를 계속 유지해 오고 있다. 에피소드가 없는 기업은 없다. 회사나 기관, 학교의 숨겨진 이야기를 꺼내 멋진 에피소드로 스토리를 만들면 멋진 스토리텔링이 될 것이다.

둘째, '경험담 스토리텔링'이다.

누구나 소중한 경험을 하나 이상 가지고 있다. 누구나 한 번쯤 경험해 보았을 잊지 못할 경험을 스토리로 만들어 공감대를 형성시키는 것이 '경험담 스토리텔링'이다. 사례로 지포Zippo 라이터가 있다. '지포' 라이터는 '방풍防風 라이터'로, 1933년 미국에서 시판된 이래 많은 사람들에게 애용되며, 수집하는 매니아들도 많다. 지포 라이터가 세계적인 브랜드로 성장하게 된 중요한 사건은 베트남 전쟁에 참가한 미군 안드레즈 중사가 적이 쏜 총알을 맞았지만 다행히 윗옷 주머니에 넣어둔 지포 라이터가 총알을 막아주어 생명을 구하게 된 이야기가 「라이프Life」지에 실리면서 그 후 많은 광고에 인용되었고, 병사들은 마치 지포 라이터가 생명을 지켜주는 부적처럼 어느 곳에서든 휴대하고 다니게 되었다. 심지어 지포 라이터를 자신만의 것으로 만들기 위해 이름이나 그림, 출신 지방 등을 새기기도 했고 또는 자신의 꿈이나 그리움에 관한 메시지를 새겨 넣기도 하며 새로운 스토리를 계속 만들어내고 있다. 즉 특별한 경험을 통한 스토리텔링은 깊게 각인되어 더 많은 이야기를 만들게 된다. 이를 위해 고객의 소리에 귀를 기울여야 한다.

셋째, '패러디 스토리텔링'이다.

패러디Parody는 풍자나 희화화戲畫化를 위해 작가 또는 작품의 특징적인 스타일을 모방하는 문학 혹은 예술 활동으로 유명한 기성 작품의 내용이나 문체를 교묘히 모방하여 과장이나 풍자로서 재창조하는 것이다. 요즘에는 방송, 영화, 게임 등의 콘텐츠를 재미있게 패러디한 프로그램이 많다.

'패러디 스토리텔링'을 하는 방법으로는 기존 스토리를 패러디하는 방법, 사회의 현상을 패러디하는 방법 등이 있다. 사례로 유명 인사의 말이나 방송 유행어, 영화 포스터 등을 패러디하여 자신의 스토리텔링을 만드는 것을 들 수 있다.

넷째, '드림Dream 스토리텔링'이다.

사람들은 모두 꿈이 있다. 꿈이라는 기본적인 욕구를 만족시키기 위해 각 기업에서는 감성의 시대에 꿈을 파는 스토리텔링을 많이 활용하고 있다. 즉 고객에게는 제품이 아닌 꿈을 마케팅에 활용하는 것이며, 임직원들에게는 꿈을 달성하기 위해 회사가 주는 메시지를 전하는 것이다.

다섯째, '기념일Anniversary 스토리텔링'이다.

우리 주위엔 발렌타인데이, 화이트데이, 빼빼로데이, 삼겹살데이 등 수많은 기념일이 있다. 이로 인해 '기념일' 특수가 발생하게 되었다. 기념일 스토리텔링은 발렌타인데이, 화이트데이 등의 기념일과 회사의 창립기념일과 같이 기존의 기념일을 활용하는 방법과 삼치데이(3.7일), 오이데이(5.2일), 구구데이(9.9일) 등 새롭게 기념일을 만들어 마케팅에 활용하는 방법 등이 있다. 요즘에는 기념일을 알려주는 리마인드Remind 마케팅도 활발하게 시행되고 있다.

여섯째, '시리즈series 스토리텔링'이다.

기업에서 일관된 이미지를 고객들에게 전달하기 위해 시리즈 광고를 시행하는 것이다. 대표적인 사례로는 코카콜라의 해피니스 팩토리 시리즈, 삼성전자의 스마트싱스 캠페인, 박카스 광고 캠페인 등이 있다. 이러한 시리즈 광고의 성공은 많은 기업들로 하여금 장수기업, 장수 브랜드를 만들기 위해 시리즈 스토리텔링을 계속하게 만들고 있다.

일곱째, '시상施賞 스토리텔링'이다.

기업과 제품, 콘텐츠에 대해 매년, 반기, 분기, 월별로 시상을 많이 한다. 시상이 기업과 브랜드 가치를 높이는 데 가장 효과적인 수단이다. 시상 스토리텔링의 유형으로는 유명 분야 시상, 시상대회 개최 등이 있다. 그래서 많은 기업들이 공신력 있는 기관들로부터 주는 상을 받으려고 노력하고 있으며, 공모전, 콘테스트 등을 통해 시상대회를 개최하며 시상 스토리텔링을 하고 있다. 외국 사례로는 기네스북에 등재하여 스토리텔링을 전개하는 것이다. '시상 스토리텔링'은 개인의 스토리를 만드는 데도 활용할 수 있다.

여덟째 '디지털digital 스토리텔링'이다.

디지털 트렌드에 맞추어 기존의 아날로그 요소를 디지털로 변환하여 스토리를 전개하는 것이다. 이밖에도 게임, 영화, 북, 박물관, 루머 등을 통한 스토리텔링이 있다.

스토리텔링 성공 사례 분석 :

빼빼로데이, 까스활명수, 비타민워터, 코카콜라

다음은 스토리텔링으로 성공한 사례이다.

첫 번째는 '빼빼로데이'다.

기념일 데이^{Day} 마케팅의 시작이 된 '빼빼로데이'는 1994년 부산의 한 여중생이 숫자 1이 네 번 겹치는 11월 11일에 친구끼리 우정을 전하면서 '키 크고 날씬하게 예뻐지자.' 라는 의미로 빼빼로를 교환하면서 시작되었다. 소비자의 재미있는 시도로 '빼빼로데이'의 탄생은 시작되었는데, 1996년 롯데제과 홍보 담당자가 지방신문을 통해 빼빼로데이가 있음을 알고 이를 대대적으로 마케팅 활동으로 활용하면서 '소비자의 경험이 브랜드 스토리'가 된 성공 사례이다. 1년 매출의 75%가 빼빼로데이를 통해 이루어진다고 하니 스토리텔링의 효과가 가히 폭발적이라고 할 수 있다.

두 번째 성공 사례는 '까스활명수'이다.

동화약품의 까스활명수는 1897년 조선시대 고종 때에 탄생한 국민소화제로 123년이 넘은 국내 최장수 브랜드이다. 이러한 역사성을 스토리텔링에 적극적으로 활용하며 차별화된 제품 포지셔닝과 기업 이미지 정립에 성공한 사례이다. 까스활명수는 '부채표'라는 일관된 로고를 통해 원조 아이콘으로 소비자들이 인식하게 하고 구매를 촉진시키는 활동을 지속적으로 스토리텔링함으로써 장수 브랜드로 사랑으로 받고 있다. 이와 유사한 사례로 박카스, 칠성사이다, 초코파이 등이 있다

세 번째는 '비타민워터'이다.

비타민워터는 소비자의 눈높이에 맞춘 스토리텔링을 하여 성공한 사례이다. '스토리를 마신다.' 라는 컨셉으로 출시한 글라소의 비타민워터는 제품을 둘러싸고 있는 라벨에 재미있는 스토리를 적어 마시는 재미를 느끼게 해 준 사례이며 카카오 프렌즈와 콜라보 프로모션도 시행하였다. 유사한 사례로 '2% 부족할 때'가 있다.

네 번째 성공 사례는 '코카콜라 캠페인'이다.

세계 최고 브랜드 중 하나인 코카콜라는 경쟁 상대를 펩시가 아닌 생수로 규정하고 고객을 찾아가는 프로모션을 전 세계적으로 전개하였다. 타깃들의 기호와 니즈Needs를 정확히 파악하고 이를 충족시키기 위한 '코카콜라 해피니스 팩토리 캠페인Happyness Factory Campaign'은 스토리텔링으로 크게 성공한 사례이다.

2006년에 시작한 이 캠페인은 자동판매기 속의 세상을 기발한 상상력을 동원해 동전을 넣어 콜라가 자동판매기의 출구로 나오기까지의 과정을 독특한 캐릭터와 스토리를 통해 창조해낸 3D애니메이션 광고를 시작으로 바이럴 마케팅을 위해 '행복 자판기, 행복트럭'등 고객이 있는 곳이라면 어디라도 찾아가는 '행복을 전하는 프로모션'을 단계별로 소셜 미디어를 활용하며 시행하였다. 특히 이 캠페인은 유튜브를 통해 전 세계에 널리 퍼짐으로써 제품과 고객의 감성을 이야기에 담은 가장 사랑받는 스토리텔링 사례가 되었다.

성공 스토리 5단계 구조

성공한 스토리텔링 사례를 분석해 보면 다음과 같이 5단계 구조를 가지고 있다.

① 핵심 컨셉

전달하고자 하는 메시지를 한 가지로 집중하여 스토리를 전개해야 한다.

② 주의를 끄는 요소

타깃의 기호, 트렌드에 맞추어 눈길을 끌 수 있는 스토리 창조해야 한다.

③ 기대감

고객의 꿈을 이루어 줄 희망의 메시지를 스토리에 포함시켜야 한다.

④ 반전 아이디어

고객의 기대한 것을 뛰어넘는 고객만족, 흥미 요소를 삽입해야 한다.

⑤ 문제 해결책을 제공

고객의 입장에서 문제를 직시하고 무엇을 원하는지에 대한 해결 방안을 제시해야 한다.

성공 스토리 5단계 구조를 적용하여 성공한 사례로 도쿄가스와 코카롤라 시리즈 광고가 있다.

엄마와 자녀와의 감동적인 사랑을 시리즈로 광고한 도쿄가스의 '엄마의 도시락편'은 아들에 대한 사랑을 다양한 도시락으로 표현하며 무뚝뚝한 아들과 엄마가 도시락으로 소통하며 문제를 해결하는 감동적인 스토리텔링 사례이다. 이 시리즈는 엄마와 아들, 엄마와 딸 등의 등장인물에 시기별 이슈(학생, 취업 등)에 맞춰 트렌디하게 변화시켜 주목을 받았다

2006년 고객밀착형 브랜드 인지도 강화를 위해 시리즈로 시행된 코카콜라 '해피니스 팩토리 캠페인'은 단기간이 아닌 5~6년에 걸친 캠페인으로 3D CF 팩토리 편을 시작으로 이를 현실 생활에 적용한 자판기 편, 트럭 편, 요리사 편, 도시 편 등 다양한 장소에서 캠페인을 전개하며 친숙한 스토리텔링을 시행하였다.

코카콜라 해피니스 팩토리 캠피인은 애니메이션 CF 영상으로 시작하였다. 자판기에 코인을 넣었을 때 안에서 어떤 일이 벌어지는지를 재미나고 상상력이 뛰어난 애니메이션 영상으로 잘 표현하였다. 이러한 CF만으로 캠페인이 끝난다면 스토리의 지속성과 파급성을 갖기 위해서는 많이 부족하기 때문에 코카콜라는 오프라인 이벤트 1단계로 MZ세대를 공략하기 위해 제일 먼저 대학에 자판기를 통한 프로모션을 시행한다. 자판기에 동전을 넣었을 때 콜라가 더 나오거나 다양한 기프트, 마지막에는 아무도 예상하지 못했던 정말 롱샌드위치가 나올 때는 모든 사람이 너무 좋아하고 이를 나누는 장면은 코카콜라의 멋진 브랜딩 프로모션이라고 할 수 있다. 그리고 엔딩 장면에 "WHERE WILL HAPPINESS STRIKE NEXT?(다음에는 어디로 행복이 찾아올까요?)" 라고 하면서 끝이 난다.

다음은 어디일까? 코카콜라는 대학생만 먹는 것이 아니다. 그래서 코카콜라는 자판기처럼 고정된 것이 아닌 이동할 있는 트럭에 자판기를 결합하여 모든 사람을 만나러 산동네부터, 도심, 해변에 이르기까지 다양한 곳을 찾아가며 어린아이들에게 즐거움을 주기 위해 물을 뿌리거나 풍선을 날려 주목을 끄는 2탄 트럭 편을 만들었다. 트럭에서는 버튼을 누르면 코카콜라나 선물을 받고 1편의 롱샌드위치에 이어 해변에서 한 소년에게 서핑보드를 주는 깜짝 이벤트를 시행하여 전편에 이어 행복을 주는 공장으로서의 코카콜라 컨셉을 일관성 있게 전달한다. 그리고 엔딩 장면에 1탄에 이어 WHERE WILL HAPPINESS STRIKE NEXT?(다음에는 어디로 행복이 찾아올까요?) 라고 하면서 다음은 어디일까 궁금증을 불러일으킨다.

코카콜라 해피니스 팩토리 3편은 도심을 떠나 작은 마을로 떠난다. 여러분이 코카콜라 브랜드 담당자라면 1, 2편 자판기와 트럭 편에서의 아쉬움은 무엇일까? 많은 프로모션이 경품이나 기념품을 받으면 그냥 가버려 순간적인 효과밖에 없다. 스토리가 지속되기 위해서는 머무르게 해야 한다. 그래서 3편 요리사 편에서는 이태리 유명 요리사가 트럭을 몰고 시골 마을로 가서 직접 요리를 하며 주민들에게 흥겨운 음악과 함께 음식을 나누는 행복한 시간을 만들어 준다. 그리고 마지막 엔딩에 L"ET'S EAT TOGETHER"라고 하며 페이스북에서 가족과 친구를 초청하라고 메시지가 나온다. 소셜 미디어의 시대, 코카콜라는 보다 많은 사람이 참여하고 공감할 수 있는 SNS를 활용한 마케팅을 시행한 것이다.

(코카콜라 해피니스 팩토리 CF(위 좌/우), 대학자판기캠페인, 요리사캠페인, 도시캠페인(아래 좌→우)

이렇게 다양한 곳을 찾아간 후 캠페인을 마무리하며 다음 캠페인으로 넘어간다. 새로이 찾아간 곳은 회색빛으로 삭막한 도시다. 잔디를 까는 코카콜라 트럭을 통해 3편 요리사가 테이블을 차리기 전 양탄자를 펼치는 것처럼 코카콜라 모양의 잔디를 펼치고 "Open Happiness, Take off your shoes(행복을 열기 위해 신발을 벗으라.)"는 메시지와 함께 잔디밭에서 신발을 벗고 콜라를 마시고 게임을 하며 여유로운 시간을 보낼 수 있도록 '쉼'의 공간을 제공한다. 그리고 마지막에 'Open Happiness'라는 새로운 캠페인 메시지를 보여주면 엔딩에 "WHERE WILL HAPPINESS STRIKE NEXT?"를 엔딩로고를 띄우면서 캠페인이 새로운 곳에서 계속됨을 알리고 사람들로 하여금 궁금증을 갖게 한다. 이러한 캠페인은 유튜브를 통해 더욱 많은 사람들에게 확산되었고 주요 영상은 유튜브 1,000만뷰를 넘기도 했다. 코카콜라의 스토리텔링 캠페인처럼 콘텐츠 스토리텔링도 단계적으로 타깃과 트렌드에 맞추어 기획되어야 할 것이다.

인구소멸의 시대, 지역을 살리는 스토리

행정안전부 조사에 따르면 지난 20년간 인구가 줄어든 시·군·구는 151곳으로 조사되었다. 2021년에는 연평균 인구증감률, 인구밀도, 청년 순이동률, 주간인구, 고령화 비율, 유소년 비율 등 지표를 활용해 '인구감소지역' 89곳을 지정하였다. 출생률 감소, 초고령화, 도시화 등으로 인해 인구 감소 및 지방 소멸로 지역이 많은 어려움에 빠지게 되었다.

이러한 사회문제를 해결하는 방법 중의 하나가 지역의 스토리를 활하는 것이다. 코로나로 인해 하늘길이 닫힌 상태에서 많은 사람들이 지역을 찾게 되었고 각 지자체에서는 지역만의 차별화된 지역자원, 문화요소, 지역 주민을 스토리 콘텐츠화 하였다.

지역콘텐츠를 활용한 스토리 발굴은 어떻게 해야 할까?

① 지역 사회란 무엇인지, 어떻게 구성되는지 분명히 정의해야 한다.

② 지역 스토리란 무엇이며 어떠한 요소가 있는지 조사, 분석해야 한다.

③ 스토리의 진행 주체는 누구인지 알아야 한다.

④ 스토리의 목표와 추진 방향은 무엇이며 내용은 어떻게 구성할지 정해야 한다.

지역 스토리의 발굴 목표는 지역 활성화를 위한 문화 콘텐츠 스토리, 주민이 중심이 된 지역공동체 스토리, 지역 문제 해결을 위한 지역 재생 스토리여야 한다. 이를 위한 지역 스토리 발굴을 위한 추진 내용은 지역 밀착형 문화 스토리 제안하고, 지역 공동체 이해 및 주민 참여 스토리를 만들고, 이를 지역 주민 스스로 문제를 해결할 수 있는 내용을 스토리로 담아야 한다.

지역 스토리를 효과적으로 발굴하기 위한 프로세스는 다음과 같다.

첫째, 지역을 돌아보며 문제점을 발견해야 하고, 둘째, 이를 통해 지역 이슈, 키워드를 발굴한다. 셋째, 지역만의 스토리를 도출하고. 넷째, 벤치마킹할 국내외 지역을 선정하고 스토리를 조사한다. 다섯째, 지역의 특색을 살린 차별화된 비전을 수립하고, 여섯째, 주민과 함께 하는 스토리를 만들고 실천한다.

지금은 지역 스토리를 활용한 지역 재생의 시대이다. 우도주막, 윤스테이 등 지역의 특색을 살린 투어 콘텐츠가 방송으로 만들어지고 유튜버들이 1인 미디어로 다양한 지역 미디어의 역할을 하고 있다.

우리 지역만의 스토리를 통해 브랜딩하기 위한 4가지 방법이 있다.

첫째, 지역 인물을 활용하는 것이다.

지역별로 역사, 문화, 예술 등과 관련된 인물들이 있으므로 콘텐츠와 연계하여 스토리텔링을 전개하는 것이다. 사례로 일본 요괴만화의 거장 미즈키 시게루를 관광상품화 한 것이다. 인구 3만 7천 명의 소도시 사카이미타토시(돗토리현)는 원작 만화를 기반으로 전철 및 역내에 만화 랩핑, 거리에 다양한 조형물과 캐릭터를 활용하여 마을을 안내하고, 상품 및 연극 공연 등 인물을 활용하여 지역 관광을 활성화시켰다. 대구의 김광석길도 쇠락하던 시장 골목길(350m)을 살리려 마을기업, 협동조합을 통해 공방, 창작실, 갤러리 등을 운영하여 연간 100만 명이 찾는 관광명소로 만들었다. 특별한 건축물이나 행사 없이 콘텐츠를 보강하여 지자체들이 주목하는 성공 사례가 되었다.

둘째, 지역의 유휴공간을 콘텐츠로 변화를 유도하는 것이다.

사례로 통영 폐조선소가 있다. 도시재생사업으로 이곳을 문화, 관광 허브로 만들기 위해 통영의 공예, 예술 등 전통적1 2공방을 모티브로 교육 프로그램(음악, 요리, 장인 공방 등)을 통해 전통을 새롭게 살리기 위해 지역 주민 및 관광고객을 대상으로 평생교육을 운영하고 있다. 지역의 낡은 창고, 폐공장 등에 카페, 베이커리샵 변신, 다양한 콘텐츠를 제작하고 체험하는 장소로 많은 지역에서 유휴공간의 재생이 이루어지고 있다.

셋째, 지역의 캐릭터를 활용하는 것이다.

지역마다 특산물, 상징물을 캐릭터화 하여 다양한 마케팅을 시행하며 지역에 사람들이 찾아오게 하는 촉매제로 활용되고 있다. 가장 유명한 사례로 구마모토현의 영업부장 겸 행복부장인 '쿠마몬'이 있다. 쿠마몬(은곰 사람이란 뜻으로 큐슈 신칸센 종착역이 구마모토가 아닌 가고시마로 정해지게 되면서 위기의식을 느낀 구마모토현 지역 홍보 프로젝트인 '구마모토 서프라이즈'로 만들어진 캐릭터이다.)은 무한변신 캐릭터로 유명하다. 지역경제를 살리고 주민의 행복을 최대화하기 위해 아침부터 캐릭터가 랩핑된 지하철을 타고 출근하고 자전거를 타고 거리를 돌아다니며 점심에는 자신의 모습이 인쇄된 지역 특산물을 먹는다. 지사와 같은 스케줄로 회의에도 참석하여 사령장도수여하고 시구식도 한다. 명함도 있어 10만 장 정도 사용하였으며 페이스북 팔로워가 17만 명이나 된다. 이모티콘부터 굿즈, 우표, 카드, 음악제, 마라톤 등 다양한 활동을 하고 있으며 외국에 나가 홍보대사로도 활약하고 있으며 다른 유명 캐릭터와 콜라보도 하며 2017년 기준으로 상품매출 1조 4천억 원을 돌파했다.

쿠마몬의 일상생활과 공식일정은 트위터나 공식홈페이 등을 통해 공개하며 유튜브를 중심으로 다양한 모습을 보여주고 있다. 쿠마몬은 지역 캐릭터를 넘어 글로벌한 캐릭터로 성공한 사례로 기관장의 이해와 지원 하에 쿠마몬 만의 매력(표정, 움직임 등)을 소셜 미디어를 적극적으로 활용한 것이 성공 포인트이다.

넷째, 지역의 자연환경을 활용하는 것이다.

'여수 밤바다'는 지자체를 춤추게 한 스토리텔링이다. 2012년 버스커 버스커의 노래 '여수 밤바다'로 더욱 유명해져 2011년 까지 7백만 명 정도의 방문객이 2012년에는 1500만 명을 돌파하였다. 노래로 유명해진 여수는 장범준을 홍보대사로 4계절 콘서트가 열리는 밤바다 중심의 흥겨운 낭만도시가 되었다.

일본의 주요 도시와 연계하여 레스토랑버스 WILLER는 풍경을 즐기며 그 지역의 제철 식재료를 탐미하는 것으로 새로운 스토리를 제공하고 있으며 일본의 대표 캐릭터 중의 하나인 슈퍼마리오는 도쿄 시내를 직접 운전하며 다닐 수 있는 마리오 카트로 스토리 콘텐츠를 만들었다.

스토리텔링을 넘어 스토리두잉으로

스토리텔링은 지속적인 생명력을 갖기 위한 필수 요소다. 이러한 스토리텔링이 시대의 변화에 맞추어 스토리두잉Storydonig으로 진화되고 있다. 소비자가 실행 과정에 직접 참여하면서 호감이 높아지는 효과를 기대하기 위함이다. 그래서 유명인을 모델로 쓰던 광고에서 최근에는 일반인을 활용한 다양한 채널의 광고가 만들어지고 있다. 즉 소비자가 직접 참여하는 스토리두잉이 스토리텔링보다 더욱 강력한 영향력을 미치고 있다. 기업은 이야깃거리를 만들고 이야기는 소비자가 하게 만드는 것, 공감하게 하는 것이 스토리두잉이다. 이러한 스토리두잉도 시대의 변화에 맞추어 이야기의 소재를 다양하게 활용해야 한다.

지금은 차별화된 스토리로 콘텐츠를 기획해야 성공하는 스토리의 시대에 살고 있다. 수많은 스토리가 우리 주위에 있지만 우리가 기억하고 다른 사람들에게 전하는 메시지는 많지 않다. 많은 스토리가 만들어지지만 왜 기억되고 전해지는 스토리는 적을까? 이유가 많이 있겠지만 가장 중요한 것은 다른 스토리와 차별화가 되지 않는 스토리이기 때문이다. 차별화된 스토리를 만들려면 제일 먼저 틀을 벗어나야 한다. 즉 회사의 입장이 아닌 고객의 측면에서 만족하고, 공감할 스토리를 만들어야 한다.

코이^{Koi}라는 관상용 잉어가 있다. 치어^{稚魚}였을 때 작은 어항에 넣어 두면 5~8cm밖에 자라지 못하지만 연못에서 기르면 25cm정도 자라고, 강에서 클 경우 120cm까지도 성장하게 된다. 환경에 따라 크기를 달리하는 코이처럼 콘텐츠의 틀을 국내를 넘어 세계 무대로 확장해야 더 큰 스토리, 콘텐츠를 만들 수 있다.

고객의 세계는 색연필처럼 다양해지고 있다. 다채로운 컬러의 색연필로 고객이 원하는 것을 채워주기 위해 현재의 틀을 뛰어 넘어 차별화된 스토리로 성공하는 콘텐츠를 기획해야 할 것이다.

지금까지 우리는 창의적인 콘텐츠기획을 위해 시장조사를 통해 트렌드, 타깃, 경쟁자를 고려하여 아이템을 선정하였다. 아이템을 선정할 때는 시장의 규모, 경쟁상황, 틈새시장, 경쟁자 진입 여부 등 비즈니스 측면에서 검토하여야 하고 선정된 아이템은 나만의 아이디어로 차별화, 업그레이드하여야 한다. 그리고 이를 지속적으로 확산될 수 있도록 스토리텔링과 스토리두잉을 해야 할 것이다.

즐거운 기획과 마케팅

시장조사를 통해 스토리텔링까지가 생각이라면 이를 정리하여 문서로 작성하는 것이 기획企劃으로 창의적 콘텐츠를 만들기 위해 가장 중요한 부분이다. 요즘처럼 급변하는 시기에는 현장을 담은 단단한 기획이 필요하다. 엔데믹 시대에는 이전과는 다른 뉴노멀New Normal로서의 창의적이고 스마트한 기획을 해야 한다.

그런데 기획을 하라고 하면 시작하기도 전에 어렵게 생각되고 머리가 아프기 시작한다. 왜 기획은 힘들고 어려운 것일까? 여러 이유가 있겠지만 필자는 3가지라고 생각한다.

① 왜Why하는지 모르기 때문에 기획이 어렵다. 목표가 분명하면 기획의 방향을 잡기 쉽다. 그래서 기획을 할 때는 가장 먼저 목표를 정해야 한다.

② 무엇What을 할지 몰라 기획이 어렵다. 목표를 정한 후에는 이를 위해 무엇을 할 것인지 목적을 정확히 설정해야 한다.

③ 어떻게_{How} 해야 할지 몰라 기획이 어렵다. 기획의 목표와 목적이 정해지면 자연스럽게 목표, 목적 달성을 위해 어떻게 해야 할지 계획을 세우고 해결 방법을 강구해야 한다.

전체적인 관점에서 볼 때, 자기중심적인 생각이 잘못된 기획을 하게 된다. 관련하여 재미난 이야기가 있다. 코끼리와 개미, 하루살이가 같이 여행을 떠났다. 한참을 가다보니 코끼리가 힘들어 하며 개미에게 "내 등에서 좀 내려와. 힘들어 죽겠어." 라고 말했다. 그러자 개미가 코끼리에게 "자꾸 불평하면 내가 등을 콱 밟아서 아프게 할 거야." 라고 말하자 코끼리는 겁이 나서 말없이 걷기 시작했다. 이 모습을 본 하루살이가 "참 세상을 오래 살다 보니 별 일을 다 보겠네." 라고 말하며 배꼽을 잡았다.

이 이야기를 자세히 살펴보면 전부 자기 생각만 하며 말도 안 되는 소리를 하고 있다. 코끼리 등에 개미가 타면 얼마나 무겁겠으며, 개미가 화가 나서 코끼리를 밟는다 해도 코끼리가 아플 일은 절대 있을 수 없고, 며칠밖에 살지 못 하는 하루살이가 오래 산다는 것은 정말 자신의 입장 만 생각한 어처구니없는 이야기이다. 이처럼 콘텐츠의 기획은 나 중심이 아니라 상대방의 입장을 먼저 생각하고 기획해야 한다.

그래도 보통 기획을 하라고 하면 많은 사람들이 겁부터 먹는다. 기획에 관한 일을 시작한 지 30년이 넘는 필자도 항상 어렵게 느껴지는 것이 사실이다. 막상 새로운 프로젝트를 기획하려면 왠지 머리만 복잡해지고 어디서부터 어떻게 정리해야 할지 당황스러울 때가 많다. 이제는 어느 정도 체계가 잡힐 법도 한데 시시각각 변하는 시장 상황과 소비자 기호 때문에 늘 새로운 기획을 해야 한다는 강박관념에 사로잡혀 걱정이 앞서기 때문에 어렵고 힘들게 느껴지는 것이다. 그럼 이를 극복하기 위해서는 어떻게 해야 할까?

해결 방안은 기획에 대한 기본 개념과 이해를 확실하게 이해하고 기획을 시행하는 것이다.

기획을 스마트하게 하기 위해서는 기획의 개념을 정확히 알아야 한다. 기획企劃의 개념에 대해서는 책 초반에서 살펴보았다. 즉 새로운 생각이 떠오를 때 길에 서서 이를 기억하기 좋은 그림으로 그려 누구나 이해할 수 있도록 만들어 전하는 것이 기획이라는 것이다. "멈춰야 비로소 보인다."란 말도 기획의 개념을 잘 보여주는 좋은 표현인 것 같다.

우리가 지금까지 살펴본 대로 기획을 정리하면 기획은 시장조사를 통해 선정한 나만의 아이템에 아이디어로 차별화시킨 후 이를 스토리에 맞게 전략적으로 재구성하여 새로운 것을 창조하는 것이다. 나아가 문제에 대한 자료와 경험을 바탕으로 해결 방안을 구체적으로 제시하는 것이다. 즉 기획이란 어떠한 일을 하기 위해 창의적이며, 논리적으로 계획을 짜는 것이다. 그러므로 기획은 창의력과 논리력이 매우 중요하다. 그리고 기획을 하는 최종적인 목표는 주어진 자원을 얼마나 효율적으로 사용해서 목적을 달성하느냐에 있으므로 기획자라면 기획하는 콘텐츠가 어떤 이익이 있는지, 또는 사업에 꼭 필요한 것인지를 잘 판단해야 한다.

기획은 가치를 변화시키는 힘이 있다. 혁신을 통해 사물에 대한 가치변화를 이끌어 내는 것이 기획이다. 이와 관련하여 호텔왕이라 불리는 콘레드 힐튼의 일화가 있다. 사업가 한 사람이 쇠막대기를 보면서 상인에게 값을 물으니 1달러라고 했다. 사업가는 쇠막대기를 사서 대장장이에게 맡겨 말발굽을 만든 후 10달러에 팔았다. 쇠막대기에 대장장이의 풀무질과 망치질을 통한 형태의 변화로 10배의 가치가 상승하였다. 그리고 다시 쇠막대기를 사서 바늘 만드는 기술자에게 맡겨 3,265달러어치의 바늘을 만들었다. 바늘을 만드는 기술을 통해 3,265배라는 엄청난 가치가 만들어진 것이다. 사업가는 여기서 머무르지 않고 1달러의 쇠막대기를 정밀한 기술을 요구하는 시계 톱니바퀴와 용수철 등 부품을 만드는 숙련된 기술자에게 의뢰해 250만 달러의 시계용 부품을 만들었다. 쇠막대기에 하이테크 초정밀 기술을 더 해 250만 배의 가치를 만들어낸 것이다. 즉 사업가는 1달러 가치의 쇠막대기를 가지고 대장장이의 힘, 바늘 생산자의 기술, 시계 부품 제조업자의 혁신 등으로 가치를 높여 엄청난 부가가치를 창출하였다.

기획은 이처럼 시장조사, 아이템 선정, 아이디어 추가, 스토리 보강 등을 함으로써 커다란 가치로 발전시킬 수 있다. 즉 기획은 본래의 모습에 '창의'라는 혁신의 힘을 가해 가치 창조를 이루는 것이다.

이러한 가치 창조를 위해 기획자가 기획할 때 고려하여야 할 중점 포인트는 무엇일까? 차별화된 기획, 멋진 디자인과 크리에이티브, 촌철살인의 번뜩이는 아이디어일까? 아니다. 콘텐츠기획의 중심 포인트는 기획이 목적으로 하는 대상자, 즉 고객(타깃)이다. 왜냐하면 모든 기획의 목적은 "고객을 위한 가치창조"에 있기 때문이다. 이에 기획자는 1차적으로 고객을 중심으로 기획을 시작해야 한다.

그렇다면 고객은 누구인가? 고객은 기획한 내용에 대해 영향을 받는 수혜자, 콘텐츠를 즐기는 향유자로서 시청자, 관객, 소비자, 심사자, 투자자 등 다양한 대상이 될 것이다. 즉 고객은 콘텐츠의 기획 목적 및 분야에 따라 대상자가 달라지게 되며, 기획자는 고객을 분명히 고려하여 맞춤 기획을 해야 한다.

즐거운 기획을 위한 4가지 방법

많은 사람들이 기획하면 굉장히 어려운 것으로 생각하고 밤늦도록 고민하고 회의하며 야근을 해야만 하는 업무로 알고 있다. 그런데 기획의 프로세스를 정확히 파악하고 순서대로 실행하면 "기획은 즐겁게 할 수 있는 것"이 된다. 조금은 힘들고 어렵더라도 기획만큼 즐겁고 보람 있는 일은 없을 것이다. 높은 산을 오를 때면 처음에는 숨이 차고 땀이 흐르지만 정상에 올라 느끼는 시원함과 쾌감은 무어라 형언할 수 없는 기쁨이다. 이처럼 기획은 과정은 힘들지만 목표를 이루었을 때 기쁨과 보람을 맛볼 수 있다. 기획은 늘 새롭고 차별화된 것을 만들기 위한 계획을 세우는 것으로 기획할 새로운 콘텐츠를 만나고 보게 될 대상고객을 떠올리며 즐겁게 기획할 수 있다.

'피할 수 없으면 즐기라'는 말이 있다. 아무리 어려운 일도 꼭 해야 할 일이라면 웃으면서 즐거운 마음으로 시작해 보자. 나도 모르게 일에 빠져들게 되고 즐겁게 일을 하고 있는 자신을 발견할 수 있을 것이다. 즐겁게 수행한 일은 반드시 좋은 결과를 거두게 된다. 설혹 실패하더라도 기분 좋게 다시 한 번 더 도전할 수 있는 것이 기획의 매력이다.

즐거운 기획을 위해 4가지 방법이 있다.

첫 번째 방법은 '모든 것에 관심을 가지는 것'이다.

하루를 지내면서 여러분 주위에 있는 모든 것에 관심을 가져보면 평소에는 그냥 지나치던 것들 속에서 관심을 가짐으로써 새로운 것을 발견할 수 있다. 우리는 너무나 많은 정보 속에서 살면서도 바로 곁에 있는 중요한 정보(아이템)를 알지 못하고 정보를 찾기 위해 헤매는 경우가 많다. 기획자는 기획하는 일에 관심을 가지고 올인All in해야 목표를 이룰 수 있다. 무엇이든 관심을 가지게 되면 열정이 생기고, 이는 성공적인 기획을 위한 기초가 된다. 모든 일에 관심을 갖기 위해서는 항상 마음속에 '왜(Why)'라는 생각을 가져야 한다. 왜 이렇게 되었을까? 왜 저렇게 만들었을까? 왜 그렇게 하면 안 될까? 왜 저기에 있을까? 왜 저 시간에 해야 할까? 왜 고객은 저 물건(장소)을 찾을까? 등 기획자는 '왜'라는 생각을 가지고 주위의 사물들을 바라보며 기획의 열쇠를 찾아야 한다. 그리고 기획자는 '왜'라는 스스로의 질문을 통해 찾은 대답들을 잘 정리하여 이것을 향후 기획하는 콘텐츠에 아이템으로서 잘 활용해야 한다. 즉 기획의 출발점은 '왜Why'라는 생각을 품고 소비자의 욕구를 분석하는 것이다.

이를 위해 3WHY 생활이 필요하다. 해결 과제를 풀기 위해 최소 3번 이상 '왜'를 생각하며 해결 방안을 모색하며 이를 데이터베이스Data Base화하여 차별화된 콘텐츠를 기획하는 데 활용하는 것이다.

관심은 곧 경험으로 이어진다. 자신의 업무가 마케팅 분야라고 하더라도 관리, 경리, 재무, 회계, 인사, 영업, 생산, 제조, 디자인 등 자신의 업무를 둘러싼 모든 분야에 관심을 가지고 직간접적으로 경험하여 봄으로써 나만의 차별화된 기획에 적용할 포인트를 발견하게 된다.

두 번째 방법은 '문제를 바라보는 눈을 갖는 것'이다.

콘텐츠기획자가 되려면 일반 사람과는 달리 기존의 현상이나 주어진 문제를 차별화되게 바라보는 눈을 가져야 한다. 차별화된 눈을 가지고 문제를 바라보고 성공한 사례가 있다. 노드스트롬 백화점의 피아노 사례이다.

미국에 고객만족으로 가장 유명한 노드스트롬NORDSTROM이라는 백화점이 있다. 이 백화점은 어떠한 상황에서도 고객에게 'No'라고 말하지 않는 것으로 유명하다. 백화점에서 구매한 물건이 아니더라도 고객이 요구하면 환불해 준다. 이처럼 '고객은 항상 옳다'는 생각 아래 고객에게 최선의 서비스를 펼쳐 우리나라 백화점 및 유통업계에서도 고객만족을 실천하기 위한 벤치마킹의 모델로 삼았다.

이 백화점의 1층은 다른 백화점과 조그만 차이가 있다. 일반적으로 백화점의 1층 매장은 고객들이 가장 많은 곳으로 작으면서도 높은 매출을 올릴 수 있는 화장품, 보석, 시계 등 명품코너로 구성되어 있으며 조금은 고객 동선이 혼잡한 곳이다. 그런데 노드스트롬에서는 1층에 다른 백화점과는 달리 넓은 매장에 상품의 진열 위주가 아니라 고객의 입장에서 편안하고 기분 좋은 쇼핑을 할 수 있도록 백화점 가운데에 그랜드 피아노를 놓고 연주함으로써 방문한 고객들에게 높은 만족감을 주고 이로 인해 자연스럽게 매출상승 효과를 거두었다. 즉 노드스트롬 백화점에서는 매장 수익률을 높이기 위해 1층 매장에 보다 많은 코너와 상품을 진열하기보다는 고객들의 입장에서 문제를 바라보고 피아노 연주를 함으로써 방문율과 매출도 올리고 고객도 만족시키는 1석 3조의 효과를 거둔 것이다.

우리나라에서도 앞에서 살펴본 더현대 서울이 매장의 반을 줄이고도 높은 매출을 기록했으며 모 백화점에서도 노드스트롬의 피아노를 벤치마킹하여 중앙에 무대를 설치하고 고객들에게 공연과 볼거리를 제공함으로써 고객만족 성과를 거둠과 동시에 매출을 향상시키게 되었다.

'문제를 바라보는 눈' 사례로 '다람쥐의 눈높이'가 있다. 사람과 다람쥐 중 누가 더 도토리를 잘 찾을 수 있을까? 당연히 다람쥐이다. 왜 그럴까? 이런 답들이 나올 수 있을 것 같다. "다람쥐가 도토리를 좋아하니까 잘 찾는다.", "다람쥐가 도토리 냄새를 잘 맡는다.", "다람쥐가 도토리를 잘 찾는 눈을 가지고 있다." 등의 대답들이 다 틀린 것은 아니지만 정답은 다람쥐와 사람의 눈높이의 차이에 있다.

쉽게 말해 멀리서 볼 때와 가까이서 볼 때 어떤 경우가 더 잘 보일까? 당연히 가까이서 볼 때 잘 보인다. 이런 이치에 따라 다람쥐가 사람보다 도토리를 찾는 눈높이가 가깝기 때문에 잘 찾을 수 있는 것이다. 즉 사람들이 다람쥐의 눈높이에서 바라보지 않기 때문에 도토리를 다람쥐보다 잘 찾지 못하는 것이다. 만약 사람이 다람쥐만큼 도토리를 잘 찾기 위해서는 몸을 낮추고 다람쥐의 눈높이에서 낙엽 밑을 바라본다면 다람쥐처럼 도토리를 잘 찾을 수 있을 것이다. 즉 기획은 고객의 눈높이에서 기획되어져야 한다. 이처럼 기획의 문제를 해결하기 위해서는 문제 속에 들어가야 하고, 이를 고객의 눈(관점)에서 바라보고 해결해야 한다.

세계적인 애니메이션 벅스 라이프bugs life, 1998, 픽사 애니메이션 스튜디오)는 개미의 눈높이에서 곤충의 세계를 바라본 작품으로 크게 성공한 사례이다.

세 번째 방법은 '다양한 정보를 모드는 것'이다.

지금은 정보전쟁, 빅데이터의 시대이다. 스마트한 콘텐츠를 기획하기 위해서는 양질의 정보를 경쟁자보다 한 발 앞서 확보하고 이를 기획에 반영하여야 한다. 이를 위해 콘텐츠기획자는 자신의 분야를 중심으로 고객, 경쟁사, 해외 동향 등에 대한 정보를 확보하는 정보수집 및 커뮤니케이션 능력, 정보를 바라보는 통찰력, 정보를 가공하고 차별화하는 업그레이드 하는 능력을 갖추어야 한다.

우리는 아침에 눈을 떠서 저녁에 잠자리에 들 때까지 수많은 정보에 둘러싸여 있다. 너무나 많은 정보 속에서 정말로 나에게 필요한 정보를 골라내 수집하고 어떻게 데이터베이스화 하고 정리할 것인가가 문제이다.

대부분의 기획자들은 정보를 찾을 때 인터넷(41%), 인적 네트워크(26%), 자료 및 보고서(25%)를 활용한다고 한다. 그런데 기획할 때마다 필요한 자료를 검색하고 나만의 데이터로 가공하기 위해서는 많은 시간이 걸리게 된다. 하루가 다르게 변해가는 요즈음에는 스피드 있는 기획만이 살아남을 수 있다. 빠르고 스마트한 기획을 위해서는 기획할 때 자료를 쉽게 찾고 빨리 활용할 수 있도록 정리가 잘 되어 있어야 한다.

그렇다면 날마다 수없이 쏟아지는 정보를 어떻게 수집하고, 해석해서 차별화하고 적용할 것인가가 문제이다. 이를 위해 정보를 분석하는 능력이 기획자에게 요구된다. 그래서 필요한 정보를 1차적으로 모은 후 공통분모를 추출하여 이것이 현실에 적용할 수 있는지 체크하고 시행 가능한 것을 DB화 하는 것이 중요하다. 그리고 "고민하는 만큼 보이고, 뛰는 만큼 얻는다"는 생각을 가지고 일상 속에서 즐겁게 정보를 모으고 정리하며, 조금은 귀찮고 힘들더라도 즐거운 마음으로 꾸준히 수집하는 것이 필요하다.

네 번째 방법은 '정보를 나만의 것으로 차별화하는 것'이다.

기획을 위해 정보(아이템)가 매우 중요하지만 정보 그 자체만으로는 기획에 활용하기 조금 아쉽다. 고객에게 사랑받는 기획을 위해서는 수집한 정보를 '차별화'하는 업그레이드가 필요하다.

정보를 어떻게 차별화 해야 할까?

앞에서 노드스트롬백화점이 고객만족 경영을 위해 매장에 피아노를 놓고 연주하는 사례를 살펴보았다. 이러한 정보를 얻은 A 전자의 세탁기 담당자는 노드스트롬 백화점의 피아노 연주를 통한 고객만족 사례를 벤치마킹하여 자사 세탁기 신제품 출시 행사에 활용하였다. 세탁기 신제품을 런칭하며 고급스러운 브랜드 인지도 제고 및 실판매 활성화를 위해 세탁기의 컨셉에 맞추어 피아노 대신 '플롯'을 활용하였다. 특히 매장에서 CF 로고송을 플롯으로 연주함으로써 고객의 주목을 끌고 세탁기 특장점을 고객들에게 자연스럽게 알리게 되었다.

이처럼 주어진 정보를 차별화하여 효과적인 홍보를 함으로써 매출도 많이 올리게 되었다.

영국 itv의 오디션 프로그램인 〈Britain's Got Talent〉 프로그램은 영국의 재능 있는 일반인을 선발하는 초대형 콘테스트 쇼 프로그램으로 2007년 6월에 첫 방송을 하였다.

폴 포츠라는 휴대 전화 판매원이 세계적인 스타로 주목받으면서 이 프로그램은 우리나라에도 영향을 미쳐 현재까지 수많은 오디션 프로그램 기획에 영향을 미쳤다. 그런데 우리나라의 수많은 오디션 프로그램은 영국방식을 그대로 한 것이 아니라 우리나라의 시청자, 시장환경, 참여자, 트렌드 등을 고려하여 차별화를 하고 업그레이드하여 새로운 프로그램을 만듦으로서 많은 프로그램이 히트할 수 있었다. 이처럼 정보의 차별화는 기존의 성공 사례를 현재의 환경과 콘텐츠에 맞추어 업그레이드 시킬 수 있는 변화를 주기만 하면 충분한 효과를 거둘 수 있다. 즉 차별화는 기존의 것을 나만의 아이디어로 업그레이드하는 것이라고 말할 수 있다. 기존의 사례에 나만의 아이디어를 만들어 적용시키기 위해서는 많은 경험과 노력이 필요하다. 쉽게 지나치는 일상의 정보 속에서 자신만의 상상력으로 새로운 정보(아이디어)를 만들어냄으로써 기획을 차별화 할 수 있다.

사자, 호랑이, 코뿔소, 고릴라의 가격은 얼마일까? 특히 백수의 왕, 사자는 얼마일까? 3천만 원, 5천만 원, 1억… 정답은 평균 3백만 원이다. 상상하는 가격보다 훨씬 저렴한 가격이다. 왜 사자는 이렇게 쌀까?

이유는 사자는 생태계에서 최상의 포식동물로 개체수가 많기 때문이다. 이와 유사한 호랑이도 예상보다 싼 1천만 원 수준이다. 그렇다면 코뿔소와 고릴라는 얼마일까? 희귀동물인 코뿔소는 2억 5천만 원 정도이며 멸종위기에 처한 고릴라는 10억 원 이상이다. 우리는 사자부터 고릴라까지의 가격을 통해 희소한 것이 가격이 높다는 것을 알 수 있다.

이는 기획에도 똑같이 적용된다. 인터넷에서 조사하거나 다른 사람이 써 놓은 것을 베낀 남들이 다 아는 기획은 흔하기 때문에 값어치가 없다. 그렇지만 최고의 기획 사례와 기획 노하우, 그리고 스마트한 기획을 위해 살펴본 관심과 정보로 차별화된 기획을 한다면 그 가치는 상상할 수 없을 정도로 크게 될 것이다. 즉 희소한 것으로 상대방의 관심을 끄는 차별화된 기획이 성공하는 기획이다.

콘텐츠기획의 성공과 실패

세상에는 많은 콘텐츠기획 사례들이 있다. 그런데 모든 콘텐츠기획이 성공하는 것은 아니다. 성공한 것보다는 실패하는 것이 훨씬 더 많다. 비즈니스에는 '평균의 법칙'이란 것이 있다. 보통 10번을 만들어 1~2회 성공하는 것이 평균이라는 것이다. 한해 동안 100여 편이 영화가 기획되고 제작된다고 한다. 그런데 극장에서 개봉되는 영화는 1년에 30~40편에 불과하다. 그렇다면 나머지 60~70편은 무슨 이유로 상영되지도 못 하고 보류되어 있는 것일까? 이유는 기획 단계에서 3가지를 고려하지 않았기 때문이다.

첫째, 기획의 중심인 고객을 고려하지 않았기 때문이다.

요즈음의 고객들은 예전과는 달리 수준이 굉장히 높다. 기획하거나 제작하는 전문가들 이상의 수준을 가진 마니아mania들도 상당수 있다. 특히 이들은 모바일, 인터넷을 통한 커뮤니케이션 활동이 활발하게 벌어지고 있어 기획 단계부터 고객들을 고려하지 않고 시작하다가는 개봉도 하기 전에 고객들의 반대에 부딪혀 프로젝트가 무산되기도 한다. 그러므로 성공적인 기획을 위해서는 고객을 첫 번째로 고려해야 한다.

둘째, 경쟁자를 고려하지 않았기 때문이다.

SNS, 인터넷, 소셜 미디어의 발달로 전 세계의 정보가 거의 개방되어 있어 우리들은 현재 비밀이 없는 시대에 살고 있다. 이러한 시점에서 나만의 정보는 거의 존재할 수 없으며 내가 하고 있는 것은 경쟁자도 하고 있다고 생각하는 것이 맞다. 그렇다면 성공적인 기획을 위해서는 경쟁자의 입장에서 내가 기획하는 것에 대해 어떻게 생각하고 어떻게 대응할 것인가를 고민해야 하며, 경쟁자의 동향을 수시로 살펴서 나만의 차별화된 트렌디한 기획을 해야 한다.

셋째, 트렌드를 고려하지 않았기 때문이다.

위험을 최소화하며 성공의 길로 가기 위해서는 트렌드에 맞추어 프로젝트를 기획하는 것이 좋다. 트렌드는 사물이나 생활의 바로미터barometer, 즉 척도이기 때문이다. 그러므로 성공하는 콘텐츠기획을 위해서는 고객과 경쟁자, 그리고 트렌드를 반드시 고려하여 기획을 해야 할 것이다.

성공하는 콘텐츠를 기획하는 데 있어 가장 어려운 점은 무엇일까?

아마 새롭고 차별화된 아이디어를 만드는 것과 이를 실현할 수 있는 방법을 세우는 일이다. 기획하는 사람마다 차이는 있겠지만 대부분 아이디어가 있고 차별화된 스토리가 있는 기획을 하는 것이 기획의 목표이다. 특히 고객에게는 즐거움과 혜택을 회사에게는 매출과 수익을 높이기 위한 방법을 기획하는 것은 쉽지 않다. 기획은 현실과 목표의 차이(Gap)인 문제를 해결하는 것에 목적이 있다. 즉 기획은 문제의 본질을 분명하게 파악하고 이를 해결해야 한다.

성공하는 콘텐츠기획 노하우

문제를 해결하며 목표를 달성하기 위해서는 자신만의 '기획 노하우'가 있어야 한다.

다음은 필자의 노하우로 콘텐츠기획에 참고해 보기 바란다.

첫 번째는 '작은 변화를 만드는 것'이다.

기획을 하는 데 있어 가장 어려운 점은 아무래도 '새로운 아이디어의 도출', '기존 기획과의 차별화'일 것이다. 이를 해결하기 위한 가장 간단한 방법은 현재의 것에서 조금만 바꾸어(비틀어) 차별화하는 것이다. 화합을 위한 행사나 대규모 인원이 모이는 행사를 할 때 홍보성 이벤트로 대형 비빔밥을 만들고 나누어주는 행사를 많이 해왔다. 그런데 동일한 형식의 행사를 너무나 많이 하다 보니 이제는 행사를 주관하는 사람들도 보는 사람들도 식상하게 되었다. 특히 무더운 여름철에 비빔밥을 만들어 나누어 주다보니 시간이 오래 걸림에 따라 채소가 상하고 변질되어 식중독 같은 위험한 일도 생기게 되었다.

이 문제점을 해결하기 위해 모 식품업체에서 여름철에 비빔밥 행사를 하는 대신 대형 팥빙수를 나누어 주는 행사를 기획하였다. 결과는 매우 성공적이었다. 이 기획은 식상하고 여름에 쉽게 상하는 재료의 문제점을 발견하고 비비는 재료를 밥과 나물에서 얼음과 팥, 과일을 섞는 과일빙수로 바꾸는 것으로 문제를 해결하여 성공을 거둔 사례이다. 이 사례는 마치 기존의 철사에 뾰족한 고리를 만들어 철조망을 전 세계에 히트한 것처럼 기존의 것에 계절적 특성과 고객의 관점에서 재료만을 바꾼 성공 사례이다.

비빔밥을 팥빙수로 바꾼 것처럼 기획하기 위해서는 왜 해야 하는지에 대한 분명한 목적과 이를 해결하기 위한 방법을 제공하면 된다. 해결 방안은 기존 문제를 해결한 해결 방식을 참고하여 조금만 바꾸면 답을 얻을 수 있다.

지금 기획하는 것이 어렵다면 주위를 둘러보고 성공한 비슷한 것을 찾아봐야 한다. 성공한 사례에 자신의 아이디어를 더해 작은 변화를 주면 새롭고 신선한 기획으로 성공시킬 수 있다. 미로迷路게임은 한번 들어가면 빠져 나오기 힘든 공간게임으로, 이를 변화시킨 미로공원이 있다. 공원을 찾은 사람들은 미로를 빠져 나오기 위해 애를 쓰게 되는데 여름에는 이곳에 공기도 잘 통하지 않아 덥고, 모기나 파리 같은 벌레들이 많아 사람들이 잘 찾지를 않아 공원의 효용성이 떨어지게 된다. 이러한 답답하고 무더운 문제를 시원하게 해결하기 위해 얼음 미로를 만들었다. 나무에서 얼음으로 형태를 바꾼 것이 여름 무더위와 벌레의 문제를 쉽게 해 주었다.

이처럼 기획은 문제를 해결하는 변화의 포인트를 발견하고 쉽고 재미있게 작은 변화를 주는 것이다. 김치의 포장지를 바꾸어 수요를 확대시킨 사례도 있다. 우리나라의 김치 포장은 김치 색을 상징하고 김칫국물이 물드는 것을 고려하여 빨간색 포장을 많이 한다. 그런데 수출하는 김치는 잘 먹지 못 하거나 힘들어하는 사람들을 겨냥하여 컬러를 다양화하거나 애니메이션을 넣어 포장을 차별화함으로써 고객의 관심을 끌고 매출을 확대하게 되었다. 이처럼 겉모습을 바꾸는 것도 성공 콘텐츠의 차별화가 된 기획법이다.

두 번째는 '기존의 것을 합하는 것'이다.

기획은 기존의 것을 변화시켜서도 만들 수 있지만 이미 제작된 기획을 합하여 새로운 것을 만들 수도 있다. 예를 들어 웹소설, 웹툰을 영화, 드라마, 뮤지컬로 다양화하며 기존의 것에 콘텐츠를 합한 사례로 〈유미의 세포들〉, 〈재벌집 막내아들〉 등이 있다.

회사의 업무적인 측면에서 보면 문서와 제작물을 함께 기획하여 보고하는 것도 좋은 방법이며 지원과 마케팅 조직을 합하여 새로운 프로젝트 팀을 만드는 것도 기존의 것을 합한 기획이 될 것이다.

이처럼 기획은 일상에서 이미 사용되고 있는 것들을 합하여 편리함과 재미, 효과를 줄 수 있는 새로운 것으로 재창조하는 것이다. 완전히 새로운 것을 기획하기란 어렵다. 새로운 프로젝트의 기획을 원하면 기존의 것들을 합하여 보기 바란다. 새로운 프로젝트로 타깃고객의 관심을 끌 수 있을 것이다.

세 번째는 '업그레이드upgrade 하는 것'이다.

영국 ITV의 스타발굴 프로그램인 〈브리튼즈 갓 탤런트Britain's Got Talent〉를 바탕으로 우리나라에서는 복면을 쓰고 노래를 하게 하는 복면가왕이라는 업그레이드 프로그램을 만들어 크게 성공을 거두었다. 복면가왕은 중국은 물론 태국, 미국, 멕시코, 유럽 등 40개국에 포맷수출(드라마, 영화, 예능 등 콘텐츠의 기획 의도나 구성, 제작 방식 등의 수출을 의미. 최근 드라마 예능 프로그래 등 포맷 수출이 증가하고 있고 이를 'K포맷'이라고 부름. 판권수출은 계약으로 제한된 범위 내의 저작권 양도이지만 포맷수출은 2차, 3차의 새로운 부가가치를 만들어 타 문화와 교류를 가능케 함)한 것은 멋진 업그레이드 사례라 할 수 있다.

MBC와 직접 계약한 미국 폭스^{Fox}의 〈더 마스크드 싱어^{The Masked Singer}〉는 평균 4%의 시청률과 1천만 명 이상의 시청자수를 기록했다. 미국에서는 주로 시청률보다는 시청자 수로 프로그램의 성패를 가늠한다. 보통 1천만 명을 넘으면 '대박'으로 간주하는데 미국에서 인기 있는 〈빅뱅이론〉 시즌1, 2의 시청률이 1.0%, 시청자 수가 691만 명인 걸 고려하면 〈더 마스크드 싱어〉의 성과는 놀라운 결과이다.

전 세계적으로 선풍을 끌고 있는 복면가왕은 단순한 노래 경영에 마스트를 더하여 멋진 콘텐츠로 업그레이드한 성공 사례이다. 이처럼 성공하는 콘텐츠기획은 1등과의 차이를 발견하고 현재의 것을 업그레이드하는 것이다.

기획의 기초 만들기

튼튼하고 견고한 집을 짓기 위해서는 터를 잘 파고, 콘크리트로 단단한 기반을 만드는 기초 공사가 중요하다. 이처럼 기획에서도 기초 공사가 매우 중요하다.

그렇다면 기획에서의 기초 공사는 무엇일까?

기획 프로젝트가 주어지면 기존에 모아 놓은 정보(자료) 중에서 프로젝트에 필요한 데이터를 발췌해 내고 부족한 부분에 대해서는 시장조사를 통해 자료를 추가한다. 그리고 프로젝트 추진을 위한 업무분장을 하여 기획 초안을 잡는다. 초안은 조사된 현황을 바탕으로 프로젝트 방향을 설정하고, 이를 어떻게 추진할 것인지를 5W 2H^{왜 Why}, 무엇을^{What}, 언제^{When},

어디서Where, 누가Who, 어떻게How, 얼마만큼How much에 입각하여 프로젝트 개요 및 실행 전략을 개략적으로 구성한 후 비용을 산출한다. 프로젝트의 초안이 완성되면 관련된 사람들이 함께 협의하면서 기획의 방향이 맞는지를 확인한 후 본격적인 기획 작업에 착수한다. 즉 기획의 기초공사는 현장조사를 통한 초안 작성 및 협의 후 기획 방향을 결정하는 것이다.

이중 현장조사를 통한 초안 수립은 마케팅 기획을 위한 환경 분석인 3C 분석, SWOT 분석, 고객 행동 분석 및 시장세분화 방법인 STP 전략과 4P분석에 의거한다. 3C, STP, 4P는 마케팅 프로세스의 기본으로 기획의 기초를 튼튼히 하기 위해 마케팅 개념 정립 및 프로세스를 확실히 알아야 한다.

콘텐츠기획에서 가장 중요한 것이 마케팅이다. 콘텐츠를 잘 만들고 소비자, 고객, 구독자에게 잘 알리고, 향유하게 하기 위해서 마케팅이 핵심적인 역할을 하기 때문이다.

기획 캘린더 만들기

기획의 효율적인 추진과 수집한 정보를 일목요연하게 정리하고 한 눈에 볼 수 있게 기획 캘린더가 필요하다. '기획 캘린더'란 수집한 정보를 한눈에 볼 수 있도록 정리해 놓은 것이다. 기획 캘린더가 필요한 이유는 스피디한 기획을 위해 정보를 도표로 잘 정리하는 것이다. 다음은 1년 이슈와 테마, 마케팅 주제를 정리해본 캘린더 사례이다. 즉 기획을 효율적으로 하기 위해 평소에 수집해 놓은 정보와 자료를 잘 정리정돈하여 새로운 콘텐츠를 기획할 때 쉽게 찾을 수 있도록 시기(주, 월 등)별로 사회문화 이슈 및 이벤트에 맞게 정리해 놓으면 '기획 캘린더'가 된다. 예를 들어 콘텐츠를 성공적으로 런칭하기 위해서는 런칭 전, 런칭 시점, 런칭 후로 나누어 어떻게 마케팅 할 것인지 계획해야 하고, 이를 콘텐츠 마케팅 캘린더로 만들어야 한다.

구분	1월	2월	3월	4월	5월	6월
이슈	신년/ 설날 새해맞이	졸업 발렌타인데이	입학/결혼 이사	봄/황사	가정의달 지역축제	여름 장마
Theme	신년	졸업	새출발	봄축제	가정/축제	여름
마케팅	신년축제	졸업축하	새출발축하	봄축제연계	가정의달	여름제품
구분	7월	8월	9월	10월	11월	12월
이슈	여름방학	휴가/바캉스 새학기	추석 결혼/이사	문화의달 지역축제	김장/수능 빼빼로데이	송년/X-마스 겨울방학
Theme	여름방락	새학기	가울축제	문화행사	수능대박 겨울준비	송구영신
마케팅	여름방학 연계	새학기 미리준비	가울축제 연계	문화행사 공동	수능/김장	송구영신 X-마스

콘텐츠 라이프 사이클은 제품의 라이프 사이클과 같이 '도입기-성장기-성숙기-쇠퇴기'로 이루어짐을 감안할 때 런칭부터 성숙기까지 최소 6개월에서 1년 정도의 마케팅 계획을 기획 초기에 수립하는 것이 좋으며, 이를 기획 캘린더 작성하여 한 눈에 알아볼 수 있도록 해야 한다. 그러므로 기획 캘린더는 시장을 미리 파악하고, 선점할 수 있는 "선견, 선수, 선제, 선점"의 목적 하에 작성되어야 하며, 실행하기 최소 2개월 이전에 작성하여 미리 준비할 수 있도록 한다.

다음은 콘텐츠 라이프 사이클에 맞춘 기획 캘린더 작성 사례이다. 앞으로 기획할 콘텐츠 프로젝트가 있을 때 참고하면 좋을 것 같다.

기획 캘린더는 시기별로, 목적별로 다양한 캘린더가 있다. 시기별로는 주/월/분기/반기/연간/ 계절 캘린더가 있으며, 목적별로는 사회문화/경제/행사/전시/스포츠/부동산 등 다양한 테마별 캘린더가 있다.

구분		10월	11월	12월
이슈	트렌드	문화의 달 결혼/이사	김장시즌 월동준비	송구영신 연말연시
	행사	대학축제/가을운동회 백화점세일 부산국제영화제 경쟁사 이벤트 예정	학생의 날 빼빼로데이 수능시험 A사 콘텐츠 출시	겨울방학 크리스마스 수능성적표 시상식
콘텐츠 라이프 사이클		도입기		성장기
고객 심리단계		주의 - 흥미 - 욕구	기억 - 행동	
중점활동 방향		콘텐츠 인지도 Up	가망고객 적극 공략	연말 특수 연계 판매 확대
매장		가을 연계 런칭분위기 연출	가망고객 리스크 작성	연말 우수고객 초청행사
광고		집중광고 및 홍보	전문가/고객 인증광고	수상광고
디자인		POP 배포 (포스커/현수막)	경쟁콘텐츠 동향조사 진열도 체크	송년행사 전단제작/지원
프로모션		런칭 이벤트 VIP초청 설명회	가망고객 초청 이벤트	판매촉진 이벤트 강화
공동마케팅		대학교 학생 연계 축제지원 행사	자동차 시승 연계 신차시승행사	문화센터 연계 고객초청행사
경품		영화티켓	문화상품권	스키장 리프트권

시기별 캘린더는 1년 동안 무엇을 할 것인지를 계획하는 연간 캘린더

에서 주간 캘린더까지 기간별로 다양하게 만들 수 있다. 시기 캘린더는 계획할 내용과 더불어 언제 수립할 것인지가 가장 중요하다. 시장을 예측하며 캘린더를 미리 작성하는 것이 중요한 프로젝트나 마케팅 활동을 성공적으로 이끄는 첩경이기 때문이다.

시기별 캘린더는 주간, 월간, 분기, 계절, 반기, 연간 등의 기간으로 구분할 수 있으며 작성 시 수립 시기에 유의하여 미리 계획함으로써 선견, 선수, 선제, 선점할 수 있는 콘텐츠 활동을 전개하도록 한다.

목적별 캘린더는 사회문화 이슈, 이벤트, 경제동향, 전시행사, 스포츠행사, 신제품 런칭 캘린더 등 다양한 테마별 캘린더가 있다. 기획 캘린더를 작성할 경우에는 자신이 맡고 있는 분야에 한정하여 캘린더를 작성하기 보다는 여러 가지 환경과 변수를 감안하여 종합 캘린더로 작성하는 것이 업무 추진에 좋다. 다음은 시기별 캘린더 종류 및 작성 방법 사례이다.

시기별 캘린더 종류 및 작성 방법

구분	수립시기	내용	비고
주간 캘린더	금요일	• 차주 계획을 위한 캘린더 작성	신문, 경제서적, 인터넷을 통해 업계 동향 및 이슈, 트렌드를 파악한 후 작성
월간 캘린더	D-3일	• 차월 이슈 및 트렌드를 감안하여 마케팅 계획을 캘린더로 작성	
분기 캘린더	1,4,7,10월	• 1~4분기를 대상으로 차분기에 대한 계획을 캘린더로 작성	
반기 캘린더	4,10월	• 상,하반기로 나누어 상반기 실적 및 전년 실적을 바탕으로 예상되는 이슈, 트렌드, 소비자 기호 등을 안 캘린더로 작성	
연간 캘린더	10월(대기업 7월~)	• 차년도 예상 이슈, 이벤트, 경제 관련 지수를 바탕으로 1~12월 년간 부문별 마케팅 계획 작성	
계절 캘린더	1,4,7,10월	• 봄, 여름, 가을, 겨울 4계절과 관련된 제품/ 서비스 캘린더 작성	

기획 캘린더를 만들기 위해서는 다음과 같은 순서대로 만들면 된다.

① 가로에 캘린더를 만들 기간을 결정하고 이에 맞는 데이터(자료, 정보)를 수집한다.

② 세로에 이슈, 테마, 제품, 타깃, 마케팅 4P 등 어떠한 항목을 넣을 것인가를 정한다.

③ 월별, 시기별 이슈 및 환경 요인 등을 체크한다.

④ 시기별 세부 운영계획을 적는다.

⑤ 장기 계획의 경우 환경의 변화가 반드시 있으므로 캘린더를 수시로 점검하며 업데이트, 조정하도록 한다.

캘린더는 환경변화에 따라 내용을 조정해야 할 경우가 많으므로 최소 3개월 간격으로 국내외 시황, 트렌드 등을 고려하여 수정, 보완한다.

다음은 캘린더 양식이다. 업무, 프로젝트에 맞추어 수정하여 사용하면 된다.

구분		1	2	3	4	5	6	7	8	9	10	11	12
이슈													
주제													
SNS	콘텐츠												
	커뮤니케이션												
	커뮤니티												
	커머스												

마케팅의 개념 및 목표

마케팅이란 무엇인가?

사전에서 찾아보면 마케팅은 생산자가 상품 또는 콘텐츠(서비스)를 소비자에게 유통시키는 데 관련된 모든 체계적 경영 활동으로 소비자에게 최대의 만족을 주고 생산자의 생산 목적으로 가장 효율적 이익을 달성하는 것이다. 즉 마케팅이란 생산자가 상품(콘텐츠)을 소비자에게 유통시키는 모든 활동을 말하며 핵심은 자사 상품(콘텐츠)만의 가치를 기획하고 전달하는 것이다. 예를 들어 고객을 위한 콘텐츠를 마케팅적으로 잘 세우기 위해서는 고객이 원하는 가치를 파악하고 잘 만들어 제공하는 것이라고 할 수 있다.

그렇다면 가치는 어떻게 발견하고 이를 트렌드와 연계하고 경쟁사와 차별화시켜 타깃고객에게 전달할 수 있을까? 이를 고민하고 기획하는 것이 마케팅이다.

마케팅의 기획 포인트는 첫째, 어떻게 타깃고객의 니즈를 파악하고 둘째, 어떻게 타깃고객을 만족시킬 것인가에 대한 계획을 수립하고 실행하는 것에 있다.

그렇다면 타깃고객을 위한 가치를 기획하고 전달하기 위해 어떤 프로세스에 맞추어 시행해야 할까? 이를 추진하기 위해서는 3단계 전략이 필요한데 1단계가 3C 분석, 2단계가 STP 분석, 3단계 4P 분석이다.

시장조사를 통해 얻은 아이템을 아이디어로 차별화하여 지속적인 확장을 위해 스토리를 입혀 기획한 콘텐츠를 사람들에게 잘 알리고 팔기 위해서는 마케팅이 꼭 필요하다.

마케팅 기획 프로세스 "3C → STP → 4P & 4C"

마케팅 기획프로세스는 "3C → STP → 4P & 4C"이다.

마케팅 기획의 첫 번째는 시장 환경을 분석하는 것이다.

시장을 분석하기 위해서는 3C분석, SWOT 분석, BCG Matrix 분석 등의 방법이 있다.

시장 환경 분석의 첫 번째는 '3C 분석'이다. 3C는 시장을 이루는 고객 Customer, 경쟁자 Competitor, 자기 회사 Company의 영문 첫 글자를 딴 것으로 고객이 가장 중요하다.

3C 분석의 절차는 첫 번째 고객 분석으로 고객이 어떤 니즈를 선택할 것인가를 파악하는 것이다. 이를 위해 시장규모는 얼마인지, 주 고객은 누구인지, 주요 고객의 특성과 속성은 무엇인지, 고객의 기호와 니즈는 무엇인지를 살펴봐야 한다.

두 번째 분석은 경쟁사 분석으로 경쟁사와의 차별화 전략은 무엇인지를 파악해야 한다. 이를 위해 주요 경쟁사는 어디인지, 경쟁사의 강약점은 무엇인지, 경쟁사의 성공 포인트는 무엇인지를 살펴봐야 한다.

세 번째는 자사 분석으로 무엇에 집중할 것인가를 결정해야 한다. 이를 위해 주요 제품, 콘텐츠는 무엇인지, 사업 운영의 조직 체계는 어떠한지, 강점과 자원은 무엇인지를 파악해야 한다. 즉 3C 분석은 고객의 니즈를 선택하고 경쟁사와 차별화하기 위해 자사는 무엇에 집중할 것인가 순서로 살펴봐야 한다.

3C 분석을 간략히 정리하자면 고객은 누가 고객인지, 무엇을 원하는지를 파악한 후, 누가 경쟁 상대인지, 어떤 고객을 목표로 대응하는지를 경쟁사를 살펴보고 자사의 강점을 활용하여 마케팅의 방향을 결정하는 것이다. 그러므로 3C 분석의 최종 목표는 자사와 고객과의 공감대를 형성하고 경쟁사와는 차별화하며 고객과 경쟁사를 단절시키는 전략을 수립하는 것이다.

마케팅 기획 프로세스 1단계 : 3C 분석

다음은 3C 분석의 목표를 정리한 도표로 이를 참고하여 3C 분석을 하면 된다.

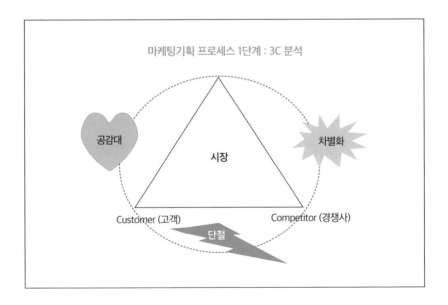

3C 분석 첫 번째는 '타깃' 분석이다.

사례로 SBS 〈골목식당〉이란 프로그램에서 살펴볼 수 있다. 백종원 씨는 골목식당 주인들에게 강조하는 첫 번째가 사먹는 사람, 즉 소비자, 고객의 눈높이에서 만들라고 한다. 그리고 가게별로 특색 있는 구성을 통해 다른 매장과 차별화를 강조하며 마지막으로 자기 매장 만의 강점을 살려 고객을 만족시키라고 말한다.

시장은 자사, 경쟁사, 고객, 타깃으로 이루어진다. 이중 가장 중요한 것이 고객, 즉 타깃이다. 우리가 시장을 읽기 위해서는 3가지를 보아야 하는데 타깃고객을 중심으로 시장 환경인 트렌드와 경쟁자의 동향이다. 가장 중요하면서 첫 번째로 보아야 할 것이 타깃, 즉 고객으로 기획의 목표가 되는 고객에 대한 분석을 통해 그들이 원하는 기호^{Needs}를 파악해야 한다.

모든 비즈니스의 출발은 기획이고 기획의 출발은 시장조사라고 필립 코틀러는 말했다. 즉 비즈니스 기획을 위해 기업분석의 출발은 시장조사이며 이는 문제해결의 열쇠이다. 시장조사를 위해서는 가장 먼저 타깃(소비자) 분석을 시작으로 자사, 경쟁사 SWOT 분석, 온오프^{OnOff} 유통채널 분석, 마케팅 4P와 4C 분석을 하면 된다.

시장조사를 위해 제일 먼저 해야 할 것은 '타깃(고객) 분석'이다. 타깃분석을 위해서는 다양한 질문을 통해 무엇을 원하는지를 파악해야 한다. 다음은 고객 니즈를 파악하기 위한 질문사례이다.

- 누가 제품(콘텐츠, 서비스)의 주요 수요층인가
- 제품/서비스의 구매자는 누구인가
- 제품(콘텐츠, 서비스)의 구매 과정은 어떻게 이루어지는가

- 제품(콘텐츠, 서비스)의 구매 과정에 영향을 주는 사람은 누구인가
- 자사, 경쟁사 상품의 유통채널은 분석했는가
- 제품(콘텐츠, 서비스)가 소비자에게 얼마나 중요한가
- 제품(콘텐츠, 서비스)가 필요한 이유가 무엇인가
- 사용자의 가치는 무엇인가
- 계획된 구매인가? 충동구매인가
- 제품(콘텐츠, 서비스)에 대해 소비자는 어떻게 느끼는가
- 제품(콘텐츠, 서비스)가 소비자의 욕구를 충족시키는가 등이

있을 것이다.

마케팅 기획 프로세스 1단계 : SWOT 분석

시장환경 분석 두 번째 방법은 'SWOT 분석'이다. SWOT 분석은 환경에 대해 내부요인으로서 자사의 강점Strength과 약점Weakness, 외부요인으로서 기회Opportunity와 위협Threats 요인을 분석하는 것으로 강점은 살리고 약점은 보완하며, 기회는 활용하고 위협은 최소화하는 마케팅 전략을 수립하는 것이다. 강점은 경쟁사와 비교하여 우위사항을, 약점은 경쟁사에 비해 부족한 부분을, 기회는 시장 환경에서 자사에 유리한 부분을, 위협은 불리한 요인을 말한다.

이 분석은 기업환경 분석을 통한 마케팅 전략을 수립하는 데 목적이 있다. SWOT 분석에 의한 전략 수립의 단계는 1단계로 먼저 외부의 기회 및 위협요인을 분석하고, 2단계로 내부의 강점 및 약점을 파악하여, 3단

계 SWOT Matrix(분석표)를 만들며, 4단계로 SWOT 분석에 의한 방향설정 및 전략을 수립하는 것이다. 즉 SWOT 분석은 "외부환경 분석→ 내부환경 분석 → 방향 설정 → 전략 수립"의 단계로 이루어진다.

그리고 SWOT 분석을 통한 마케팅 전략에는 4가지가 있다.

① SO(강점-기회)전략으로 시장의 기회를 활용하기 위해 강점을 사용하는 전략이다.

② ST(강점-위협)전략으로 시장의 위협을 극복하기 위해 강점을 사용하는 전략이다.

③ WO(약점-기회)전략으로 자사의 약점을 극복하고 기회를 활용하는 전략이다.

④ WT(약점-위협)전략으로 시장의 위협을 극복하고 약점을 최소화하는 전략이다.

구분	기회(O)	위협(T)
강점(S)	**SO전략** **강점**을 가지고 **기회**를 살리는 전략	**ST전략** **강점**을 가지고 **위협**을 최소화 하는 전략
약점(W)	**WO전략** **약점**을 보완하며 **기회**를 살리는 전략	**WT전략** **약점**을 보완하며 **위협**을 최소화 하는 전략

이상 4가지 전략 중 가장 먼저 시행해야 할 전략은 SO전략으로 강점과 기회를 활용하는 것으로 불황의 시대, 비용의 효율적 운영을 통한 최대의 효과를 내기 위함이다.

마케팅 기획 프로세스 1단계 : BCG 매트릭스

시장환경 분석 세 번째 방법은 'BCG 매트릭스Matrix'이다. BCG 매트릭스는 보스턴 컨설팅 그룹Boston Consultion Group에서 만든 분석 도구로 사업 포트폴리오 분석을 휘해 개발하였다.

BCG 매트릭스는 기업에 자금의 투입, 산출 측면에서 사업이 현재 처해 있는 상황에 알맞은 처방을 할 수 있는 분석법이다. Y축에는 시장 성장률을 X축에는 상대적 시장점유율을 통해 사업 포트폴리오에 대한 분석과 이에 따른 전략(자원배분)을 수립하기 위한 분석 도구이다.

기업의 사업이 캐시카우Cash Cow, 저성장률과 고점유율의 사업이라면 투자를 최소한으로 줄이고 이 사업에서 창출된 이익은 다른 사업으로 돌리는 성장/투자 전략을 실시한다. 스타Star사업은 고성장률, 고점유율로

점유율과 성장성이 모두 좋은 사업으로 지속적인 투자를 통해 고수익 사업으로 육성하는 적극적인 투자 전략을 실시하며, 물음표Question 사업은 고성장, 저점유율로 시장점유율을 높일 수 있도록 투자를 하는 한편 성장률이 하락 하면 시장을 포기하는 것도 염두에 두는 투자/포기전략을 시행한다. 저성장, 저점유율의 강아지Dog사업은 신속하게 철수하는 것을 고려하는 철수 전략을 구사해야 한다. 이 분석 도구 를 활용해 현재의 우리 사업, 상품은 어떻게 구성되어 있으며, 각 사업별 변화 방향과 속도가 어떠한지를 파악할 수 있고 이를 통해 자원 배분을 할 수 있다.

BCG 매트릭스를 상품, 콘텐츠에 적용해 보면 물음표인 초기상품은 선택적 투자를 스타상품은 히트상품으로 적극적 투자를 캐시카우는 성숙기 상품으로 보수적 투자로 현재의 위치를 사수하는 데 목적을 두며, DOG는 쇠퇴기 상품으로 철수를 해야 한다.

마케팅 기획 프로세스 2단계 : STP 분석

마케팅 기획 프로세스 2단계는 STP 분석이다. STP 분석은 고객에 대한 시장세분화Segmentation, 목표고객 설정Targeting, 시장을 공략할 콘텐츠(제품, 서비스)를 효율적인 위치에 자리 잡는 포지셔닝Positioning에 대한 분석을 통해 마케팅 전략을 수립하는 것이다. STP 분석은 시장세분화 → 목표고객 설정 → 포지셔닝의 순서로 분석하면 된다.

STP분석 1 : 시장세분화 (Segmentation)

인구 통계적 특성	구매행동적 특성	라이프스타일 특성
• 연령 • 성별 • 거주지 • 직업 • 소득 • 학력	• 구매 규모 • 구매 동기 • 구매 장소 • 구매 방법 • 구매 만족도	• 여가활동 • 선호브랜드(충성도) • 고객기호 • 유행 민감성

시장세분화Segmentation는 고객 니즈와 트렌드를 고려하여 고객을 그룹화 시키는 것이며, 타깃고객 선정Targeting은 세분화된 시장에서 제품(콘텐츠, 서비스)이 공략하고자 하는 고객을 추출하는 과정이다. 그리고 포지셔닝Positioning은 치열해지는 경쟁시장에서 상대적 우위를 확보하기 위해 전략적 위치를 확보하는 것을 말한다.

결론적으로 STP 분석을 하는 목적은 마케팅의 선택과 집중을 하기 위함이다. 먼저 STP 분석을 단계적으로 살펴보면 1단계는 시장세분화로 연령, 성별, 거주지, 직업, 소득, 학력 등 인구통계학적 특성자료, 구매규모, 구매동기, 구매장소, 구매방법, 구매 만족도 등 고객의 구매행동적 소비특성, 여가활동, 선호 브랜드 충성도, 고객기호, 유행 민감성 등 트렌드 및 라이프스타일 등을 참고하여 시장을 세분화하여 콘텐츠의 목표시장을 선정하는 것이다. 시장세분화의 결과로 최소 2~3개의 복수시장으로 구분할 수 있다.

STP 분석 2단계는 목표고객 설정, 즉 타깃팅으로 세분화된 시장 중에서 목표고객을 정하는 것이다. 타깃팅은, 인구 통계적, 구매행동적, 라이프스타일 특성을 감안한 세부 소비 특성을 바탕으로 가망고객 그룹을 선

정하는 것이다. 타깃고객이 선정된 후에는 타깃고객들의 구매형태 (유통/
시기/이유 등), 제품 사용만족도 등을 조사하며, 이를 근거로 타깃고객을 확
산시키는 것이 좋다.

코로나-19로 인한 경기침체로 지금과 불황기에는 타깃팅을 연령대별,
직업별로 차별화 해야 한다. 예를 들어 30대 전업주부를 공략하기 위해
서는 브랜드와 합리적 가격을 내세워야 하며 30대 전문직 여성을 공략하
기 위해서는 프리미엄 제품을, 40대 남성 회사원을 위해서는 제품구매의
명분과 가치를 주는 제안으로 같은 연령이라도 차별화된 타깃팅을 해야
한다.

그리고 물가가 오르면서도 경기가 침체되는 요즘 같은 시기에는 프로
모션을 통해 잠재고객을 활성화시켜 신규고객을 만들기보다는 자원과
비용을 효율적으로 활용하기 위해 단골고객에게 집중하는 핀셋전략을
시행해야 할 것이다.

STP 분석 2 : 목표고객 설정 (Targeting)

인구 통계적 특성	구매행동적 특성	라이프스타일 특성
• 연령 : 15~30세 • 성별 : 여성 • 거주지 : 대도시 • 직업 >중·고·대학생, 청소년, 직장인	• 구매 규모 >단품, 필요시 번들구매 • 구매 동기 >유행, 디자인 민감 >집단 심리 작용 • 구매장소 : 백화점, 할인점	• 웰빙제품 소비 증가 • 테스트제품 선호 • 청소년 사용비율 증가

STP 분석 3단계인 포지셔닝Positioning은 목표한 타깃고객의 마음속에 자
리, 즉 포지션, 위치를 잡는 것이다. 날로 치열해지는 경쟁 시장에서 승리
하기 위해서는 상대적으로 우월한 위치를 확보해야 한다. 이를 위해 새로

운 콘텐츠, 신상품을 어디에 포지셔닝(위치)시켜야 할지를 경쟁제품들과 비교한 포지셔닝맵Positioning Map을 아래 보이는 도표처럼 그려 자사 콘텐츠, 상품의 위치를 확인하고 시장을 선점할 수 있는 위치를 잡도록 한다.

포지셔닝맵은 자사의 콘텐츠, 제품과 경쟁제품을 대상으로 소비자가 인식하고 있는 부분을 그래프에 표시한 도표로 이를 통해 경쟁제품과의 관계를 알 수 있다.

STP 분석 2 : 목표고객 설정 (Targeting)

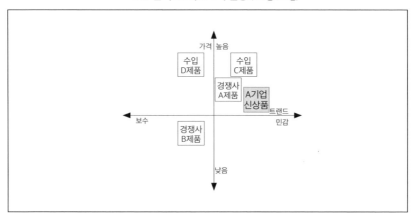

마케팅 기획 프로세스 3단계 : 4P 분석

마케팅 프로세스 3단계는 4P 분석이다. 4P란 제품Product, 가격Price, 유통 Place, 프로모션Promotion을 말하며, 이를 통해 구체적인 마케팅 전략을 기획하게 된다. 그리고 4P의 구성요소인 제품, 가격, 유통, 프로모션을 잘 활용하여 마케팅전략을 실행하는 것을 마케팅 믹스Marketing MIX라고 한다.

고객이 원하고 잘 팔리는 히트상품, 인기 콘텐츠를 만들기 위해서는 제품전략을 통해 신제품을 만들고 판매자 및 고객의 의견을 반영하여 가격전략을 수립한다. 유통전략을 통해 제품을 온오프 어디에서 팔 것인지를 결정하고 프로모션전략을 통해 신제품을 고객에게 알리고 판매를 촉진시키도록 한다.

어떤 기업의 제품이나 서비스를 판매하는데 있어 효과적인 목표 달성을 위해 마케팅 활동에서 사용되는 여러 가지 요소를 균형 잡히게 구성하는 과정으로 마케팅 믹스가 필요하다. 판매하는 제품, 제품의 가격, 판매장소, 촉진 등 4가지 요소를 잘 구성하여 소비자들에게 쉽고 빠르게 구매로 전환 될 수 있도록 시스템을 구축하는 것이 마케팅 믹스 4P 전략이다.

① Product : 상품은 소비자의 니즈를 충족시키는 품목으로 꼭 제품만이 아닌 무형의 서비스나 콘텐츠, 아이디어상품도 해당된다. 상품 전략은 상품의 디자인과 이미지, 브랜드 등을 폭 넓게 포함하고 그것을 종합적으로 관리하는 마케팅 전략이다.

② Price : 가격은 고객이 제품을 구매할 때 지불하는 금액이다. 가격은 수익에 영향을 미칠 수 있는 변수이며 기업에서는 가장 손쉽게 변경할 수 있는 요소로 생산비용보단 높으며 소비자 기준보다는 낮게 측정하는 것이 일반적이다. 경쟁관계 및 상품의 라이프사이클(도입-성장-성숙-쇠퇴), 경쟁상황, 마케팅 목표, 시장수요 등에 따라 차별화된 가격 전략을 구사하게 된다.

③ **Place** : 유통은 상품이 생산자에서 소비자에게까지 이동하는 경로를 말한다. 유통이 어떻게 진행되느냐에 따라 가격에도 영향을 미치며 유통 시스템이 브랜드 런칭과 사업에 있어 정말 중요한 요소라고 할 수 있다. 특히 요즘과 같이 비대면이 일반화되고 있는 시대에는 오프라인보다 온라인 유통이 더욱 중요해지고 있으며 향후에는 온라인과 오프라인 유통의 적절한 조화와 균형 있는 발전을 통해 고객에게 최선의 서비스를 제공하는 방향으로 유통전략이 구사되어야 할 것이다. 즉 고객을 중심으로 온오프 채널을 통합하여 일관된 커뮤니케이션 제공으로 고객경험 강화 및 판매를 증대시키는 방향으로 유통(채널)전략을 구사해야 할 것이다.

④ **Promotion** : 촉진활동은 광고, 홍보, 인적人的 판매, 판매촉진 4가지로 구성된다. 광고는 TV, 라디어, 인터넷, 소셜 미디어 같은 전파매체와 신문, 잡지 같은 활자매체로 구성되며, 판매 촉진은 구매행동 유인을 위한 전단, 할인쿠폰, DM 등이 있다. 인적판매는 직접 판매 방식으로 대면 방문판매, 영업사원 활용 등이 있으며 쌍방향 커뮤니케이션에 설득이 중요하다. 즉 프로모션 촉진활동은 조금 더 소비자들에게 많이 빠르게 노출시키면서 자신의 제품을 구매할 수 있는 고객들을 타깃팅하여 프로모션 전략으로 '알게, 오게, 사게' 하는 계획을 세워야 한다. 그리고 온라인 마케팅이나 전단지, 배너 등 소비자들의 구매심리를 끌어올리기 위해 온오프 프로모션을 병행하는 것이 좋으며 이를 위해 소셜 미디어를 타깃별 특성을 고려하여 차별적으로 활용해야 한다.

스마트폰의 일상화로 이루어진, 소셜 미디어의 시대, 광고와 홍보 메시지는 어떻게 전달하면 좋을까? 기업 고유 콘텐츠 자체의 매력을 시의성, 개연성, 의외성에 맞추어 전달해야 한다. 성공적인 메시지 전달을 위해 첫 번째 조건인 시의성^{時宜性}은 콘텐츠가 시기적으로 적절한지, 잠재적 리스크는 없는지, 활용할 시기별 이슈는 없는지, 어떻게 우리 기업에 적용할 것인지를 살펴보는 것이다.

두 번째 조건인 개연성^{蓋然性}, 즉 가능성으로 누구나 할 수 있는 것인지, 잘 따라할 수 있는지, 메시지가 잘 녹아 있는지를 체크해야 하며, 마지막으로 의외성^{意外性}은 참여자가 흥미롭게 참여할 콘텐츠인지를 판단하여 광고, 홍보 메시지를 더하는 것이다. 이러한 메시지를 더욱 잘 전달하기 위해서는 3가지 조건에 진정성과 공익성을 추가 하여 완전히 차별화된 매력을 갖추어야 한다.

다음은 제품 라이프 사이클에 따른 4P전략 실행표이다.

제품 라이프 사이클에 따른 4P전략

구분	도입기	성장기	성숙기	쇠퇴기
목표	시장선점 인지도 Up	M/S 확대	이익 극대화	비용절감 투자회수
Product	조기 출시	품질 개선 서비스 대응	모델 다양화	부진품목 철수
Price	고각격 또는 저가격	경쟁고려 시장침투가격	경쟁가격 방어가격	저가격 후 철수
Place	전속유통	전속유통 전문유통	전 유통 확대	비수익유통 정리
Promotion	초기사용자 유도 신제품 체험단	구매고객 혜택강화(사은품)	보상판매 타사 수요 흡수	재고정리 세일

제품의 라이프사이클, 즉 도입, 성장, 성숙, 쇠퇴에 따라 차별화된 목표

달성을 위해 Product, Price, Place, Promotion을 달리 해야 하는 것을 볼 수 있다. 콘텐츠도 이와 마찬가지다. 예를 들어 새로운 게임 콘텐츠를 출시할 경우에는 도입기의 목표인 시장선점과 인지도를 높이기 위해 콘텐츠는 경쟁사보다 조기출시하면서 가격은 고가격 또는 저가격을 사용하고 유통은 전속 유통으로 온라인 전용채널이나 오프라인 주력 PC방을 사용하는 것이며, 프로모션은 초기 사용자의 유도를 위해 콘텐츠 체험단이나 초기 수용자(얼리어덥터)에 혜택을 주는 이벤트를 시행해야 한다. 이처럼 라이프사이클의 단계별 목표에 맞추어 4P전략을 구사하도록 한다.

마케팅 기획 프로세스 3단계 : 4C 분석

마케팅 프로세스 3단계는 4P 분석과 더불어 온라인, 모바일 시대로의 변화에 따라 4C 분석이 중요하다. 4C란 디지털 환경과 인터넷 일상화로 인해 온라인 마케팅이 활성화되는 요즈음에 인터넷/모바일 마케팅의 주요 요소인 콘텐츠, 커뮤니케이션, 커뮤니티Community, 커머스Commerce로 마케팅 4P와 함께 MIX되어 활용되어야 한다.

4C의 요소는 다음과 같다.

① 컨텐츠Contents는 사이트를 구성하는 내용(항목)을 말하며, 사이트의 운영 목적을 표출하여야 한다.

② 커뮤니케이션Communication은 사이트를 방문한 고객과의 커뮤니케이션 및 고객 간의 커뮤니케이션으로 양방향 커뮤니케이션을 발생시켜야 한다.

③ 커뮤니티Community는 사이트를 방문한 고객 대상, 마케팅을 목적으로 의도적으로 커뮤니티(집단화)화 하거나 고객들이 자연스럽게 공동체를 형성할 수 있도록 만드는 것이다.

④ 머스Commerce는 온라인, 모바일 상에서 이루어지는 상거래, 즉 온라인, 모바일 세계에서 마케팅을 하기 위해서는 제일 먼저 고객들의 관심을 끌 수 있는 콘텐츠를 만들고, 이에 회원들이 가입함으로써 자연스럽게 커뮤니케이션이 이루어져 온라인상의 모임인 커뮤니티가 형성되고 이를 통해 커머스(전자상거래)가 이루어지게 된다. 기획자들은 콘텐츠의 제작에서 커뮤니케이션의 유도, 커뮤니티의 밀착 관리를 통해 커머스가 자연스럽게 일어나도록 4C 믹스 전략을 수립해야 한다.

핑크퐁을 만든 더 핑크퐁 컴퍼니는 콘텐츠를, 온라인상에 원활한 대화를 하게 만들어 준 카톡은 커뮤니케이션을, 무진장 희한한 신발 사진이 많은 프리챌 카페로 유니콘이 된 무신사는 커뮤니티를 통해 최고의 커머스 회사가 된 사례이다.

이상과 같이 마케팅은 '3C → STP → 4P&4C 분석'의 순서로 마케팅전략을 수립하게 된다. 유의할 점은 이 프로세스가 단순히 마케팅 기획에만 한정된 것이 아니므로 인사, 총무, 신상품 개발, 생산, 품질 관리 등 기업의 전 분야에 걸쳐 자신의 업무에 맞게 변형하여 활용하는 것이 좋다.

지금까지 살펴본 마케팅 기획 프로세스 '3C→STP→4P&4C'를 정리해 보면 다음과 같다.

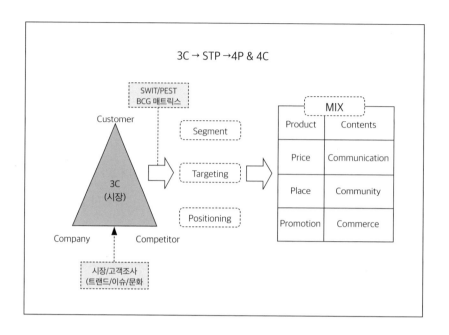

1단계로 시장을 구성하는 3C 분석을 통해 시장, 고객, 트렌드 등을 파악하고 여기에 SWOT 분석과 PEST 분석, BCG 매트릭스를 더하여 자사를 중심으로 한 내외부의 환경 분석을 한다.

2단계는 STP 분석으로 시장을 세분화한 후 타깃팅을 하고 이를 국내외 시장에 적용하여 어디 포지셔닝할 것인가를 정한다.

3단계는 3C 분석과 STP 분석을 통해 정해진 방향에 맞추어 4P와 4C 전략을 온오프에서 어떻게 구성할 것인가를 수립하면 마케팅 분석을 통해 기업의 마케팅 전략을 수립할 수 있게 된다.

설득력 있는 기획서 작성법

글로벌 시장 공략을 위한 창의적 기획을 위해 엔데믹시대의 환경을 살펴보고 시장조사부터 아이템 선정, 아이디어 차별화, 스토리텔링&스토리두잉, 그리고 기획과 마케팅에 대해 살펴보았다. 지금까지 살펴본 내용을 가지고 콘텐츠를 세상에 내보이기 위해 우리는 기획서를 작성해야 한다. 기획서는 어떻게 작성할까?

기획서 어떻게 작성할 것인가?

기획서를 잘 작성하기 위해서는 '기획서^{企劃書}' 개념을 정확히 알아야 한다. 기획서는 안건에 대한 개선이나 문제점을 해결하기 위해 방향성을 제시하면서 개선안에 대한 구체적인 방안을 모색해 그 방법을 제시하는 것이며, 제안 방향을 제시하는 데 그치지 않고 나아가 그 제안을 실행할 수 있는 구체적인 방안을 정리하여 문서화 하는 것이다.

제안 내용으로는 정해진 항목에 의해서 작성하는 것이 좋으며 기획서를 작성할 때에는 격식에 맞도록 구성하고 제안서보다 좀 더 구체적인 사안을 기재해야 효과적인 성과를 거둘 수 있도록 작성해야 한다. 즉 기획서는 문제점을 해결하는 방법을 구체적으로 제시하며 기대효과를 정성, 정략적으로 보여주는 문서이다.

기획서 유형에 따라 목표 차별화

기획서는 유형에 따라 목표를 차별화하여야 한다. 고객조사, 조직진단, 벤치마킹 같은 현상 진단형 기획서는 현상에 대해 어떤 진단을 할 것인가를 기획하는 것이다. 마케팅, 영업, HRD^{Human Resources Development, 인적자원개발)}, 서비스 등 문제 해결형 기획서는 현재 상황에 대한 해결 방안을 도출하거나 구체적인 전략을 수립하기 위한 기획을 한다. 중장기 전략, 비전 수립, 사업계획과 같은 목표제시형 기획서는 중장기 목표를 설정하고 이를 어떻게 달성할 것인가에 대한 기획을 해야 하고, 신상품 개발, 신사업 개발, 사업 수주/제안 등 사업제안형 기획서는 신규사업을 계획하거나 사업 수주 방안을 마련하기 위한 기획을 해야 한다.

기획서 종류와 작성법

기획서는 회사의 경영과 이를 위한 각 부서의 활동과 연계하여 작성된다. 기획서는 회사나 기관마다 다르겠지만 누구(무엇)를 대상으로, 무엇을 목적으로 기획을 하느냐에 따라 다양한 종류의 기획서가 있다. 사회에서 통상적으로 쓰이는 기획서에는 경영기획서, 사업기획서, 상품(콘텐츠)기획서, 마케팅 기획서, 프로모션 기획서, 영업기획서 등이 있다.

기획서별로 간단하게 살펴보면 첫째, 경영기획서는 회사의 경영을 기획하는 것으로 회사의 비전을 달성하기 위해 경영목표를 세우고 장기, 중단기 전략을 수립하는 문서이다. 둘째, 사업기획서는 신규사업을 시작하기에 앞서 기존의 사업을 분석하고 후보사업 중에서 신규로 추진할 사업을 선정하고 이에 대한 추진계획을 수립하는 기획서이다. 셋째, 상품(콘텐츠)기획서는 신상품(뉴콘텐츠)을 개발하여 상품화하고 이를 타깃고객에게 판매하기까지 프로세스에 대한 계획을 수립하는 기획서이며, 넷째, 마케팅 기획서는 마케팅의 4P(제품, 가격, 유통, 촉진)와 관련하여 개별 또는 믹스된 전략을 계획하고 수립하는 기획서이다. 다섯째, 프로모션 기획서는 제품이나 콘텐츠, 서비스에 대한 판매를 촉진시키기 위해 광고, 홍보, 판촉, 인적판매 등의 수단을 어떻게 활용할 것인가에 대한 계획을 수립하는 문서이고 여섯째 영업기획서는 가망고객을 대상으로 제품의 판매를 어떻게 할 것인지에 대한 계획을 수립하는 기획서다.

그리고 이밖에도 인력운영기획서, 자금운영기획서, 시설관리기획서, 시설구입 검토서, 투자검토 보고서, 이벤트기획서, 축제기획서, 세미나기획서, 협찬기획서 등 기획 목적, 업무분야에 따라 다양한 기획서를 작성할 수 있다.

다음은 각 기획서에 대한 기본적인 개념과 세부 작성 방법이므로 이를 참고하여 나만의 기획서를 작성하여 보면 좋을 것이다.

사업기획서

회사에서는 기존 사업에 대한 유지와 더불어 시장 환경의 변화에 따라 신규사업을 추진하게 된다. 신규사업을 추진할 때 필요한 것이 사업기획서다. 즉 사업기획서는 새로운 사업을 추진하기 위해 어떻게 할 것인가를 기획하는 것으로 사회문화적 배경 및 현황을 분석한 후 사업 내용, 조직 운영, 마케팅 계획 등을 수립하는 것이다.

사업기획서를 작성할 때 가장 우선 되어야 할 것은 시장규모 및 실행 가능 여부를 체크하는 것이다. 시장규모가 너무 작거나, 실행하기 어려운 사업은 기획할 필요가 없기 때문이다.

현재의 문제점 분석을 통해 차별화된 프로그램이 필요함을 이끌어내고 환경 분석을 통해 주장하고자 하는 것에 문제점 제기의 방식을 활용하면 좋다. 사례분석 특히, 국내외 성공 사례 및 선행 사례 분석을 통해 신사업 기획의 필요성을 부각시키며 국내외 환경 분석을 통해 사업 방향을 설정하도록 한다.

사업 방향을 바탕으로 구체적인 사업목표를 설정하며 사업목표를 수립한 후 이를 달성하기 위한 세부전략(운영프로그램)을 도표화하여 보여 주도록 한다.

사업 운영전략이 확정되면 이를 항목별로 추진할 세부계획 및 내용을 세부적으로 기술한다. 마지막으로 사업 기획을 어떻게 추진할 것인지에 대한 협의사항을 기술하며, 기획서를 보완할 참고사항은 별첨에 붙이도록 한다.

사업기획서 순서 및 구성 항목

구분	구성항목	비고
도입	• 표지, 목차	머리말
개요	• 경영기획 개요	
기획 배경	• 비전 설정, 회사 내외부 환경 분석	3C분석, 사례분석
기획 목표	• 경영 목표	매출액. 시장점유율
경영 계획 및 전략	• 장기경영전략, 사업부문별 경영전략 • 중/단기 경영목표, 중/단기 경영전략사업 부분별 세부 추진전략	장기경영예측
홍보 및 관리	• 사내외 홍보 계획 • 사내 인력 교육 및 현장점검 계획	추진일정, 매체 설정 체크리스트 활용

마케팅 기획서

마케팅은 생산자가 상품 또는 서비스를 소비자에게 유통시키는 데 관련된 모든 경영활동을 말하는 것으로 협의의 뜻으로는 판매를 의미한다. 마케팅기획은 제품, 가격, 유통, 촉진 4가지에 대한 개별 기획과 믹스, 즉 융합된 기획으로 나뉜다. 4가지 개별 기획을 살펴보면 제품기획에서는 시장환경 및 고객의 요구, 트렌드를 감안하여 신제품 개발을 기획하고, 가격기획에서는 시장 및 경쟁사 가격을 바탕으로 가격정책의 운영을 기획한다. 유통기획에서는 제품이 소비자에게 전달되는 경로를 분석하여 최적의 판매망 구축 및 인력의 운영을 기획하고, 촉진기획에서는 광고, 홍보, 인적판매, 판촉 등 각종 판매촉진의 방법에 대한 기획을 하게 된다. 특별히 마케팅의 4가지 요소는 개별적으로 쓰이는 것보다 믹스하여 활용되게 된다.

마케팅 4P 믹스기획은 4P와 관련된 각종 활동과 정책, 계획, 조직, 운영, 비용 운영 및 관리에 대한 계획을 세우는 것이다. 즉 마케팅 기획은 제품에서 가격, 유통, 촉진에 이르기까지 마케팅 4P와 관련된 기획을 하는 것이며, 모바일, 인터넷과 디지털 의 발달로 요즈음에는 온라인 마케팅에 대한 기획서도 많이 작성되고 있다. 온라인 마케팅은 오프라인 마케팅의 4P와는 별도로 콘텐츠Contents, 커뮤니케이션Communication, 커뮤니티Community, 커머스Commerce의 4C로 이루어짐도 앞에서 살펴보았다. 이는 온라인상에 만들어진 콘텐츠를 통해 네티즌들의 커뮤니케이션이 이루어지게 되면 자연스럽게 커뮤니티(공동체)가 형성되게 되고, 이를 통해 E-커머스(전자상거래)가 이루어지게 된다는 것이다.

마케팅 기획서 순서 및 구성 항목

구분	구성 항목	비고
도입	• 표지, 목차	머리말
개요	• 프로모션 기획 개요	5W 2H 기준
기획 의도	• 프로모션 및 경쟁사 분석, 프로모션 목표	숫자 목표
전략 설정	• 광고, 홍보, 판촉, 인적판매 MIX	전략도
전술 기획	• 광고, 홍보, 판촉, 인적판매 부문별 계획	매체 믹스, 보도자료
세부 계획	• 항목별 세부 추진 계획, 추진일정 추진조직(인력), 추진 예산, 기획효과	

프로모션 기획서

프로모션 기획이란 제품이나 서비스에 대한 판매를 촉진시키기 위해 광고, 홍보, 판촉, 인적판매 등의 수단을 어떻게 활용할 것인가를 기획하는 것이다. 프로모션 기획서 중 광고 기획서는 제품이나 서비스를 고객들에게 어떻게 효율적으로 알릴 것인가에 대한 매체 믹스 방법을, 홍보 기획서는 광고와는 달리 비상업적으로 사진, 보도자료 등을 통해 이미지를 효과적으로 알리는 방법을 기획하는 것이다. 판촉 기획서는 단기간에 타깃 고객에게 직접적인 방법으로 판매를 증대시키기 위한 활동을 기획하는 것이며, 인적 판매기획서는 사람을 통해 판매를 촉진시키는 방법을 기획하는 것이다.

판촉 기획서 중 가장 많이 작성되는 것은 이벤트기획서로 회사와 신제품을 알리는 발표회, 임직원 단결을 위한 체육대회, 고객을 대상으로 제품을 홍보하는 체험행사 등이 있으며, 최근에는 국가, 관공서, 지자체에 대한 이벤트기획(축제, 도시재생 등)이 활발히 이루어지고 있고 글로벌화 되어가는 시점에서 해외 이벤트(월드컵, 올림픽연계 스포츠 프로모션 등)를 기획하는 사례도 늘고 있다. 그리고 이벤트기획서는 타깃과의 커뮤니케이션을 위한 온오프라인 상에서 시행되는 활동으로 5W2H(언제, 어디서, 누가, 무엇을, 어떻게, 왜, 얼마나)에 맞추어 기획해야 한다.

프로모션 기획서 순서 및 구성 항목

구분	구성항목	비고
도입	• 표지, 목차	머리말
개요	• 프로모션 기획 개요	5W 2H 기준
기획 의도	• 트렌드 및 경쟁사 분석, 프로모션 목표	숫자 목표
전략 설정	• 광고, 홍보, 판촉, 인적판매 부문별 기획	전략도
전술 기획	• 광고, 홍보, 판촉, 인적판매 부문별 계획	매체 믹스, 보도자료, 이벤트, 판매원 교육 등
세부 계획	• 항목별 세부 추진계획, 추진일정 추진조직(인력), 추진 예산, 기획효과	

기획서를 작성할 때 유의할 점

기획서를 작성할 때 문제점은 무엇인가?

조미나 세계경영연구원 교수와 이경민 세계경영연구원 선임연구원은 기획서, 보고서 등에 대해 기업 대표들이 어떻게 생각하는지 세 가지의 질문을 하고 다음과 같은 결과를 얻었다.

① '직원들의 잘못된 보고서로 인해 의사결정을 할 때 그릇된 판단을 한 경험이 있습니까?' 라는 질문에 82%가 있다고 답변하였다.

② 보고서의 만족에 대한 질문에 '만족한다'는 21%에 불과했다.

③ 보고서에 만족하지 못하는 이유에 대해 '정보 및 근거가 적음'이 55%였다.

이 조사의 결과를 볼 때 대부분의 기획서, 보고서에 대해 기업의 대표를 비롯한 임원들이 만족하지 못 하고 그 이유로 정보와 근거가 적기 때문이라고 답하였다. 기획서는 경영자의 의사결정을 위해 꼭 필요한 것이다.

기획서의 오류를 줄이려면 작성자가 상사에게 중간 중간 방향과 내용이 맞는지를 확인하고, 관련 부서, 협력회사 등과의 의견조율이 필수이다. 특히 작성자가 사실을 그대로 보고하지 않고 본인의 주관적인 해석으로 보고하면 회사의 경영에 심각한 피해를 줄 수도 있다. 잘못된 기획서/보고는 그릇된 판단과 결정을 낳는다. 그러므로 기획서와 보고서는 정확한 사실과 이에 대한 방향성을 분명히 정립하여 보고하는 것이 생명이다.

그렇다면 기획서와 보고서는 어떻게 작성해야 할까?

좋은 기획서와 보고서에 대한 설문조사를 해보니 첫째, '사실에 근거해 작성된 보고서', 둘째, '간단명료한 보고서'를 꼽았다. 즉 상사들은 '장황하지 않으면서도 필요한 정보와 정확한 사실 근거를 담은 보고서'를 원한다. 인터넷에서 그대로 내용을 가져오거나 이전에 작성한 문서를 베끼는 것은 절대 좋은 기획서, 보고서가 될 수 없다. 그러므로 우리는 기획서와 보고서 작성 방법에 대한 기본을 정확히 숙지하고 이에 맞추어 사실에 근거하고 간단명료한 기획서와 보고서를 만들어야 할 것이다.

지금까지 우리는 기획의 개념과 프로세스, 기획서의 종류에 대해 살펴보았다.

이제 생각한 콘텐츠를 타깃, 고객의 마음속에 심어주기 위해 기획한 내용을 기획서로 작성하는 방법에 대해 알아보도록 하겠다. 무슨 일을 할 때에 바로 시작하는 것보다 잠시라도 생각을 하고 시행 방향과 방법을 결정한 후에 일을 시행하는 것이 훨씬 효과적이다. 이처럼 기획서를 작성할 때에도 바로 PC 앞에서 기획서를 작성하는 것보다는 어떻게 작성할 것인가 를 고민한 후에 방향을 결정하고 이에 맞추어 기획서를 쓰는 것이 좋다. 즉 기획서의 직접 작성에 앞서 기획안을 분석하고 어떠한 정보를 수집하여 어떻게 전략을 수립하고 실행할 것 인지를 계획한 후에 기획서를 작성해야 한다.

기획서 작성을 위한 기획 배경 분석

기획서를 잘 작성하기 위해서는 가장 먼저 기획의 목적, 목표는 무엇인지, 어떻게 기획서를 작성할 것인지에 대한 분석을 해야 한다. 기획할 내용을 중심으로 첫째, 무슨 일이 일어나는지, 둘째, 문제는 무엇인지, 셋째, 어떻게 해결할 것인지, 넷째, 목표를 어떻게 달성할 것인지 등에 대해 고민하고 기획 방향 및 방법을 결정해야 한다.

첫 단계로서 기획을 위한 기획의 배경 분석을 하도록 한다.

어떠한 일이든 이와 관련하여 기획서를 작성하고자 할 때에는 가장 먼저 문서를 왜 작성해야 하는지 목적을 분명히 파악해야 한다. 즉 기획서의 기획 배경을 확실하게 알고 난 후에 문서 작성을 해야 한다. 기획 배경을 분석하기 위한 방법으로 3P 분석법이 있다. 3P란 기획 목적Purpose, 기획 포인트Point/강조점, 기획 대상People/타깃을 말하는 것으로 기획의 배경을 분석하기 위해서는 이에 대한 철저한 분석이 선행되어야 한다. 기획서 작성의 1단계로 기획배경 분석의 첫 번째는 '기획목적' 분석이다.

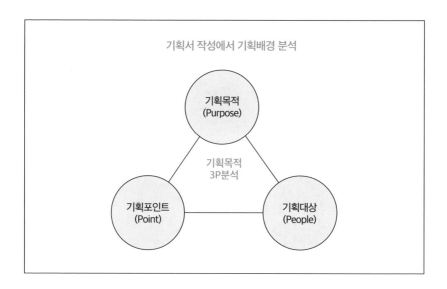

기획서 작성에서 기획배경 분석

기획목적
(Purpose)

기획목적
3P분석

기획포인트
(Point)

기획대상
(People)

기획의 목적은 무엇인가? 기획의 목적을 파악하기 위해서는 제일 먼저 기획 배경을 알아야 한다. 기획 배경은 기획의 출발점이다. 기획 배경을 알아보기 위해서는 프로젝트를 중심으로 한 환경 분석, 우리 회사의 현황과 환경과의 관계, 기획의 동기나 계기에 해당하는 사항을 파악해야 한다. 예를 들어 새로운 OTT 콘텐츠를 개발하는 경우에는 첫째, OTT 현황에 대한 국내외 온오프 자료를 살펴봐야 하며, 둘째, 성공 사례를 분석하고, 셋째 OTT 전반에 걸친 트렌드 및 환경을 살펴봐야 한다.

기획의 목적을 알아보기 위해서는 회사환경, 경쟁사 및 고객 동향 등 시장환경을 조사해야 한다.

① 회사환경이란 회사의 경영활동과 관련된 회사 내외의 모든 환경을 말한다.

② 경쟁사 동향이란 경쟁제품 및 이를 생산하는 회사와 관련된 모든 정보 및 활동을 말하는 것으로 경쟁제품 담당인력(개발, 생산, 기획, 마케팅, 광고, 홍보, 판촉, 디자인)의 이름, 전화번호, 성향(기획성향, 취미, 선호 항목 등) 등에서부터 경쟁사의 경영 현황, 마케팅 활동, 영업정책, 매체 홍보 내용, 디자인 제작물 등에 이르기까지 세부적인 부분까지 파악해야 한다.

③ 고객 동향이란 회사에서 제공하는 상품 및 서비스에 대한 고객의 반응과 전체적인 고객 기호, 트렌드 등을 말한다.

고객 동향을 파악하는 것이 기획의 목적을 분석하는 데 가장 중요하다. 이는 고객이 직접 제품을 선택하고 구매하기 때문이다. 이에 기획서를 작성하기 전에 현장에 나가 고객의 구매형태 및 기호를 파악하고 사회문화적 이슈 및 트렌드를 분명히 파악한 후 이를 기획의 목적에 반영해야 한다. 이밖에도 기획이 누구로부터 주어졌는지, 왜 해야 하는지, 기획의 범위는 어디까지인지, 사회적 배경은 어떠한지 등 기획대상과 관련된 제반 환경을 면밀히 분석해야 한다. 이상의 여러 관점에서 기획의 배경을 살펴보고 기획 목적을 도출해내야 한다. 기획안을 작성하기 전에 회사 내 프로젝트에 대한 관심도를 체크하고 경쟁사와 고객의 동향을 살펴보기 위해 현장 조사를 한 후 기획 목적을 정립하는 것이 좋다.

보통 기획서를 작성하게 되면 많은 사람들이 왜 작성해야 하는지를 생각하지 않고 그저 시키니까 한다고 대답을 한다. 문서를 작성할 때 이처럼 아무 생각이 없이 주어진 일이니까 해야 된다는 수동적인 문서를 내놓을 수밖에 없다. 기획서를 작성할 기회가 주어지면 시행 방향이 무엇인지, 왜 해야 하는지, 어떻게 할 것인지 등에 대해 능동적이고 긍정적인 자세를 가져야 하며, 가장 먼저 기획 의도와 왜 하는지 등의 문서 작성의 목적을 생각해야 한다.

문제가 주어졌을 때 잘 해결하기 위해서는 문제의 의도를 잘 파악해야 한다. 학창시절 선생님들이 "문제만 잘 읽어도 답을 알 수 있다"고 하는 말처럼 문제 속에서 원하는 목적을 발견하고 답으로 이끌어 내야 한다. 이를 위해 '왜'라는 생각을 가지고 문제를 바라보는 시각을 가져야 한다. 특히 기획목적, 즉 기획배경을 쉽게 파악하기 위해서는 3가지 눈으로 문제를 바라보아야 한다.

① '상사의 눈'이다. 상사의 입장에서 주어진 기획이 어떤 목적을 가지고 있는지를 알아야 한다.

② '고객의 눈'이다. 기획한 콘텐츠를 향유할 고객의 입장에서 기획하

는 목적이 타당 (적합)한지를 체크해야 한다.

③ '경쟁사의 눈'이다. 경쟁사의 입장에서 기획하는 목적에 대해 어떻게 생각할 것인가를 살펴봐야 한다.

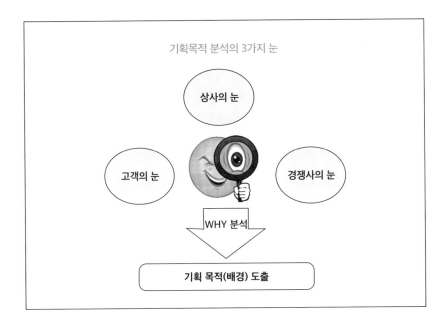

기획서 작성을 위한 3P 분석의 두 번째는 '기획 포인트 분석'이다. 기획 포인트란 콘텐츠를 기획할 때 강조해야 할 요점을 말하는 것으로 포인트를 체크하기 위해서는 기획 대상에 대해 문제의식을 가져야 한다.

그렇다면 어떠한 문제의식을 가지고 출발해야 할까?

기획의 목적에서 살펴봤듯이 프로젝트를 둘러싼 고객, 회사, 경쟁사의 입장에서 문제는 무엇인지를 파악하고 이에 대한 해결 방안을 포인트로 선정해야 한다. 기획 포인트를 찾기 위해 자료를 조사할 때는 인터넷과 판매현장과 같은 회사 외적 요소와 더불어 회사 내부를 찾아봐야 한다.

내외부의 자료를 조사하고, 정리하여 기획 포인트를 설정한다.

기획서를 작성할 때 가장 중요한 것은 분명한 목표를 가지는 것이다. 즉 기획의 포인트를' 무엇을 위한 것인지에 두고 이를 명확히 하기 위한 방법을 확실히 강구해야 한다.

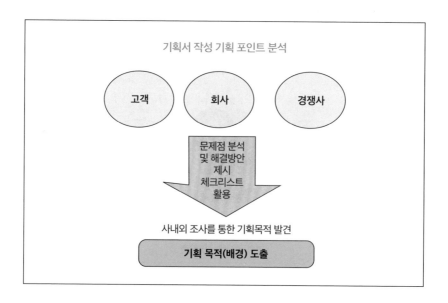

기획서 작성을 위한 가설 설정

기획서의 단계 및 방향, 구성항목을 설정하기 위해서는 가설이 필요하다. 기획에 대한 문제의식을 가지고 배경을 확인한 후에 본격적으로 기획서를 어떻게 작성할 것인가를 고민하기 위해 가설 설정을 해야 한다.

그렇다면 가설hypothesis이란 무엇인가? 사전적 의미로 '일련의 현상을 설명하기 위하여 어떤 학설을 논리적으로 구성하는 명제'라고 나와 있다.

쉽게 말하자면 가설이란 정보수집 과정이나 분석 작업을 시작하기 전에 미리 생각해 두는 '임의의 해답'이다. 보통 기획을 하기 위해서는 '정보수집 → 정보 분석 → 기획'의 과정을 따른다. 그러나 정보가 기하급수적으로 늘어나고 변화의 속도가 빨라져서 최단시간 내에 문제를 해결하기 위해서는 '가설 → 정보수집 → 정보분석 → 기획'의 방식을 사용한다. 이것이 가설사고 프로세스이다. 가설 사고 프로세스를 좀 더 구체적으로 살펴보면 4단계로 나누어 볼 수 있다.

1단계는 가설 스토리를 구성하는 것으로 '현상 → 분석 → 원인 또는 문제 → 해결 방안 도출'을 하는 것이다.

2단계는 정보 수집으로 원인 또는 문제를 해결하기 위한 자료(증거) 수집하는 것이다.

3단계는 정보 분석으로 현상 분석, 문제점 분석 등 정보 추출 기술 필요하다.

4단계는 기획방향 도출이다. 미래에 대한 시나리오를 수립할 때도 가설사고를 활용하면 큰 도움이 된다.

우리는 기획을 하려고 할 때 수많은 시나리오를 설정하게 된다. 다양한 시나리오 중에서 가장 가능성이 높은 3~4가지를 추려내어 가설 사고로 활용하면 해결 방안을 도출하는 데 매우 효과적이다.

다음은 좋은 가설을 세우는 방법이다. 좋은 가설을 세우려면 다양한 시각을 가져야 한다.

첫째, 고객(소비자)의 입장에서 바라보는 것이고, 둘째는 현장의 관점에서 보는 것이다. 셋째는 경쟁사의 관점에서 보는 것이며. 넷째, 제로베이스(zero base, 백지상태), 즉 문제의 출발점으로 돌아가서 생각해 보는 것이다.

가설 설정을 통해 우리는 기획의 방향과 이를 통한 기획서의 전개 단계, 구성항목 등에 대한 계획을 세울 수 있다. 즉 가설 설정을 통해 기획서 작성을 위한 초안을 잡을 수 있는 것이다.

다음은 가설을 통해 초안을 작성하는 순서이다.

① 종이와 연필(샤프), 지우개를 준비한다. 초안은 노트북(PC)에 키보드로 치는 것보다 종이에 연필로 적는 것이 생각을 하면서 초안을 잡을 수 있는 좋은 방법이다.

② 기획배경 분석과 가설 설정을 통해 정리한 자료를 바탕으로 기획서를 어떻게 작성할 것인가에 대한 순서와 내용을 생각한다.

③ 기획서 작성에 대한 생각이 정리되면 제일 먼저 제목과 작성 날짜를 쓴 후 작성 순서에 맞추어 하나씩 적어야 한다.

④ 각 항목별 내용을 적을 때는 세부적인 일정과 해야 할 일, 준비할 자료, 협조를 받을 사람 등을 세부적으로 명기한다.

⑤ 초안이 작성되면 기획서 작성을 지시한 상사, 선생님이나 함께 기획하는 팀원들에게 보여준 후 문제점이나 수정, 보완해야 할 부분은 없는지 피드백을 받는다.

이상과 같은 방법을 기본으로 기획의 규모 및 내용에 맞추어 초안을 작성하면 되는데, 이렇게 초안을 작성하면 기획서에 대한 전체적인 윤곽을 잡을 수 있다. 필자는 삼성전자 재직 시절, 선배들로부터 종이에 초안을 작성한 후 기획 방향을 잡고 기획서를 작성했다.

기획서 컨셉 잡기

기획서 작성을 잘하기 위해서는 기획서의 핵심이며 목표인 컨셉을 잡아야 한다. 기획을 하면서 가장 어렵고 시간이 많이 걸리는 것이 컨셉을 잡는 것이다. 컨셉을 추출한 다음에는 자연스럽게 이를 충족시키고 달성하기 위한 전략과 세부적인 전술을 쉽게 수립할 수 있기 때문이다.

그렇다면 '컨셉'이란 무엇인가?

사전을 찾아보면 철학적으로는 개념, 일반적으로는 구상, 발상을 뜻하며, 기획서에서의 컨셉이란 '독창적인 발상'을 뜻한다. 즉 문서를 작성할때 컨셉은 다른 기획서와 차별화되는 그 문서만의 독특한 포인트라 할 수있다.

컨셉은 대상의 특징을 한마디로 표현하는 것이다. 즉 컨셉은 기획의 핵심이며, 구체적으로 표현할 수 있는 명확한 개념이다. 모든 프로젝트 기획의 시작은 컨셉을 잡는 것으로 시작된다. 이를 위해 우리는 앞에서 기획안 분석, 가설 설정, 정보 수집 및 정리를 하였던 것이다.

예를 들어 컨셉의 기능을 새로운 콘텐츠에 적용해 보면 다음 표와 같다.

명확한 방향 설정, 정확한 타깃 선정, 경쟁상대 파악으로 컨셉 기능을 나누고 이를 새로운 콘텐츠기획에 적용하기 위해 누구에게 어떻게 포지셔닝을 할 것인지, 목표고객을 누구로 할 것이며 어떠한 편익을 제공할 것인지 타깃팅을 하며 경쟁 콘텐츠와 차별화하기 위해 포인트를 어떻게 할 것인지를 정하는 것이다.

그리고 컨셉은 어디에 사용하느냐에 따라 다르게 표현되어야 한다. 예를 들어 마케팅 기획서를 쓸 경우에는 마케팅 컨셉을, 신제품개발기획서를 쓸 때는 신제품 컨셉을, 광고 기획서를 쓸 때는 광고 컨셉을 설정해야 한다.

기획서 작성을 위한 컨셉 잡기

컨셉기능	새로운 콘텐츠기획에 적용	가이드
명확한 방향 설정	• 콘텐츠를 누구에게, 어떻게 포지셔닝시킬 것인가?	포지셔닝
정확한 타깃 설정	• 콘텐츠의 목표고객을 누구로 할 것인가? • 목표고객에게 어떠한 편익을 제공할 것인가?	타깃킹
경쟁 상대 파악	• 어느 콘텐츠와 경쟁해야 하는가? • 경쟁 콘텐츠와의 차별화 포인트는 무엇인가?	컨셉 차별화

차별화된 컨셉을 만들기 위해서는 타깃들의 욕구를 충족시키고 신뢰를 줄 수 있어야 한다. 다음 표를 참고하여 신제품의 컨셉을 구하는 데 활용하면 된다.

구분	질문	답
연관성	• 신제품은 무엇과 연관되어야 하는가?	
차별화	• 신제품은 어떻게 차별화 되어야 하는가?	
독특함	• 경쟁제품과 차별화 되는 신제품의 특장점은 무엇인가?	

위의 질문에 대한 답(타깃과의 연관성, 경쟁사와 차별화 특장점)을 가지고 이를 한마디로 표현할 수 있는 문구를 설정하는 것이 '컨셉'이다.

컨셉 평가 기준 및 체크포인트

컨셉을 정하기 위해서는 아래 기준에 따른 평가를 한 후 적합한지를 체크리스트를 통해 살펴보고 적합하면 활용한다.

구분	평가기준	체크포인트
내용	• 제품의 우수성(력신성) 표현 • 사용자의 경제성 추구 • 회사(제품)의 방향성과 일치 • 경쟁 상황 고려 • 브랜드 이미지 포함 • 시장의 규모, 성장률 반영	• 보기와 읽기 쉬운가? • 누구나 쉽게 이해할 수 있는가? • 브랜드명이 포함되어 있는가? • 특장점을 명확하게 설명하고 있는가? • 타깃 혜택이 분명하게 표현되어 있는가? • 구매욕구를 불러 일으키는가?

그럼, 이처럼 중요하고 기획서 작성에 꼭 필요한 컨셉을 어떻게 잡을 수 있을까?

컨셉을 설정하는 데는 3가지 기준이 있다.

① 연관성이 있어야 한다.

기획 대상과 컨셉은 상호간에 밀접하게 연관되어야 하기 때문이다. 사례로 유한킴벌리의 우리강산 푸르게 캠페인을 들 수 있다.

② 차별화가 되어야 한다.

다른 기획서의 컨셉과 차이가 없다면 기획은 무용지물이 될 것이다. 사례로 씨푸드 뷔페, 바디용품 전문샵 등을 들 수 있다.

③ 독특해야 한다.

독창적이고 특이한 컨셉만이 가장 빠르고, 확실하게 타깃의 마음을 사로잡을 수 있다. 사례로 물먹는 하마, 미세먼지 제로 공기청정기, 무풍 에어컨 등을 들 수 있다.

성공하는 컨셉을 만들기 위해서는 타깃들의 욕구를 충족시키고 신뢰를 줄 수 있어야 한다.

컨셉을 추출하기 위해서는 컨셉을 둘러싼 다양한 요소에 대한 정확한 파악이 필요하다. 컨셉 주위의 요소로는 타깃의 니즈[Needs], 제품 형태, 디자인, 제품의 특장점, 브랜드, 크기 및 가격 등이 있다. 컨셉은 이러한 요소들을 믹스[MIX]한 후 핵심어, 키워드로 축약해야 한다.

다음 도표는 컨셉을 어떻게 설정하는가의 Flow를 살펴본 컨셉 추출도이다.

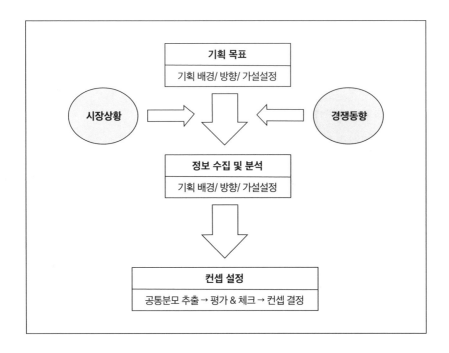

컨셉 설정을 위해서는 다음과 같이 2단계를 거쳐야 한다.

1단계는 콘텐츠 프로젝트를 둘러 싼 다양한 정보 중 공통분모를 추출하는 것이고, 2단계는 공통분모로 추출한 몇 가지의 컨셉을 평가하고 체크하여 최종 컨셉을 결정하는 것이다.

컨셉을 추출하여 컨셉을 정한 후에는 다음 기준에 따라 컨셉을 작성하도록 한다.

첫째, 고객에 대한 혜택을 강조하는 것이고, 둘째, 콘텐츠가 눈에 띄도록 노출하는 것이며, 셋째, 타깃의 눈길을 끌도록 디자인하고, 넷째, 짧은 문구로 임팩트 부여하며, 마지막으로 트렌드와 고객 기호를 반영하여 컨셉을 작성하면 된다.

기획서 전략 프로세스 수립

기획의 뼈대를 만들기 위해서는 전략을 수립하는 프로세스를 보다 정확하게 인식하고 이를 바탕으로 전략도를 만들어야 한다.

첫 번째로 전략을 수립하기 위해서는 지금까지 살펴본 기획안 분석, 가설 설정, 정보 수집, 컨셉 추출을 바탕으로 "3C-STP-4P&4C 분석"을 통해 전략의 기본체계를 구축해야 한다.

다음은 "3C-STP-4P&4C" 자료를 가지고 만든 전략기획서 사례의 작성 단계별 내용이다.

기획서 작성을 위한 전략 프로세스

단계	항목	내용	비고
1	시장현황	총수요, 경쟁사, 자사	
2	환경분석	외부 환경, 내부 환경	3C/ SWOT 분석
3	목표설정	경영목표, 시장점유율 방향	
4	경영계획	매출, 수량. 시장점유율, 단가, 손익	계수 목표 수립
5	전략 방향 도출	중점 판매전략	
6	세부 전략	4P 전략	4C 전략
7	실행계획 수립	Product, Price, Place, Promotion	체크리스트
8	비용 운영계획	인건비, 재료비, 광고홍보/ 행사비 등	매출액 대비 설정

시장현황 분석을 시작으로 환경 분석을 통해 목표를 설정하고 기업의 경영계획에 맞추어 전략 방향, 즉 컨셉을 도출하고 이를 실천하기 위해 4P 전략으로 세부전략을 잡은 후에 실행 계획 및 비용운영 계획을 잡았

다. 이러한 프로세스는 기본적인 예시 안이므로 프로젝트 기획 목표와 기획배경에 맞추어 차별화하여 작성해야 한다.

전략 수립 프로세스가 확립되면 이 중에서 가장 핵심인 전략에 대해 한눈에 볼 수 있도록 정리한다. 마치 군대에서 지휘관에게 브리핑할 때 작전계획을 한눈에 볼 수 있도록 차트로 만드는 것처럼 프로젝트 전략을 한눈에 이해시키기 위해서는 전략을 효율적으로 나타낼 수 있는 '전략도'가 있어야 한다. 전략도는 다음과 같은 방법으로 작성한다.

첫째, 프로젝트의 비전을 세우고, 둘째 비전을 달성하기 위한 부문별 전략 목표를 잡은 후 셋째, 부문별 전략 목표를 수립하기 위한 전략 방향 및 세부 추진계획을 수립하는 것이다.

기획서 작성을 위한 실행계획 체크

전략 수립 프로세스가 확정되고, 이에 대한 전략도가 완성되면 본격적으로 기획서를 작성하게 된다. 그런데 기획서의 완성도를 높이고 실행력을 높이기 위해서는 반드시 기획서를 작성하기 전에 계획한 전략 수립 프로세스가 잘 작성되었는지, 실행이 가능한지, 문제점은 없는지 등에 대해 체크해야 한다. 즉 기획서를 작성하기 위한 모든 준비(배경 분석, 가설 설정, 정보수집 및 분석, 컨셉 설정, 전략 수립 프로세스 확립, 전략도 완성 등)가 끝나면 성공적이며 원활한 프로젝트 수행을 위해 최종적으로 실행 계획에 대해 체크가 이루어져야 한다.

실행계획은 제품, 가격, 유통, 촉진 등 마케팅에 대한 부분과 더불어 인력운영, 추진 일정, 예산 등 전략을 수행하기 위해 각 부분에서 수립된 전략 및 실행 방법에 대해서도 검토가 이루어져야 한다.

그리고 이를 위해 각 부문별 체크 항목을 설정하고 어떻게 체크할 것인지에 대한 체크리스트를 작성한다.

실행계획 체크 1단계, 체크항목 설정

기획서 작성에 대한 개략적인 방향과 구성할 내용이 정해지면 이에 대한 사전 점검을 하는 것이다. 계획에 대한 점검을 위해서는 구체성이 요구되며, 이를 위해 체크항목을 설정해야 한다. 체크할 항목은 무엇에 대한 실행 계획인가에 따라 달라진다. 보통의 경우, 마케팅과 지원 부문, 그리고 기타 부문에 대해 체크하게 된다. 마케팅은 콘텐츠, 제품(브랜드), 가격, 유통, 판매촉진 등 4P와 관련된 부분을, 지원 부문은 기술(개발), 구매, 생산, 정보, 인사, 재무, 시스템 등 마케팅 지원을 위한 인프라 부분을, 기타 부문은 일정, 고객, 법규, 경쟁사 등에 대한 부분을 살펴봐야 한다. 기획서를 작성할 때의 체크항목은 다음과 같다.

① 목적 및 목표에 맞는가.

② 아이디어는 참신한가.

③ 다각적인 대체 안을 검토하였는가.

④ 문제점과 이에 대한 해결 방안은 있는가.

⑤ 실현가능한 기획안인가.

⑥ 기대효과를 정확히 나타내고 납득할 수 있는가.

⑦ 추진일정에 무리는 있지 않은가 등이다.

체크리스트란 체크할 대상에 대해 평가 하거나 점검할 때 여러 가지 기준에 대한 질문을 나열한 것이다. 무슨 일이든 시행하기 전에 체크리스트를 작성하여 실행 항목별로 살펴보게 되면 실천도를 높이고 시행결과에 대해 중간 평가를 함으로써 목표 달성도를 높일 수 있다.

그러므로 체크리스트는 기획서를 작성하기 전 단계에서 작성되어야 한다. 경영활동은 "Plan-Do-See"의 단계로 이루어져 있어 계획^(Plan)하고 실행^(Do)한 후에 점검^(See)하는 것으로 되어 있지만 실행력과 효과를 극대화하기 위해서는 계획 단계에서 점검하는 것이다. 즉 "Plan-Check-Do-See"로 추진하는 것이 좋다. 그리고 기획서 작성을 준비할 때 수록할 내용을 빠짐없이 체크하기 쉽지 않으므로 기획자들은 '체크리스트'를 활용해야 한다.

체크리스트를 활용하면 실수를 줄이고 합리적으로 문서를 작성하는 데 많은 도움을 받을 수 있다. 체크리스트를 작성할 때는 '중요한 것부터 순서대로' 작성한다. 체크리스트는 기획서, 보고서의 내용이나 체크할 대상에 따라 다르게 작성되어야 하겠지만 우선적으로 무엇이 중요한 사항인지들을 생각해본 후 작성하도록 한다.

다음은 콘텐츠 프로젝트를 기획할 때 사용되는 체크리스트 사례이다. 아래의 도표를 보면 항목별로 체크 내용과 점검 포인트를 5W2H에 맞추어 무엇을 체크해야 하는지 쉽게 알 수 있도록 작성하였다.

이처럼 체크리스트는 체크 항목별로 누가, 언제, 어디서, 무슨 내용을, 어떻게 체크할 것인가를 적어 놓는다. 체크리스트 양식은 다양하므로 무엇이 중요한 사항인지 점검해 보고 현재 준비 중인 콘텐츠 프로젝트나 기획서에 대한 자신 만의 체크리스트를 만들어 보면 좋겠다.

콘텐츠 프로젝트 기획 체크리스트

구분	항목	체크내용	점검포인트
왜	배경	사회문화적 이슈 시장상황, 경쟁사 동향	프로젝트에 대한 시행이 요구되고 있는가?
	목적	질적, 양적 목표	구체적이며, 실현 가능한가?
언제	시기	시행 시기	최선의 결과를 얻을 수 있는 적절한 시기인가?
어디서	지역	시행지역(국내와, 온오프)	지역에 밀착되어 있는가? 지역 여건을 잘 반영하였는가?
누가	주제	시행 주제	추진의사와 책임이 분명한가?
무엇을	컨셉	기획 목적	프로젝트를 명확히 표현하고 있는가?
	전략	추진 전략	프로젝트의 컨셉과 비전에 부합되는가?
	실행계획	추진 전술	전략을 명확하게 반영하였는가? 전략과 연계성을 갖고 있는가? 구체적이며, 실현가능한가? 차별화된 방법인가?
	명칭	프로젝트 명	이해하기 쉽고, 매력적인가?
어떻게	방법	6하 원칙에 따라 설명	효과적인 추진 방법인가? 경쟁지와 차별화된 방법인가?
	성과	성과지표	정량/ 정성적으로 측정 가능한가?
	일정	준비 및 추진일정	무리한 일정은 아닌가? 위험요소도 고려한 일정인가?
얼마나	비용	프로젝트 관련 제반 비용	가용자원의 효율적인 배분인가?

기획서 구성 및 포인트

기획안 분석으로부터 가설설정, 정보수집을 거쳐 컨셉, 전략, 실행계획의 체크리스트까지 작성 계획이 준비되면 이제 본격적으로 기획서를 작성하게 된다. 기획서 작성은 구성 및 목차부터 키워드설정, 레이아웃 등 기획서의 형식을 정하고 이후에 세부 계획을 작성한 다음에 보강과 수정을 하여 최종 기획서를 완성하게 된다.

이제 기획서 작성을 위한 구체적인 방법을 살펴보겠다.

우리는 기획서를 작성하기에 앞서 여러 가지 준비할 것들을 앞에서 알아보았다. 모든 것이 준비되었으니 이제 기획서를 작성하면 될까?

아니다. 요리를 할 때에 재료가 다 준비되었다고 해도 바로 요리를 하는 것이 아니라 어떻게 조리할 것인가에 대해 생각을 하고 요리를 하거나 조리법Recipe을 보고 순서에 따라 요리를 해야 맛있는 요리를 만들 수 있는 것처럼 기획서를 작성할 때도 기획할 준비가 되었다고 바로 책상에 앉아 PC로 문서를 작성하는 것이 아니라 준비한 자료를 어떻게 구성하고 어떠한 방식 에 따라 기획서를 꾸며갈 것 인지를 생각부터 해야 한다. 즉 기획할 문서를 어떻게 작성할 것인가에 대한 전체 구상과 편집 방향에 대해 먼저 초안을 잡고, 이를 함께할 사람들과 협의 하여 작성 방향을 결정한 후에 기획서를 작성한다.

기획서 작성의 첫 단계는 전체 내용을 어떻게 순서를 정하여 조화롭게 구성할 것인가에 대해 구상을 하는 것이다. 기획할 내용을 순서로 정리한 것이 바로 기획서의 기본 구성요소이다. 다음은 기획서의 기본 구성요소이다.

- 명칭 : 기획서의 명칭
- 배경 : 왜 기획을 하는지를 정확하게 이해할 수 있도록 설명

- 조건 : 기획의 전제조건이 무엇인지를 제시
- 현황 : 기획 대상을 둘러싼 국내외 온오프 환경 분석 (SWOT, PEST 분석 등)
- 목적 : 기획을 통한 목표로 숫자로 구체화
- 내용 : 목표달성을 위한 세부적인 실천방법 및 수단을 상세하게 기술

이러한 기획서의 기본 구성요소는 설득력을 높이기 위해 필수적이며, 문서의 종류에 따라 비용, 일정, 업무분장 등의 내용이 추가 될 수 있다.

그리고 문서의 전체 구성을 생각할 때 고려해야 할 2가지 포인트가 있다.

① 누구를 위한 문서인가를 생각하고 대상에 맞게 문서를 작성해야 한다.

좋은 문서의 구성은 읽는 대상의 수준, 눈높이, 성향 등을 고려하여 보기 좋고, 읽기 편하고, 이해하기 쉽게 문서를 작성한 것이다. 이를 위해 문서가 누구에게 보고되고, 누가 검토하며, 누가 결정하는지 대상을 사전에 파악해야 한다.

② 논리적으로 내용을 전개해야 한다.

좋은 문서는 내용의 전개가 물 흐르듯 흘러가야 한다. 문학작품을 서술할 때, 첫머리를 던지고 이를 받아 전개하며 뜻을 전하고 결론을 맺는 기승전결起承轉結의 방법을 문서를 작성하며 논리적으로 내용을 전개할 수 있을 것이다. 주의할 점은 작성자의 논리도 있겠지만 문서를 읽는 대상의 이해에 맞추어 논리를 전개해야 한다. 즉 문서를 구성할 때에는 문서를 읽는 대상이 편하게 보고 기분 좋게 승인할 수 있도록 구성하면 된다. 이를 위해서 문서를 어떻게 작성해야 할까를 고민하고 문서 구성의 내용을 결정하면 될 것이다.

기획서 편집 방향과 키워드 정리

기획서의 전체 구성이 결정되면 문서를 보기 좋고, 읽기 쉽게 내용을 편집해야 한다. 편집 방향은 문서의 내용, 디자인, 보는 사람의 기호에 맞춰 작성한다. 기획서의 편집 방향은 문서 작성의 목적을 명확히 보이게 해야 한다. 이를 위해 주요 메시지가 분명히 들어가게 하며, 요구 조건이 확실히 드러나게 주요 메시지, 키워드를 전략적으로 배치한다.

그리고 전달하고 싶은 정보의 위치를 잘 설정하기 위해 질문을 예상하고 답하고, 어려운 용어, 새로운 용어는 설명을 붙인다. 특히 문서를 돋보이게 만들기 위해 시각적 효과, 키워드, 간략한 문장, 도표, 이미지를 활용하며 검토자의 기호에 맞추어 편집한다. 마지막으로 올바른 단어와 맞춤법에 유의한다.

다음은 기획서의 키워드Keyword를 정리하는 것이다. 기획서를 볼 대상(상사, 광고주, 투자자, 고객 등)은 바쁜 경우가 많으므로 문서는 간단명료하고 짧게 작성하여 보고하는 것을 좋아한다. 간단명료하고 임팩트Impact 있는 문서를 작성하기 위해서는 문서에 사용되는 단어도 이해하기 쉽고 기억하기 용이한 것을 선택한다. 이를 위해 내용을 함축적으로 표현할 수 있는 핵심어, 즉 키워드로 정리하여 문서작성에 반영하는 것이 좋다.

키워드란 원래 컴퓨터 관련 용어로 데이터를 검색할 때 특정한 내용이 들어 있는 정보를 찾기 위하여 사용하는 단어나 기호로 열쇳말이라고 할 수 있다. 즉 키워드란 전달하거나 표현하고자 하는 내용을 한마디로 말하는 것이다. 요즘은 키워드는 검색어란 뜻으로 온라인상에서 매우 활성화되어 키워드 광고, 키워드(검색어) 순위가 있을 정도로 사람들은 키워드에 민감하다. 인터넷상에서는 검색엔진에서 키워드를 상위에 랭크 시키기 위해 제목과 함께 키워드 작성을 매우 중요시 한다. 그러므로 우리는 키워드를 활용하여 문서를 통해 전하고자 하는 목적을 분명하고 차별화되게 전달해야 할 것이다.

키워드 선택 및 작성은 첫째, 이해하기 쉬운 키워드를 사용하는 것이다. 이를 위해 타깃이 평소에 잘 사용하는 단어나 표현을 키워드로 활용한다.

둘째, 유행하는 키워드를 사용한다. 최근 인기 있는 콘텐츠(영화, TV 프로그램, OTT, 웹툰, 트렌드, 책 등)와 관련된 키워드를 사용하여 문서에 대한 주목률을 높인다.

셋째, 검색어 순위를 참고한다. 주요 포털이나 신문에서 일별, 주별, 월별로 분야별 검색어 순위를 발표하니 이를 참고하여 기획서에 키워드로 활용한다.

넷째, 타깃의 관심이 높은 키워드를 사용한다. 신문이나 방송, 인터넷을 살펴보면 헤드라인이나 조회수 등을 통해 타깃의 관심이 높은 키워드를 발견할 수 있으니 이를 키워드로 적극 사용한다.

기획서, 제목과 목차로 승부

제목은 기획서의 '첫인상'이다. 사람의 첫인상이 중요하듯이 기획서에 있어서도 제목이 매우 중요하다. 제목 다음으로 중요한 것은 기획서 두 번째 장에 있는 목차이다. 목차는 문서의 내용을 한눈에 살펴볼 수 있는 것으로, 제목이 첫인상이라면 목차는 첫만남을 통해 알아볼 수 있는 사람의 됨됨이라 할 수 있다. 이처럼 제목과 목차는 문서의 핵심요소이다.

　그런데 문서를 작성하는 사람들의 대부분이 제목과 목차에 신경을 쓰기보다 내용에 더 충실하게 하고자 하는 경향이 있다. 그래서 문서를 잘 작성하지 못하는 사람들을 살펴보면 기획서의 첫 장과 목차가 어설픈 경우가 많다. 보기 좋은 음식이 먹기도 좋고 맛도 좋듯이 보고서도 첫 모습인 제목과 목차의 작성에 정성을 기울여야 한다. 사실 제목과 목차를 정하는 것이 가장 어려운 일인데, 다음과 같이 제목과 목차를 정하여 기획서 작성을 차별화하면 될 것이다.

　기획서에서 가장 중요한 것은 제목이다. 왜냐하면 문서에 가장 앞에 위치하여 가장 먼저 보는 사람의 눈에 띄기 때문이므로 제목으로 주목시켜야 한다. 대부분의 경우, 기획서를 제출하거나 보고하면 제목을 먼저 보고 문서 내용을 읽게 된다. 그래서 기획한 문서를 검토자가 관심을 갖고 보게 하기 위해서는 목표가 분명하고 차별화된 제목으로 눈길을 끌어야 한다. 즉 제목을 통해 제출한 콘텐츠에 보는 사람이 관심을 갖게 하는 제목을 만들어야 한다. 그렇다면 관심을 끄는 제목은 어떻게 작성해야 할까?

　첫째, 제목에 기획서의 기획 방향과 목표를 보여 주어야 한다. 그런데 보통 기획서를 작성하게 되면 이를 잘 표현하지 못하는 경우가 많다.

　우리가 기획서를 작성하여 제출하면 대부분의 검토자들은 '왜' 해야 하는지를 질문한다. 이는 제목이 불분명하기 때문이다. 제목에서 우리는 왜 해야 하는지의 목적과 목표를 분명히 보여 주고, 제목을 통해 기획서를 이해시키며 설득해야 한다.

둘째, 기획서의 컨셉을 제목으로 활용하도록 한다.

컨셉은 문서의 핵심 포인트이므로 이를 제목으로 삼는다면 제목과 기획서의 내용이 일관성을 유지함으로써 문서작성의 목적을 분명하게 전달할 수 있다.

셋째, 제목은 주제목과 부제목으로 나눠 작성한다.

부제목으로 주제목을 설명하고 주 제목은 문서의 핵심 포인트를 압축하여 정한다.

그런데 사실 제목을 작성하기가 쉽지 않다. 태어난 아이의 이름을 짓기 어려운 것처럼 기획서의 이름과 같은 제목을 정하기가 쉽지 않다는 이야기이다. 그렇다면 좋은 제목, 주목을 끄는 제목을 만들기 위해서는 어떻게 해야 할까?

다음 방법을 참고하여 여러 번 연습하여 보면 좋은 제목을 만들 수 있을 것이다.

① 구체적인 숫자로 목표를 나타낸다.

예를 들어 '시장점유율 확대전략'보다는 '시장점유율 35% 달성을 위한 영업전략'이라고 표현하는 것이다.

② 기획 목표 또는 컨셉을 설명하는 형태를 취한다.

예를 들어 '스마트폰X 런칭 기획서'보다는 '성공적 런칭을 통한 스마트폰X 1등 MS 달성전략'이라고 하는 것이다.

③ 유행하는 말을 패러디한다.

'매출 1등 달성전략'보다 최근 인기있는 유행어를 패러디하여 '갓생으로 매출 1등을 달성하는 1월 마케팅 전략'이라고 표현한다.

④ 사자성어나 고전문헌의 글귀를 활용하는 것이다.

'차별화 전략' 대신 '변화무쌍 차별화 전략'이라고 한다.

이상의 방법 이외에도 보는 사람, 검토자가 좋아하는 말, CEO, 상사가 좋아하는 것 등을 고려하여 제목을 정하는 것도 좋은 방법이다.

제목을 정할 때 유의할 사항은 분명하지 못한 추상적인 단어나 너무 어려운 말은 피해야 한다는 것이다. 결론적으로 제목은 분명하게 문서의 목표, 목적을 나타내야 하며 보는 사람의 눈길을 끌기 위해 제목을 상황에 맞게 차별화시켜야 한다.

목차(目次, Contents)는 기획서의 틀, 즉 구성이다. 목차는 기획서의 뼈대를 이루는 골격으로 사람에게 있어서는 척추라고 할 수 있다. 그렇기 때문에 목차를 제대로 잡아놓지 않고 기획서를 작성하면 문서의 전개가 잘못될 가능성이 높다. 기획서 작성의 목적은 목표로 세운 것을 달성하기 위해 어떻게 논리적으로 내용을 이끌어갈 것인지를 보여주는 것에 있다. 기획서의 논리적인 흐름을 한눈에 볼 수 있게 하는 것이 목차이므로 이는 보고서를 작성하는 데 매우 중요한 요소이며, 앞서 보았던 제목과 더불어 제2의 표지라 할 수 있다. 그러므로 기획서의 목차를 잘 잡으면 문서를 논리적으로 잘 작성할 수 있게 된다.

기획서의 목차 구성에는 다양한 방법이 있다. 기획서의 내용과 목적에 따라 차이가 있겠지만 매우 자세하게 목차를 잡는 경우도 있고, 큰 단위별로 목차를 잡는 방법도 있다. 목차를 생략하는 기획서도 많이 있으나,

회사, 콘텐츠, 제품, 서비스 등과 관련된 주요한 프로젝트를 다루는 문서는 보고의 양이 많으므로 표지 뒤에 반드시 목차를 넣어 보는 사람으로 하여금 문서의 전체 내용을 쉽게 파악할 수 있도록 보여 주는 것이 좋다.

목차 구성은 문서 종류(콘텐츠기획서, 사업계획서, 재무기획서, 인사보고서, 이벤트기획서 등)에 따라 달라진다. 예를 들어 콘텐츠 마케팅 기획서의 경우에는 마케팅 목표를 달성하기 위해 현황 분석, 시행 방향 설정, 시행 개요, 컨셉 및 전략, 세부 실행 방안, 홍보계획, 업무분장, 추진일정, 기대효과, 소요예산 등의 순서로 목차를 구성한다. 그런데 문서를 많이 작성해 보지 않은 사람에게는 자세하게 목차를 잡는 것이 쉬운 일이 아니다. 왜냐하면 문서의 목차를 잡는다는 것이 문서의 전체적인 윤곽을 잡는 것이라 아직 문서작성에 익숙하지 않은 사람들에게는 전체를 보고 정리할 수 있는 능력이 부족하기 때문이다. 혹시 처음으로 문서작성을 하거나 익숙하지 못한 사람들은 기존 문서의 목차를 참고하며 자신이 작성하는 문서의 목차를 잡는 연습을 많이 하는 것이 좋다. 목차의 각 제목은 현황, 추진방향, 시행개요, 세부 추진계획, 소요예산 등과 같이 대부분 정형화된 용어를 사용하는 경우가 많다. 그런데 요즘에는 규격화된 형식으로 목차를 작성하는 것보다 문서를 읽어볼 검토자, 상사나 거래선의 입장에서 관심을 갖고 살펴보고, 내용을 잘 파악할 수 있게 서술형, 의문형, 청유형, 약속형, 감탄형 등의 다양한 종결어미를 활용하기도 한다.

다음은 필자가 신입사원 시절 부장님에게서 수정해 주신 목차 예시이다.

목차로 눈길을~ 틀에 박힌 목차 ✕

목차
1. 시장 현황
2. 고객 현황
3. 경쟁자 현황
4. SWOT 분석
5. 런칭 방향
6. 런칭 Concept
7. 세부 마케팅 전략
8. 광고/ 홍보/계획
9. 업무분장
10. 추진 일정
11. 기대 효과
12. 소요예산
별첨

⇒

목차
1. 시장은 어떻게 움직이고 있는가?
2. 고객은 무엇을 원하는가?
3. 경쟁사 전략 및 동향은?
4. 단점을 장점으로 전환하기
5. 초기 시장에 집중하자
6. 성공적인 런칭 캠페인 전략
7. 신제품 4P 전략
8. 사내외 인프라 및 유통 활용 계획
9. 시장 선점을 위한 추진 Flow
10. 비용 및 기대 효과
별첨

기획서 레이아웃^{Layout} 차별화

작성한 기획서를 타 문서와 다르게 보이게 하기 위해서는 문서의 외형, 즉 레이아웃을 차별화해야 한다.

문서의 외형^{外形}이란 무엇일까?

외형이란 겉으로 드러난 형태로 문서의 외형이란 일차적으로 표지를 말하며, 이차적으로는 문서의 구성 형태를 말한다. 그러므로 문서의 외형을 차별화시키기 위해서는 표지와 구성 형태를 타 문서와 다르게 작성해야 한다. 즉 기획서를 차별화하기 위해 기획의 성격에 맞는 레이아웃을 만들어야 한다. 레이아웃이란 사전적 의미로 책이나 신문, 잡지 따위에서 글이나 그림 따위를 효과적으로 정리하고 배치하는 일을 말한다. 기획서의 레이아웃은 두 가지로 나눌 수 있다.

첫째는 기획서를 구성하는 콘텐츠(시행 배경, 현황분석, 시행 방향, 컨셉, 전략, 개요, 실행계획, 일정, 예산 등)를 논리적으로 순서를 정하여 정리하는 것이고, 둘째는 기획서 한 장의 구성을 어떻게 구성할 것인가를 정하는 것이다.

먼저 기획서 전체를 구성하는 레이아웃 만들기에 대해 살펴보자.

기획 방향과 컨셉이 설정되고 문서 구성과 제목, 목차가 결정되면 기획서의 레이아웃을 잡을 수 있다. 레이아웃을 잡기 위해서는 목차 정리가 선행되어야 한다. 기획서의 목차에 따라 레이아웃을 잡은 후에는 초안과 수집한 정보와 자료를 바탕으로 각 목차에 세부내용을 채워 넣으면 기획서를 작성할 수 있게 된다. 기획서에 대한 목차가 작성되면 기획서의 레이아웃을 작성해 보면 된다.

표지 및 내지 차별화

기획서 구성의 전체 레이아웃이 정해지면 제일 먼저 기획서의 표지와 내지에 대해 어떻게 구성할지를 정한다.

표지는 기획서의 얼굴이다. 우리가 면접을 보면 첫인상에서 당락의 70~80%가 결정된다고 한다. 이와 같이 기획서의 표지에서 기획에 대한 평가가 결정된다. 특히 거래선(광고주, 고객, 투자자 등)에 제출하는 제안서인 경우에는 표지가 더욱 중요하다. 그냥 제목만 쓰여 있는 밋밋한 표지보다는 기획서의 제목, 내용과 관련 있는 그림이나 이미지로 디자인된 표지가 눈에 띄어 관심을 갖고 기획서를 읽게 해 줄 수 있다. 이미지를 넣은 표지가 제목만 있는 표지보다 훨씬 더 검토자로 하여금 보고 싶은 기획서로 만들어 준다. 그러므로 표지는 제목과 내용에 관련된 그림이나 이미지를 반드시 활용하여 표지를 작성(디자인)하도록 한다. 요즘은 포토샵을 활용하여 표지를 직접 디자인하는 경우도 많이 있으므로 기획서의 내용과 검토자의 기호에 맞도록 디자인을 차별화한다. 단 관공서의 경우는 규격화된 레이아웃에 따라 기획서를 제출하게 되어 있는 경우가 있으므로 이때에는 내용면에서 융통성 있게 구성을 차별화하도록 한다.

표지에는 제목 이외에도 날짜, 기획자(부서), 문서번호 등이 기본적으로 기재되어야 하며, 명언, 속담, 슬로건 등을 활용하여 독특한 기획서를 만들 수도 있다.

기획서에 대한 주목도를 높이기 위해 프로젝트의 컨셉에 맞는 독특한 디자인을 하기도 한다. 디자인은 제목이 들어가는 첫 쪽과 이후의 쪽에 대한 마스터 쪽 디자인이 있다. 첫 쪽은 프로젝트의 컨셉, 콘텐츠, 제품(특장점), 트렌드, 기획서의 목적 등을 나타내는 것이 좋으며, 이후의 마스터 쪽 디자인은 테두리, 바탕색, 로고 삽입 등 다양한 변수를 활용하여 기획서의 컨셉에 맞게 차별화시킨다.

내지 디자인은 표지 디자인과 동일한 컨셉 및 컬러를 유지하며 각 장별 제목 및 테마를 표시할 수 있도록 작성한다. 즉 내지 디자인은 표지와 연계성을 갖게 하며, 내지는 통일화할 수 있도록 디자인한다. 파워포인트의 경우, 슬라이드 마스터(통칭, 마스터 쪽) 기능을 활용하고, 파워포인트의 슬라이드 마스터 편집으로 내지 디자인을 하면 된다. 제목, 텍스트, 바닥글,

문서번호 등을 마스터 쪽에 설정하면 내지에 동일하게 적용되게 된다. 그런데 요즘은 마스터 쪽에 아예 표지의 제목, 컬러, 이미지와 연계하여 디자인을 하여 파워포인트를 보기 좋게 만들고 있다.

기획서 서식

기획서 내용을 구성하는 형태적 요소인 서식書式은 서류를 꾸미는 일정한 방식으로 대부분 학교, 회사, 관공서, 단체별로 정해진 서식이 있어 이에 맞추어 문서를 작성한다. 문서 서식은 일차적으로 학교나 회사에서 정한 규칙을 따르되 문서의 성격과 기획의 내용 에 따라 다음 사항을 고려한 후 문서의 특성을 살려 차별화 되게 작성한다.

서식의 포인트는 6가지가 있다.

① 전체의 통일성을 유지하는 것이다. 기획서는 표지부터 내용까지 하나로 이루어져 있으므로 통일성 있게 작성해야 한다. ② 문서는 균형감 있게 작성한다. 검토자가 여유 있고 편안하게 문서를 볼 수 있도록 서식을 상하, 좌우 여백을 맞추어 균형감 있게 구성한다. ③ 통일된 글씨체(폰트)와 크기로 작성한다. 예를 들어 파워포인트 표지 제목은 헤드라인(견고딕, 맑은고딕), 본문(견고딕, 맑은고딕), 표지 제목(폰트 32 이상, 두껍게), 본문(제목 24 또는 20, 내용 16 또는 14) 등으로 문서 종류, 검토자 성향을 고려하여 상황에 맞게 글씨체와 크기 선택한다. ④ 문서 간격을 동일하게 적용한다. ⑤ 도표, 그림, 테이블 등은 한쪽에 1개 정도 사용한다. ⑥ 서술어는 가능한 명사형으로 종결, 문서는 주어, 서술어로 간결하게 작성한다. '~입니다'

식의 서술형 종결형 어미를 사용하지 말고 '~임' 또는 명사로 문장을 종결한다.

이 밖에도 용지 규격, 띄어쓰기, 도형 및 색상 사용 등에 대한 서식규정이 있으며 이는 기획서의 구성 형태에 따라 선택하여 사용한다.

기획서 작성 순서 및 1장 가이드

다음은 앞에서 살펴 본 내용을 바탕으로 기획서 작성 순서에 대한 사례이다.

시장조사에서 소요예산의 책정에 이르기까지 논리적으로 자연스럽게 읽고 이해할 수 있도록 작성하는 것이 포인트이다.

① 시장조사이다. 시장조사는 자사/경쟁사/고객 등 3C 분석을 바탕으로 한다.

② 시행 방향을 결정한다. 시장조사결과를 바탕으로 프로젝트 시행 방향을 수립하는 것으로 STP 분석을 바탕으로 한다.

③ 시행 개요를 잡는다. 5W 2H를 통한 기획안을 요약Summary 한다.

④ 추진 Flow로 단계별 전략도, 마케팅 캘린더 등을 활용하여 프로젝트를 1장으로 볼 수 있게 한다.

⑤ 세부시행 계획Action Plan을 4P&4C 마케팅 전략에 맞춰 세부시행 계획을 수립한다.

⑥ 홍보 방안을 온-오프라인 채널을 믹스하여, 사전/중간/사후 3단계로 수립한다.

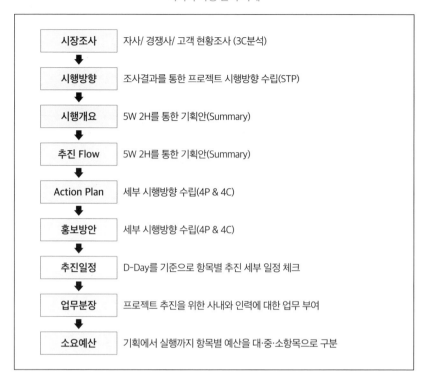

⑦ 추진일정을 런칭할 D-DAY를 기준으로 항목별 추진, 세부일정을
체크하여 잡는다.

⑧ 업무분장은 프로젝트 추진을 위한 사내외 인력에 대한 업무를 구분
하여 정한다.

⑨ 소요예산은 기획에서 실행까지 항목별 예산을 대중소 항목으로 구
분하여 책정하고, 예상치 못한 비용의 발생을 대비하여 예비비를 잡
도록 한다.

이상의 기획서 작성 순서 및 내용은 기본 안으로 프로젝트 기획 목표 및 내용에 따라 변경하여 사용하면 되겠다.

다음 표는 콘텐츠기획서 작성을 위한 1장 가이드이다.

기획서 1장 가이드

프로젝트 기획서를 작성하기 전에 아래와 같이 4단계로 진행한다.

1단계, 시장조사 및 분석을 통해 컨셉을 제일 먼저 잡는다.

2단계, 컨셉을 실현시키기 위한 전략을 3가지 정도로 수립한다.

3단계, 전략을 실천하기 위한 실행계획으로 홍보, 인력, 일정에 대한 세부계획을 잡는다.

4단계, 컨셉, 즉 목표 달성을 위한 비용을 산출하고, 이를 통해 얻을 수 있는 기대효과를 정성적, 정량적으로 보여준다.

1장의 기획서를 만들면 한 방향으로 기획을 할 수 있다.

삼성기획서 작성 비법 8가지

기획서를 차별화하여 작성하기 위해서는 잘 작성된 보고서와 더불어 1등 회사의 기획서를 살펴보는 것이 좋다. 다음은 '삼성 기획서 작성 비법 8가지'이다.

비법 1. 첫 장에서 승부할 것

기획서의 첫 장은 매우 중요하다. 회사에서 직원을 채용하고자 면접을 볼 때 첫인상이 중요하듯이 기획서를 작성할 때 첫 장이 매우 중요하다. 그럼 보고서의 첫 장을 어떻게 만드는 게 좋을까? 첫 장의 제목을 보고 기획서를 왜Why 작성했는지를 분명히 밝혀야 하고 전체의 내용을 압축하여 제목을 만들어야 한다.

비법 2. 핵심용어 사용

기획서를 작성할 때 용어의 사용이 중요하다. 용어는 기획 목적에 맞게, 회사 현황을 고려하여 사용하여야 한다. 기획서의 핵심용어는 3가지 포인트를 주어야 한다.

첫째, 작성 시점의 트렌드에 맞춰 경영 키워드 및 기법을 사용해 포인트를 준다. 예를 들어 위기대응 시나리오 경영, 현장과 고객중심 마케팅 등의 핵심용어를 사용한다.

둘째, 회사의 전략 방향과 일치시켜야 사용한다. 이를 위해 CEO 신년사, 경영철학 및 경영 방침, 회사의 비전 및 미션을 참고하여 핵심용어를 이용해 문서에 포인트를 준다.

셋째, 상사의 지시와 의도에 맞추어 작성한다. 이를 위해 상사가 자주 사용하는 표현 80%, 상사가 관심을 가질 만한 새로운 내용 20%로 기획서의 내용을 구성한다. 즉 상사의 지시와 의도에 맞추어 기획서를 작성하되 새로운 20%로 포인트를 주도록 한다.

회사의 핵심용어를 쉽게 파악하기 위해서는 회사 홈페이지, 사보 등을 살펴보면 되고, 상사의 지시와 의도는 상사의 말에 평소에 주목하고 메모하면 쉽게 활용할 수 있다.

비법 3. 자기만의 문체 사용

보고는 상사나 고객을 향한 기획자의 창작물이다. 그러므로 기획하는 사람의 독특한 문체가 살아 있어야 한다. 이를 위해 삼성에서는 간결함, 계수화를 통한 구체적 표현을 강조하고 있다. 즉 간결한 문체와 숫자를 통한 분명한 표현을 통해 상사가 빠르고 정확하게 이해하고 판단하게 문서를 작성해야 한다.

비법 4. 오탈자 Zero화

기획서 작성 후 수정할 때에 반드시 3번 이상 검토하여 오탈자를 Zero화 한다. 삼성에서는 6시그마의 원칙을 적용하여 100만 글자 중 오탈자가 3.4개 있는 것을 허용하는데, 이것은 0.0000034%로 '0'에 가깝다. 오탈자에 대해서는 어느 회사도, 어느 상사도 좋아하지 않는다. 오탈자가 생기는 것은 문서작성에 정성이 부족하기 때문이라고 생각하기 때문이다. 오탈자를 최소화하기 위해서는 반드시 3번 이상 점검하고 다른 사람에게 한 번 더 검토를 받으면 된다.

기획서는 신뢰가 생명이므로 오탈자가 없도록 검토에 검토를 해야 한다.

비법 5. 각종 서식에 맞게 작성

삼성에서는 아래 도표와 같이 서식에 맞추어 문서를 작성한다. 각 회사, 기관마다 이러한 사내 서식이 있을 것이므로 이를 반드시 기획서 작성에 반영하도록 한다.

구분	내용	비교
테이블	• 균형미	상하좌우
글씨체	• 폰트(바탕체), 크기(14.4 혹은 13.4)	통일화
한자쓰기	• 강조단어, 의존명사, 한글로는 의미가 불분명한 단어에 사용	
띄어쓰기	• 명사 + 명사는 붙여쓰기(예, 기업문화) • 목적어 + 서술어는 띄어쓰기(예, 문서작성)	
문서간격	• 줄간격	여백관리
밑줄긋기/ 굵은체	• 적절하게 절제된 태로 사용	
박스	• 집중, 강조 효과, 절제해야 효과적	
그림/테이블	• 한쪽에 1개 이상 사용을 자제할 것	
서술어	• 가능한 명사령으로 종결	~입니다. ×

비법 6. 쉬어가는 페이지 제공

기획서가 숫자, 업무, 계획 등으로만 구성되어 있다면 보는(검토하는) 사람이 매우 지루할 것이다. 특히 프레젠테이션 자료는 더욱 그렇다. 그러므로 삼성에서는 검토자의 시선과 기호를 고려하여 리듬감 있게 문서를 작성한다. 그리고 이를 위해 한 장에는 하나의 주제를 강조하라고 주문한다. 또한 기획서를 끝까지 보게 하기 위해 중간 중간 재미있는 표현(그림, 이미지 등)을 활용하라고 권유하고 있다.

비법 7. 볼 맛이 나게 할 것(옷 입히기)

기획서를 보기 좋게 하기 위해서는 디자인이 살아 있는 생동감 있는 문서가 좋다. 볼 맛이 나는 문서로 옷 입히기 위해서는 트렌디한 컬러, 이미지, 도표, 인포그래픽 등을 활용하며, 남들이 칭찬하는 기획서를 벤치마킹하는 것도 좋다.

비법 8. 품질로 승부

품질은 기술품질(요령과 지혜)과 정성품질(열정과 노력)로 이루어진다. 보기 좋은 문서를 만들기 위해서는 우수한 보고서를 벤치마킹함은 물론 정성과 열정으로 작성함으로써 하나의 예술 작품로 승화시켜야 한다. 즉 기획서에는 기획자의 열정과 혼이 실려 있어야 한다.

단순히 프로젝트를 수행하기 위해 작성하는 문서가 아니라 프로젝트를 성공적으로 달성하기 위해 참여하는 사람들이 자부심을 가지고 열정적으로 임할 수 있도록 기획서를 품격 있고 가치 있게 만들어야 한다는 것이다.

그리고 기획서를 작성한 후 보고를 하는 데 있어서도 예술적으로 할 수 있도록 프리젠테이션을 차별화되게 작성하고 발표하도록 한다.

기획서 작성 사례

필자는 대학교에서 학생들과 콘텐츠기획 및 마케팅, 기업분석 및 창의전략기획, 디지털 마케팅, 기획 세미나 등의 수업을 통해 학생들과 다양한 사례분석 및 기업제안을 실시하였다.

다음은 강의 및 기업연계 프로젝트의 결과로 나온 기획서 작성 사례이다.

한국 문학으로 글로벌 시장 공략하기

K-Literature의 중심,

KLub

K-Literature Platform

KLub

목차

- 한국 문학이 이만큼 인기 있다고?

- 우리는 어떤 플랫폼이 되어야 할까

- 경쟁사는 이렇게 하고 있다.

- 우리는 이렇게 하자!

- 더 넓은 세계로 나서는 한국 문학

2

한국 문학이 이만큼 인기 있다고?

지난 시장 조사에서 체감했던 **한국 문학의 인기!**

- 번역서 인기, 국제 문학상 수상 및 노미네이트 활발,
K-문화 영향력 (한류 스타 추천 도서), OTT 원작 도서 관심
이외에도 해외 언론의 극찬까지

번역서 인기	국내문학 외서 판매 1.5배 증가
국제 문학상 수상, 노미네이트 활발	2011년, 엄마를 부탁해(신경숙) → 한국 작가 최초 맨아시아 문학상 수상 2016년, 채식주의자(한강) → 맨부커 국제상 수상 → 이후, 한국 문학에 대한 세계의 관심 증폭 2022년, 여름이 온다(이수지) → 한스 크리스티안 안데르센상 수상 저주의 토끼(정보라), 아몬드(손원평) → 일본 서점 대상 번역소설 부문 신정
K-문화 영향력	K-POP, K-DRAMA 등 영향력의 확장 해외 MZ 세대 내 인기 콘텐츠 '한류 스타가 읽은 책 추천'
OTT 성장	도서 기반 작품 흥행 → 원작 도서에 대한 관심 파친코(이민진)

3

우리는 어떤 플랫폼이 되어야 할까

- **3C 분석**
  - Customer:

    > 한국 문학에 관심있는 사람
    > 어떤 책을 읽어야 할 지 고민하는 사람

  - Competitor

    > KL wave, Goodreads

  - Company

- **STP**
  - Segmentation

    > 번역서 문학상 K-문화 언론
    > OTT 원작

  - Targeting

    > 한국 문학에 관심있는 사람

  - Positioning

> **" 한국 문학에 대한 정보를 제공하고, 의견을 나눌 수 있는 플랫폼 "**

4

경쟁사는 이렇게 하고 있다! - (1) KLWAVE

- **한국 문학 디지털 플랫폼 KLWAVE**

  한국 문학이 세계 문학에 새로운 물결과 흐름을 일으킨다는 기대의 의미

> 국내외 출판사 간의 다양한 온라인 정보 제공 및 저작권 교류 활동 지원

> 국내외 독자들이 한국 문학을 더 쉽고, 유용하게 즐길 수 있는
> 온라인 콘텐츠 향유 마당

KLWAVE						Sign in · New account
Rights	Authors	Books	Translators	KL Content Hub	Grants	About Us
Featured Titles	Original Works			Magazines	Grants	About KLWAVE
Publisher's Picks	Translations			Classical Lit	Notices	Notice
Members				News	FAQ	Contact Us
FAQ				Reviews		

5

경쟁사는 이렇게 하고 있다! - (1) KLWAVE

6

- **Goodreads**

소개:
누구나 무료로 다른 이용자가 기술한 도서 정보와 주석, 비평을 볼 수 있다.
계정을 생성하여 개인 페이지에 도서와 독서 목록을 공개 페이지로 서적이나 토론 그룹을 만들 수 있다.

BUT,
영어만 지원한다는 점과 **한국 문학 작품의 수가 적다는** 단점

7

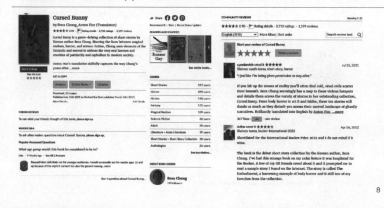

8

우리는 이렇게 하자!

" 한국 문학에 대한 정보를 제공하고, 의견을 나눌 수 있는 플랫폼 "

KLWAVE의 믿을 만한 정보
+
Goodreads의 단점을 보완한
다국어 지원 & 한국 문학 Contents

한국 문학 소개	다양한 서비스	이벤트 및 추가 혜택
작가, 작품, 수상내역, 2차 콘텐츠 등	다국어 지원, 권역 별 커뮤니티 운영	브랜드 콜라보, OTT/전자책 제휴 할인

9

우리는 이렇게 하자!

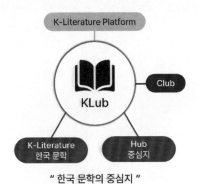

K-Literature Platform

KLub

Club

K-Literature
한국 문학

Hub
중심지

" 한국 문학의 중심지 "

운영 총괄
한국문학번역원
해외문화홍보원 (문화체육관광부 소속)

권역 별 운영 한국 문화원

10

우리는 이렇게 하자!

WHY	한국 문학을 알리기 위해
WHEN	2024년 4월 23일, 세계 책의 날
WHERE	온라인 플랫폼
WHO	한국문학번역원(총괄 운영), 해외문화언어원(권역 운영)
WHAT	한국 문학 플랫폼 "KLub"
HOW	한국 문학 소개 + 다양한 서비스 + 이벤트 및 추가 혜택

11

우리는 이렇게 하자!

	2023년	2024년	
주제	전체 틀 구상	서비스 준비 (다국어 지원, 권역 별 커뮤니티)	
	세부 내용 준비 (작품 및 작가)	홍보 및 운영	
이슈	오징어 게임2 (10월) 이상한 변호사 우영우2 개봉 예정		
콘텐츠	대본집	해외문화홍보원 SNS	문학 × 브랜드 콜라보 굿즈/이벤트
공략 포인트	OTT/전자책 플랫폼과 B2B 계약 체결 (제휴 할인)	멕시코, 아르헨티나 (스페인어) 브라질 (프르투갈어) UAE, 이집트 (아랍어) 우선 진출 / 권역 별 운영 -해외 진출 초기 단계 국가	홍보 영상 제작 -기존 인기 K-문화 활용 (아이돌이 소개하는 등)	플랫폼 홍보, 고객 유치

12

우리는 이렇게 하자! – Action Plan

WHEN	2023년 상반기	2023년 하반기	2024년 상반기	2024년 4월 23일
WHAT	전체 틀 구상 및 세부 내용 준비 (작품 및 작가)	OTT/전자책 플랫폼과 B2B 계약 체결 다국어 지원 및 권역 별 커뮤니티 마련	플랫폼 홍보	플랫폼 런칭
STH	WHAT? ↓ 작가, 작품, 수상내역, 원작 or 2차 콘텐츠 등	WHY? ↓ 작품 소개~콘텐츠 시청 연계, 대본집 공개 등 + 글로벌 시장 공략	HOW? ↓ 브랜드와의 콜라보	WHY? ↓ 세계 책의 날

13

우리는 이렇게 하자! – Example

빈폴 ✕ 소설가
"Winter story book"

14

우리는 이렇게 하자! – Example

[포토]빈폴 다운점퍼 문학을 입다

소설+패션 콜라보 '윈터스토리' 캠페인

등록 2013-11-05 오후 2:52:44
수정 2013-11-05 오후 3:12:17

김미경 기자
N 기자구독

[이데일리 김미경 기자] 제일모직(001300)의 캐주얼 브랜드 빈폴은 겨울 다운점퍼 출시를 기념해 5일 오전 서울 명동 빈폴 단독매장에서 소설가 3인과 협업(콜라보레이션)한 '윈터스토리 북'을 공개했다.

빈폴의 윈터스토리 북은 3인의 소설작가 김중혁·서현경·정용준이 '겨울'과 '다운점퍼'를 중심 소재로 한 단편소설로, 문학과 패션의 협업이라는 점이 눈길을 끈다.

윈터스토리 북은 이날부터 전국 빈폴 가두점과 백화점 매장에서 확인 가능하며 온라인 빈폴닷컴(http://www.beanpole.com/winterstory)에서 영상 및 소설로 선보인다.

15

한국 문학에 관한 정보 제공	→ 접근성 용이, 관심 증대
다국어 지원 서비스	→ 전세계 공략, 이용자들의 플랫폼 참여 독려 (아랍어, 스페인어, 포르투갈어 사용 지역 우선)
OTT/전자책 플랫폼과의 제휴 할인	→ 원작 홍보 효과, 고객 확보 유리

16

한국 문학의 중심지
KLub

KLub

- 자료 출처
한국문학번역원 / 해외문화홍보원 공식 홈페이지
KLWAVE / Goodreads 공식 홈페이지
독서신문 / 이데일리 기사

17

2 0 2 2 · 1 2 · 0 9

이영지의
차린건 쥐뿔도 없지만 SPIN - OFF

이영지의
고민은 쥐뿔도 있지만

자고로 고민은
술이 들어갔을 때 나오는 법

---

3. 기획서 : 이영지의 고민은 쥐뿔도 있지만

이영지의 1:1 취중상담 프로젝트

제목 : 이영지의 고민은 쥐뿔도 있지만(고쥐뿔)
방송사 : 넷플릭스 시즌제
타겟 : 20대 초반 여성
부작 : 상 3편 + 하 3편
자막 : 한국어+중국어+일본어+스페인어+덴마크어+아랍어+불어+독일어 등
최대한 다양한 언어로 제공하기

영지의 고민

1. 성격적 강박에 대한 고민
2. 대인관계에 대한 고민
3. 음악(진로)에 관한 고민

=> 연예인의 연예계 생활 고민 = 흥미로움
=> 21살 영지의 고민 = 사회초년생의 고민

회차 구성

상
1화 : 유재석, 이은지편(연예계에서의 조언) : 60분
2화 : 오은영 박사님편(인간관계의 조언) : 2-30분
3화 : 치타, 제시(래퍼로서의 조언) : 60분

하
4화 : 엔시티 마크(영지가 버블 구독한다고 해서) : 30분
5화 : 최유정(영지가 친한 연예인) : 30분
6화 : 크리스토퍼의 집(덴마크방문기) : 60분

---

1. 지금 시장은 어떤가?

SWOT 분석

약점 : 적은 자본에서 탄생하는 여러 제약

강점 : 높은 시장 장악력과 접근성, 그리고 이영지라는 캐릭터의 ip

  + 소박한 분위기와 화려한 라인업의 부조화

위기 : 시즌제

기회 : 높은 퀄리티를 준비할 수 있는 시간이 주어짐(제작기간을 잡을 수 있다는 점)

고민 상담

1. 성격적 강박에 대한 고민
2. 대인관계에 대한 고민
3. 음악적 정체성에 관한 고민

---

1. 지금 시장은 어떤가?

'차린건 쥐뿔도 없지만'

방영기간 : 22.6.24 ~ 22.10.20, 현재 휴식기간

이영지 '쇼미더머니 11' 참가

방영기간 : 22.10.21 ~ 22.12.30(금) 마지막 방송

방송 휴식기간에도 인지도 유지 가능

참가 계기 : 이영지의 랩에 대한 음악적 고민

쇼미 11 참가로 화제가 되었음에도 여전히 가지고 있는 음악적 고민

---

1. 지금 시장은 어떤가?

넷플릭스 오리지널 시리즈 예능

'범인은 바로 너'
'신세계로부터'

각자의 세계관을 가지고 각 에피소드에서 등장한 문제 해결

독립된 에피소드지만 전체적으로 이어지는 느낌을 줌

공통점 : 에피소드 간의 연결성

---

2. 어떤 아이템을 고객이 좋아할까?

타겟

아이돌 팬덤의 주 연령층 : 1020 여성
음주 가능 연령대 : 2030 여성

최종 타겟 : 유튜브 예능을 잘 보고 술을 마실 수 있는 20대 여성

타겟이 질리지 않게 만드려면?

털털한 영지의 성격 + 게스트(자주 예능에 나오지 않는 연예인)과의 조합으로 신선한 케미 선사
-> 차쥐뿔의 강점 그대로 가져가기

에피소드 간의 연결성 부여
-> 뻔한 유튜브 예능 형식에 질리지 않게 넷플릭스 시리즈의 강점을 가져가서 차별점 생성

3. 고객의 주목을 끌 수 있는 아이디어와 스토리텔링은 무엇일까?

이영지의 '고민은 쥐뿔도 없지만'

'차쥐뿔' 제작진이 준비한 '사람 이영지'의 고민해결을 위해 게스트와 함께 떠나는 캠핑

레퍼런스 : 도시남녀의 사랑법

캠핑카를 타고 게스트를 픽업
-> 가까운 경치 좋은 곳으로 이동
-> 캠핑카 안에서 경치를 보며 술과 함께 고민상담

기존의 단란한 분위기는 가져가되, 제작진이 영지를 위해 준비한 여행투어를 다니는 스토리

---

3. 고객의 주목을 끌 수 있는 아이디어와 스토리텔링은 무엇일까?

회차 구성

1화 : 비비 (떠오르는 래퍼, 예능 유망주, 같은 젊은 여성 래퍼로서 고민상담, 음원 제작으로 화제성과 마케팅)
2화 : 재찬 (시멘틱에러로 화제)
3화 : 이은지 (선배 연예인으로서의 상담)
4화 : 신승호 (환혼 세자, 에이틴 남주로 10대까지 잡을 수 있음)
5화 : 제시 (선배 여자래퍼)
6화 : 더콰이엇 (고등래퍼 멘토)
7화 : 최유정 (친구랑 가는 캠핑)
8화 : 마크 (최애랑 가는 캠핑)
9화 : 크리스토퍼 (캠핑을 비행기 타고 가서 크리스토퍼와 덴마크 술집 투어 후 음원만들기)
10화 : 이영지와 제작진 (프로그램을 같이 기획하면서 들었던 생각, 고민 나누는 솔직한 시간)

고민상담을 위한 각 분야의 선배들 + 새로운 페이스의 연예인 교차 구성

차쥐뿔 느낌의 환기 회차를 교차 구성해 기존 강점을 가져가면서 새로운 느낌을 줄 수 있음

---

4. 기획한 콘텐츠를 어떻게 마케팅하면 좋을까?

기획서

2022
10/20 : 차쥐뿔 마지막 방송
11/20 : 제작진 휴가 종료 및 '고쥐뿔' 기획 시작
12/30 : 이영지 쇼미더머니11 마지막 방송

11/20 ~ 12/31 기획 제작 및 준비 (아이템 기획 및 출연진 섭외, 비비 미리 음원 제작 시작)
1/1 ~ 2/28 촬영 기간
3월 ~ 4월 말 편집 및 마케팅 기간
5월 (시험기간도 끝나고 타겟층이 상대적으로 여유로운 시기) 방영

4. 기획한 콘텐츠를 어떻게 마케팅하면 좋을까?

어떤 마케팅을 할 것인가?

1) 비비와 콜라보 소식 공개
2) 음원 티저 공개
3) 비비랑 노래 챌린지 제작 -> 출연진들과 챌린지 찍고 업로드

4) 고쥐뿔 INSTAGRAM 채널 개설
5) 인스타에 게스트 별 티저, 음원 티저 제작-> 순차적으로 공개
6) 회차별 방영 후 각 게스트와 찍은 사진, 재밌는 부분 클립 SNS에 공개
7) YOUTUBE 쇼츠 및 릴스 영상 제작
8) 캠핑 용품 굿즈 제작 및 판매 -> 전액 기부
9) 술 PPL : 단순 참이슬X 비타500 소주/매화수 하이트처럼 젊은 연령층이 좋아하는 술 PPL -> 제작비

---

4. 기획한 콘텐츠를 어떻게 마케팅하면 좋을까?

마케팅 달력 (3월)

1주	고쥐뿔 Instagram 및 유튜브 채널 개설
2주	(Instagram) 이영지 촬영 스틸 컷 공개
3주	(Instagram) Guess Who? 게스트 누구일까요? 티저 업로드
4주	(Instagram) 게스트 비비 공개
5주	(Instagram) 비비와 녹음실 촬영 사진 공개

---

4. 기획한 콘텐츠를 어떻게 마케팅하면 좋을까?

마케팅 달력 (4월)

1주	(Instagram)(Youtube) 고쥐뿔 티저 영상 공개
2주	(Youtube)(Instagram) 비비와 콜라보 음원 뮤비 티저 공개
3주	(Instagram)(Youtube) 1화 선공개 클립 업로드
4주	(Instagram) Next Week 1화 예고 사진 업로드

4. 기획한 콘텐츠를 어떻게 마케팅하면 좋을까?

마케팅 달력 (5월)

	금(회차 공개)	토	일	월	수	비고
1주	1화 공개(Netflix) 및 음원 공개 (Youtube) 뮤비 공개	챌린지 wiht 비비 (Instagram)(Youtube) 릴스, 쇼츠 업로드	(Instagram) 게시물 1화 스틸컷 업로드	1화 재밌는 장면 클립 (Instagram)(Youtube) 릴스, 쇼츠 업로드	다음 게스트 티저 공개 (Instagram)(Youtube) 게시물, 커뮤니티	
2주	2화 공개(Netflix)	챌린지 with 재찬 (Instagram)(Youtube) 릴스, 쇼츠 업로드	(Instagram) 게시물 2화 스틸컷 업로드	2화 재밌는 장면 클립 (Instagram)(Youtube) 릴스, 쇼츠 업로드	다음 게스트 티저 공개 (Instagram)(Youtube) 게시물, 커뮤니티	
3주	3화 공개(Netflix)	챌린지 with 이은지 (Instagram)(Youtube) 릴스, 쇼츠 업로드	(Instagram) 게시물 3화 스틸컷 업로드	3화 재밌는 장면 클립 (Instagram)(Youtube) 릴스, 쇼츠 업로드	다음 게스트 티저 공개 (Instagram)(Youtube) 게시물, 커뮤니티	
4주	4화 공개(Netflix)	챌린지 with 신승호 (Instagram)(Youtube) 릴스, 쇼츠 업로드	(Instagram) 게시물 4화 스틸컷 업로드	4화 재밌는 장면 클립 (Instagram)(Youtube) 릴스, 쇼츠 업로드	다음 게스트 티저 공개 (Instagram)(Youtube) 게시물, 커뮤니티	굿즈 판매 예정 게시물 업로드 (Instagram)
5주	5화 공개(Netflix)	챌린지 with 재시 (Instagram)(Youtube) 릴스, 쇼츠 업로드	(Instagram) 게시물 5화 스틸컷 업로드	5화 재밌는 장면 클립 (Instagram)(Youtube) 릴스, 쇼츠 업로드	다음 게스트 티저 공개 (Instagram)(Youtube) 게시물, 커뮤니티	굿즈 판매 시작

4. 기획한 콘텐츠를 어떻게 마케팅하면 좋을까?

마케팅 달력 (6, 7월)

	금(회차 공개)	토	일	월	수
1주	6화 공개(Netflix)	챌린지 wiht 더콰이엇 (Instagram)(Youtube) 릴스, 쇼츠 업로드	(Instagram) 게시물 6화 스틸컷 업로드	6화 재밌는 장면 클립 (Instagram)(Youtube) 릴스, 쇼츠 업로드	다음 게스트 티저 공개 (Instagram)(Youtube) 게시물, 커뮤니티
2주	7화 공개(Netflix)	챌린지 with 최유정 (Instagram)(Youtube) 릴스, 쇼츠 업로드	(Instagram) 게시물 7화 스틸컷 업로드	7화 재밌는 장면 클립 (Instagram)(Youtube) 릴스, 쇼츠 업로드	다음 게스트 티저 공개 (Instagram)(Youtube) 게시물, 커뮤니티
3주	8화 공개(Netflix)	챌린지 with 마크 (Instagram)(Youtube) 릴스, 쇼츠 업로드	(Instagram) 게시물 8화 스틸컷 업로드	8화 재밌는 장면 클립 (Instagram)(Youtube) 릴스, 쇼츠 업로드	다음 게스트 티저 공개 (Instagram)(Youtube) 게시물, 커뮤니티
4주	9화 공개(Netflix) 및 음원 공개 (Youtube) 뮤비 업로드	챌린지 with 크리스토퍼 (Instagram)(Youtube) 릴스, 쇼츠 업로드	(Instagram) 게시물 9화 스틸컷 업로드	9화 재밌는 장면 클립 (Instagram)(Youtube) 릴스, 쇼츠 업로드	다음 게스트 티저 공개 (Instagram)(Youtube) 게시물, 커뮤니티
7월 1주	10화 공개(Netflix)	챌린지 with 제작진 (Instagram)(Youtube) 릴스, 쇼츠 업로드	(Instagram) 게시물 10화 스틸컷 업로드	10화 재밌는 장면 클립 (Instagram)(Youtube) 릴스, 쇼츠 업로드	다음 게스트 티저 공개 (Instagram)(Youtube) 게시물, 커뮤니티

4. 예상하는 제작비

예산안

	구체 사항	예상 금액	비고	총액
제작 인건비	PD (2명) 작가(2명) 촬영, 제작팀(6명)	80,000,000		
제작 장비 비용	카메라 및 마이크 모니터 장비	50,000,000		
제작 부대 비용	캠핑카 구매비, 항공비, 교통비, 숙박비, 장소섭외비 등	300,000,000		
기획 개발 비용	출연진 섭외 및 기획 비용	100,000,000		
마케팅 비용	굿즈 및 음원 제작 SNS 홍보 비용	100,000,000	예상 수익급 3,000,000,000	예상 630,000,000 방영 후 예상 수익 (최소) 3,000,000,000

▲ 굿즈 예상 수익 참고
• 예산안 참고: 루나미디어 프로그램 제작비

[콘텐츠 기획 사례]

K-드라마, 로컬을 K-관광의 트렌드로
EXPLORE K-LOCAL

발표순서

목차

01. 소비 트렌드의 중심에는?

02. 지금 MZ세대의 관광 트렌드는?

03. MZ세대는 어떤 관광 아이템을 좋아할까?

04. MZ세대의 주목을 끌 수 있는 아이디어는 무엇일까?

05. 어떤 스토리텔링으로 고객을 계속 불러들일 수 있을까?

06. 기획한 콘텐츠를 어떻게 마케팅하면 좋을까?

01. 소비 트렌드의 중심에는?

딘앤델루카와 더 현대 서울의 차이점?

온라인 채널의 성장,
오프라인 매장의 하락

소비 트렌드의 중심

오프라인 매장의 성공

<뉴욕 딘앤델루카>

: 2019, 뉴욕 식료품 매장 '딘앤델루카' 파산,
뉴욕의 많은 백화점들 적자 현상

<MZ 세대>

: 소비의 주도하는 MZ세대,
비즈니스 성패 결정

<더 현대 서울>

: 1년 만에
매출 8,000억원 돌파

3C - Customer

#유인 동기 ✗

<서울 랜드마크, N 타워>

: 관광지에서 유명한
랜드마크를 봐야한다는
유인 동기 하락

 # 새롭지만 일상적인 경험 추구

여행의
트렌드리더
[MZ세대]

<MZ세대 국내 여행 형태>

: 여행이란 '로컬에서의 새로운 일상의 경험 '

#추진 동기 ◯

<로컬 동네 서점>

: 일상에서의
탈출을 위해 떠나는
추진 동기 상승

출처 : 한국관광공사

3C - Competitor

 # '새로운'

<이국적 풍경>

: 전에 없던 새로운 모습의
서퍼 비치

 # '로컬에서의'

SURFYY BEACH

<양양 서퍼 비치>

: 연간 80만명 방문,
MZ 세대 사이에서 인기 여행지

 # '일상 경험'

<서핑을 즐기는 사람들>

: MZ세대 사이에서 서핑 붐
→ 일상적인 취미 생활

3C - Company

 # 선정 기업

한국관광공사

MZ세대에 맞춘 새 'DMZ 여행상품'을 찾습니다
MZ세대가 꼽은 소도시 여행의 매력은?

<한국관광공사>

: MZ세대의 중요성을
인식하고 있는 관광 공기업

 # 활용 플랫폼

Odii

<오디오 가이드 앱 '오디'>

: 한국어 뿐만 아니라
영어, 일본어, 중국어로 언어 설정 가능

 # MZ세대를 겨냥하기 힘든 테마들

국립중앙박물관
서울 용산구

국립공주박물관
충청남도 공주시

<'오디'가 추천하는 여행지>

: 대부분이 박물관 또는
문화 유적지

MZ세대가 좋아할 관광 아이템?

새로운 여행지

'로컬'

문화 유적지가 아닌

'취미 활동을 즐기는 것'
"드라마"

새로운 '일상 경험'

K-드라마 IP + 로컬 관광 콘텐츠

MZ세대 주목할 만한 아이디어는?

단순히 촬영 장소 방문이 아닌, 드라마에서도 볼 수 있었던
로컬 '그 지역 만이 갖고 있는 스토리와 매력을 담은 콘텐츠'

+ 세트장 방문, 촬영장 방문 이라는 한계 극복

K-드라마 IP x 로컬 관광 콘텐츠

+

넷플릭스 X 한국관광공사 '오디'

관광공사, 넷플릭스와 손잡고 한류 여행코스 만든다

글로벌 시장을 공략할 'K-콘텐츠'

+ 저작권 문제 해결

누구나 즐길 수 있는 무료 오디오 가이드 앱
MZ세대를 공략할 수 있는 새로운 테마 필요

오딩이가 추천하는 드라마 속 로컬 여행지

: 앱 '오디'의 캐릭터로,
여행친구

제주의 매력을 재조명 한 드라마

맛나식당

해녀의 부엌 : 체험형 극장

해녀

식당

맛나식당 : 현지 맛집

우리들의
블루스

예 : <우리들의 블루스>

한라산 산책 코스 : 자연경관

한라산

뿐만 아니라,
끊임없이 생상되는 드라마
IP 활용

시장

고성 오일 시장 :
사투리, 특산물 등
제주 문화 집합소

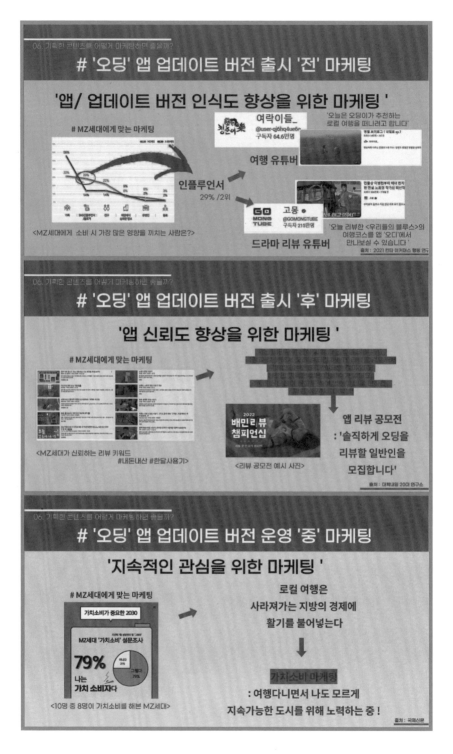

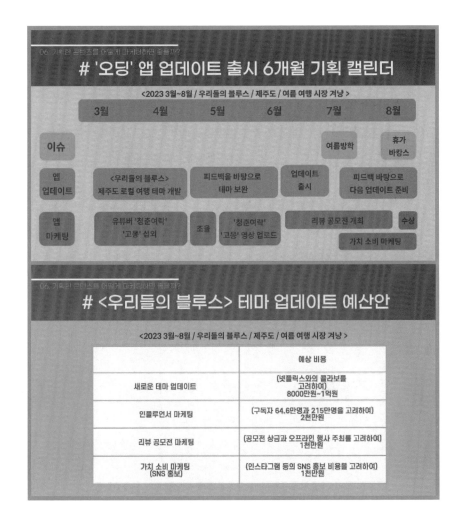

'오딩' 앱 업데이트 출시 6개월 기획 캘린더

< 2023 3월~8월 / 우리들의 블루스 / 제주도 / 여름 여행 시장 겨냥 >

| 3월 | 4월 | 5월 | 6월 | 7월 | 8월 |

이슈

여름방학 / 휴가 바캉스

앱 업데이트

| <우리들의 블루스> 제주도 로컬 여행 테마 개발 | 피드백을 바탕으로 테마 보완 | 업데이트 출시 | 피드백 바탕으로 다음 업데이트 준비 |

앱 마케팅

| 유튜버 '청춘여락' '고뭉' 섭외 | 조율 | '청춘여락' '고뭉' 영상 업로드 | 리뷰 공모전 개최 | 수상 |
가치 소비 마케팅

<우리들의 블루스> 테마 업데이트 예산안

< 2023 3월~8월 / 우리들의 블루스 / 제주도 / 여름 여행 시장 겨냥 >

	예상 비용
새로운 테마 업데이트	(넷플릭스와의 콜라보를 고려하여) 8000만원~1억원
인플루언서 마케팅	(구독자 64.6만명과 215만명을 고려하여) 2천만원
리뷰 공모전 마케팅	(공모전 상금과 오프라인 행사 주최를 고려하여) 1천만원
가치 소비 마케팅 (SNS 홍보)	(인스타그램 등의 SNS 홍보 비용을 고려하여) 1천만원

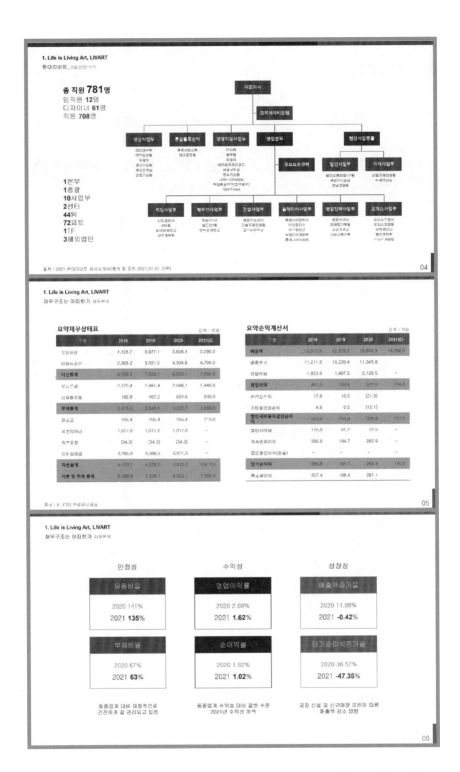

1. Life is Living Art, LIVART

현대리바트_기업현안/소개

총 직원 781명
임직원 12명
디자이너 61명
직원 708명

대표이사

크리에이티브팀

생산사업부 | 통합물류센터 | 경영지원사업부 | 영업본부 | 법인사업총괄

정보보호센터

법인사업부 | 자재사업부

리빙사업부 | 월드인사업부 | 건설사업부 | 홈테리어사업부 | 영업진략사업부 | 오피스사업부

1본부
1총괄
10사업부
2센터
44팀
72파트
1TF
3해외법인

출처 : 2021 현대리바트 임시소개서(통계 및 조직 2021.01.01.기준)

04

1. Life is Living Art, LIVART

재무구조는 어떠한가 재무분석

요약재무상태표
단위 : 억원

구분	2018	2019	2020	2021(E)
유동자산	4,425.7	3,977.1	3,638.4	3,290.0
비유동자산	2,363.2	3,551.0	4,394.8	4,700.0
자산총계	6,789.0	7,528.1	8,033.1	7,990.0
유동부채	2,122.4	2,481.4	2,588.1	2,440.0
비유동부채	192.8	467.2	634.6	640.0
부채총계	2,315.2	2,948.6	3,222.7	3,080.0
자본금	705.4	705.4	705.4	70.0
자본잉여금	1,017.0	1,017.0	1,017.0	–
자본조정	(34.3)	(34.3)	(34.3)	–
이익잉여금	3,785.0	3,389.5	3,621.0	–
자본총계	4,473.7	4,579.5	4,810.4	4,910.0
자본 및 부채 총계	6,788.9	7,528.1	8,033.1	7,990.0

출처 : K-IFRS 연결재무제표

요약손익계산서
단위 : 억원

구분	2018	2019	2020	2021(E)
매출액	13,517.0	12,375.7	13,846.3	13,788.0
매출원가	11,211.9	10,239.4	11,345.8	
판매비	1,823.0	1,897.5	2,128.5	
영업이익	481.3	238.8	372.0	224.0
순금융수익	17.9	16.5	(21.5)	
기타영업외손익	4.6	0.5	(12.1)	
법인세비용차감전순이익	503.8	255.8	338.4	219.0
법인세비용	115.0	61.2	72.5	
계속영업이익	388.8	194.7	265.9	
중단영업이익(손실)	–	–	–	–
당기순이익	388.8	194.7	265.9	140.0
총포괄이익	357.4	168.4	261.1	

05

1. Life is Living Art, LIVART

재무구조는 어떠한가 재무분석

안정성	수익성	성장성
유동비율	**영업이익률**	**매출액증가율**
2020 141%	2020 2.69%	2020 11.88%
2021 **135%**	2021 **1.62%**	2021 **-0.42%**
부채비율	**순이익률**	**당기순이익증가율**
2020 67%	2020 1.92%	2020 36.57%
2021 **63%**	2021 **1.02%**	2021 **-47.35%**
동종업계 대비 재정적으로 건전하게 잘 관리되고 있음	동종업계 수익성 대비 절반 수준 2021년 수익성 하락	공장 신설 및 신규매장 오픈에 따른 매출액 감소 영향

06

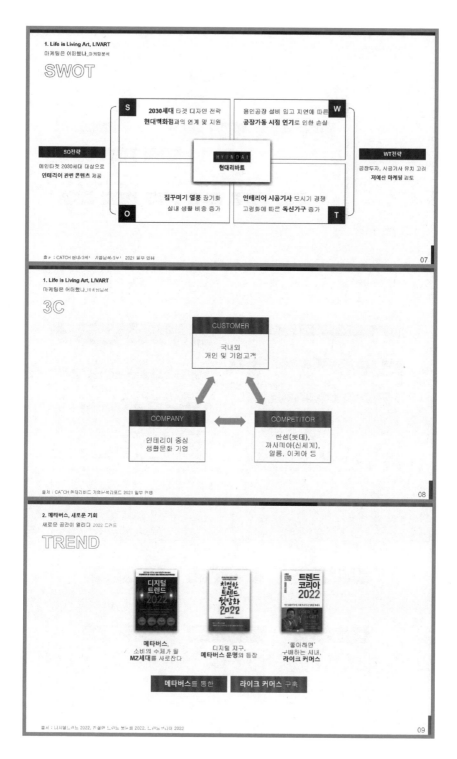

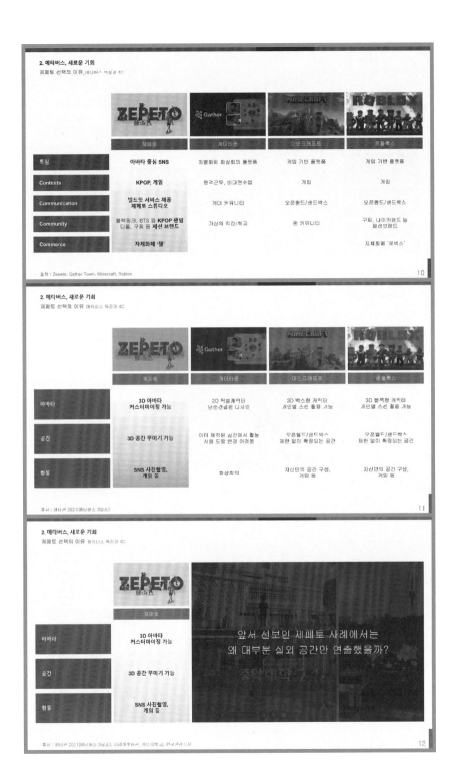

Slide 16:

3. 제페토, 리바트로 채우다
무엇을 전달할 것인가_

COMPETITOR
단순 VR, AR

LIVART
"메타버스 가구 브랜드 1위"

ZEPETO
브랜드 아이템 메타버스화

수정/발전 → 메타버스로 만나는 리바트

부족한 가구 아이템 **협력** ← 흡수/반영

출처 : 아주경제 <'메타버스' 합승하 요기… 가상공간서 버저 구매까지>, 이나스 스<<메타버스 열품 속 '제페토' 미케팅 알기 고조>

16

Slide 17:

3. 제페토, 리바트로 채우다
리바트 세계관 구축

현대리바트를 대표하는 두 캐릭터, **현대리**와 **바트**

본명: 현지원
직책: 대리
소속: 영업전략사업부

"열정이 넘치는 믿음직한 현 대리,
현대리바트 제페토점은 내가 책임진다!"

본명: 박태형, 영어이름 VART
직책: 가구 디자이너
소속: 크리에이터랩

"반짝이는 창의력으로 고객을 행복하게
세상을 풍요롭게 만드는 목수이자
디자이너"

17

Slide 18:

3. 제페토, 리바트로 채우다
리바트 세계관 구축 세부내용

현 대리
현대리바트 제페토점 관리 직원
쇼룸 관련 문의사항 담당

바트 아저씨
제페토 가구 아이템 디자인
제페토 인테리어 팀, 제작요청 반영

영상시 현대리바트 직원	현대리바트 제페토점	랄란 제페토 유저
영업직 및 가구 디자이너를 대표하는 캐릭터 실제 직원이 제페토 나 가상 인물로 활동	메타버스 세계에 오픈한 현대리바트 매장 방문 고객의 다양한 공간 경험을 가능하도록 함	빌드잇, 마이룸 등을 통해 리바트 가구 활용 가능 깔끔한 디자인의 리바트 가구를 통해 나만의 공간 연출
시즌별 쇼룸 리뉴얼 / 방문 고객 응대 / 제페토 가구 아이템 활용팁 / 가구 추가 요청 응대	쇼룸 관람 / 사진 촬영 / 시즌별 방문 이벤트 / 제페토 가구 체험 및 구매	마이룸 가구 꾸미기 / 빌드잇 공간 만들기 / 제페토 인테리어 콘테스트 등

18

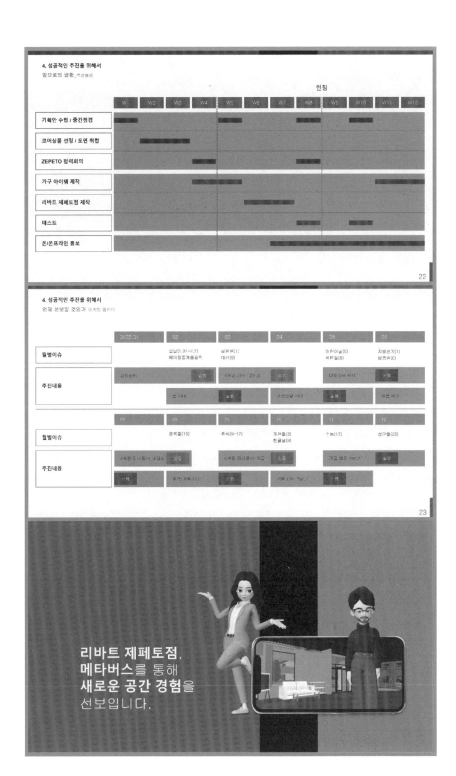

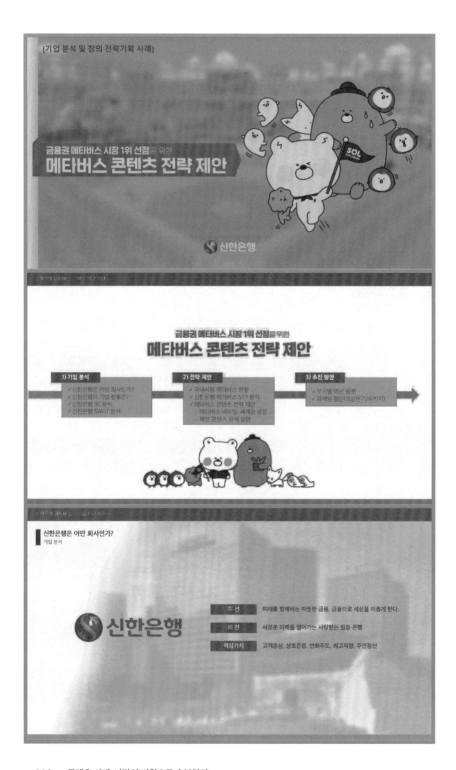

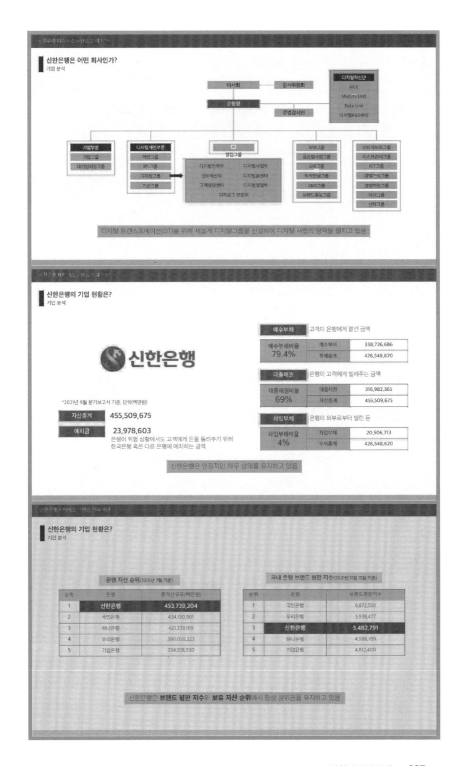

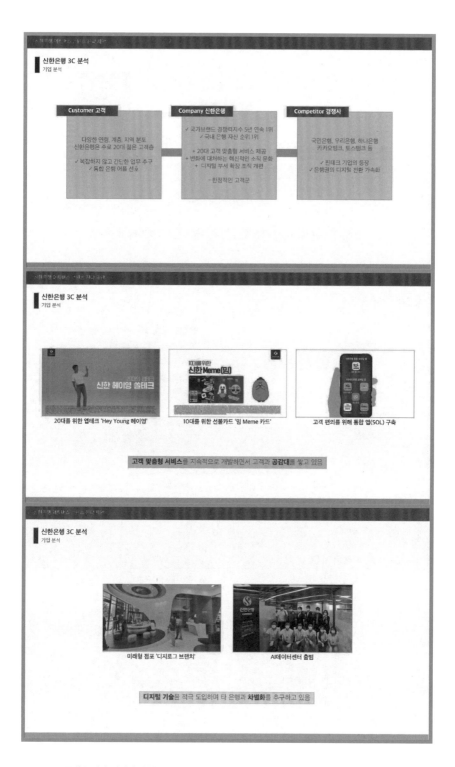

신한은행 3C 분석
기업 분석

Customer 고객

다양한 연령, 계층, 지역 분포
신한은행은 주로 20대 젊은 고객층

✓ 복잡하지 않고 간단한 업무 추구
✓ 모바일 은행 어플 선호

Company 신한은행

✓ 국가브랜드 경쟁력지수 5년 연속 1위
✓ 국내 은행 자산 순위 1위

+ 20대 고객 맞춤형 서비스 제공
+ 변화에 대처하는 혁신적인 소식 문화
+ 디지털 부서 확장 조직 개편

- 한정적인 고객군

Competitor 경쟁사

국민은행, 우리은행, 하나은행
카카오뱅크, 토스뱅크 등

✓ 핀테크 기업의 등장
✓ 은행권의 디지털 전환 가속화

신한은행 3C 분석
기업 분석

20대를 위한 앱테크 'Hey Young 헤이영'

10대를 위한 선불카드 '밈 Meme 카드'

고객 편의를 위해 통합 앱(SOL) 구축

고객 맞춤형 서비스를 지속적으로 개발하면서 고객과 **공감대**를 쌓고 있음

신한은행 3C 분석
기업 분석

미래형 점포 '디지로그 브랜치'

AI데이터센터 출범

디지털 기술은 적극 도입하며 타 은행과 **차별화**를 추구하고 있음

신한은행 SWOT 분석
기업 분석

Strength 강점

국내 4대 은행
20대가 신뢰하는 은행 브랜드
변화에 빠르게 대처하는 혁신적인 조직문화

Weakness 약점

20대 외의 타겟에겐 소구점이 약함

디지털을 활용한 신한은행 사업 확대
10대 고객 확보 전략 추진

편의성과 혜택을 무기로 등장한 핀테크 기업
타 은행들의 디지털 트랜스포메이션

Opportunity 기회

Threat 위협

강점(S)과 기회(O)를 살려 **혁신적인 조직 문화**를 바탕으로 금융 **디지털 트랜스포메이션**을 진행하여
새롭게 시작되는 **금융권 메타버스 시장**에서 선점 우위 효과를 가져와야 함

국내시장 메타버스 현황
전략 제안

신한은행, '야구팬 모여라' 한국시리즈 팬미팅 메타버스 개최

신한은행, 자체 개발로 메타버스 선점 승부수...연내 1호 영업점 나오나

현재 신한은행이 은행권 최초로 **자체 메타버스 플랫폼**을 구축중임

국내시장 메타버스 현황
전략 제안

하나은행(제페토), 또래오래(제페토), 현대자동차(마인크래프트), 롯데하이마트(동물의숲)

현재 대부분의 국내 업계들이
너도나도 메타버스에 뛰어드는 현실…

하지만,
고객을 오래 사로잡을 메타버스는
타겟 고객의 명확한 니즈를 충족시키며,
지속적인 이용을 이끌어낼 콘텐츠가 있어야 함

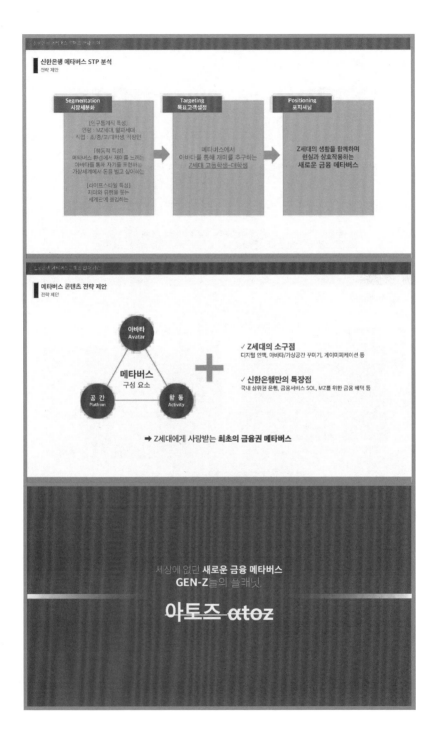

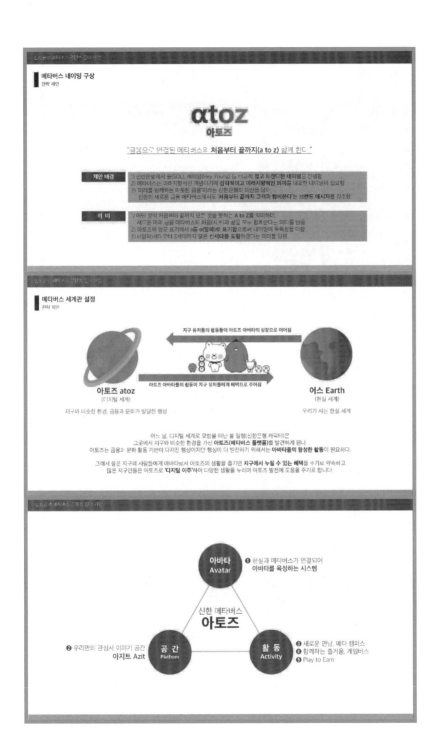

❶ 아바타 육성 시스템
전략 제안

메티버스의
아바타 육성

LEVEL UP!
육진님의 아바타가 성장했어요!
이제부터 **카페 러버**가 될 수 있답니다!

카페 이용 시 2% 추가 적립

카드 실적 10%가
아바타의 경험치로

아바타의 성장이
영역별 추가 혜택으로

현실세계의
금융활동

✓ 현실에서의 금융 생활이 아바타의 성장으로 이어진다!
신한카드 사용 실적 10%가 **아바타의 성장 경험치**로 환산

SOL 앱을 메타버스와 연동하면 매일 실적이 아바타 성장 경험치로 자동 합산
별도의 시간을 투자하지 않고도 **아바타가 자동**으로 성장하는 시스템

✓ **문화생활, 대중교통, 카페** 등 다양한 영역을 선택하고
아바타 성장에 따라 등급 상승하면 해당 영역의 **추가 혜택** 제공

ex) '카페 러버'로 아바타의 설정 후 경험치를 획득하여 아바타의 레벨이 오르면
신한은행 카드 사용시 해당 영역의 **혜택 비율(%)**이 높아짐

⬇

현실의 금융생활과 메타버스의 플레이가
상호작용하여 연결되는 시스템

---

❶ 아바타 육성 시스템
전략 제안

예상 메타버스 아바타 캐릭터 이미지

✓ **MZ세대**에게는 아바타는 또 다른 자아의 표현!
다양성 높은 캐릭터 커스터마이징 필요성 강조

2D, 3D, 캐릭터부터 인간형 등 다양한 디자인의 아바타가 존재함
MZ세대는 아바타 꾸미기를 통해 자아를 표현하고 있음

⬇

다양한 외모, 체형 설정, 의복 등을 구현하여
유저의 개성 표현의 수단이 되어야 함

---

❷ 관심사 공유 공간, 아지트
전략 제안

헬스 고민 상담소

E-스포츠 동호회

소란스러운 BTS 덕질방

✓ **우리들만의 취향 공유 공간, 아지트**
사람들이 모여 소통하고 친목을 도모하는 공간

동아리라는 개념의 본질인 '공통 관심사'에 주목하여,
같은 관심사를 가진 사람들이 모여 커뮤니티를 이룰 수 있는 공간 제공
주식 초보자 등이 공부방, 환경 걷기 모임, 소란스러운 BTS 덕질방 등

✓ **아지트 컨셉에 맞는 인테리어 기능**
이용자는 메타버스 내 포인트를 이용해 아지트를 꾸밀 수 있음
벽지, 가구 등 자유로운 배치를 통해 아지트의 정체성을 드러냄

✓ **클럽하우스의 메타버스화**
메타버스 공간에서 아바타를 움직이면서 오디오/채팅을 통해 소통
유저 간 활발한 소통의 장을 마련하여 메타버스 이용 활성화

❷ 관심사 공유 공간, 아지트
전략 제안

유서 → TYPE 1 → 호스트 / 게스트

유서 → TYPE 2 → 크루장 / 크루원

TYPE 1 : 오픈 아지트(비상설 공간)
- ✓ 가벼운 소통을 위해 개설하는 공간으로 유저 간 자유로운 출입이 가능함
- ✓ 카페 야외 테이블처럼 임시로 개설된 공간, 유저가 없어지면 사라짐

TYPE 2 : 크루 아지트(상설 공간)
- ✓ 끈끈한 연대를 위해 개설하는 공간으로 초대장으로만 출입이 가능함
- ✓ 동아리방처럼 상시 개설되어 있는 공간, 유저가 없어도 지속됨

TPYE 2 : 크루 아지트 상세 설정
아지트에서 크루원 활동 정도에 따라 아지트 등급이 올라가며,
등급이 오를수록 아지트 공간의 규모도 커짐

아지트 성장 조건 : 아지트 체류시간, 크루원의 경험치 상승 등
텐트 ➡ 원룸 ➡ 빌라 ➡ 아파트 ➡ 빌딩 ➡ 펜트하우스 순으로 공간이 커짐

✓ **아지트 등급 상승 시 혜택**
크루 출석 누적, 특정 미션 달성 시 메타버스 내 포인트 지급
아지트 공간의 넓이가 확장되고 수용 가능 인원 증가
내부 인테리어 및 가구 등 아지트 꾸미기 옵션 추가

---

❸ 새로운 만남, 메타 캠퍼스
전략 제안

한양대학교 ERICA

✓ **헤이영 캠퍼스에서 미션을 통해 포인트를 얻자**
메타버스에서 우리 학교를 마주하는 새로운 경험

신한은행과 제휴를 맺은 캠퍼스들과 협업하여 메타버스 내 캠퍼스 구현
메타버스 캠퍼스를 돌아다니며 학생들과 비대면 교류

신한은행, 숙명여대 메타버스 캠퍼스 내 간편결제 서비스 추진

신한은행은 학생들이 자유로이 이용할 메타버스 내 간편결제 서비스를 추진하
니 숙명여대는 학생들 간 전공서적·의류 중고 거래, 주변 상권 등과 연계한 서
비스를 메타버스 캠퍼스에서 구현할 수 있음이라고 밝혔다.(2021. 0.26.)

---

❹ 함께하는 즐거움, 게임버스
전략 제안

✓ **게임버스에서 새로운 사람과 만나자**
미니게임을 통해 시공간의 제약을 넘어 만남의 즐거움 경험

지하철게임, 손병호게임, 훈민정음, 라이어게임, 마피아게임 등
메타버스 내에 구현된 미니게임을 통해 랜선 관계 맺기

✓ **미니게임을 통해 아바타의 성장과 포인트 획득**
미니 게임을 통해 아바타가 경험치를 획득하고 성장함
게임의 결과에 따라 포인트를 차등 지급

마케팅 캘린더(상반기)
추진 방안

메타버스·콘텐츠·커뮤니케이션

구분	1월	2월	3월	4월	5월	6월
개발	2022년 1분기까지 개발 완료 예정 메타버스 내 서비스 및 콘텐츠 구체화 과정			2022년 2분기 중 서비스 런칭 예정 (서비스 런칭 날짜는 4월로 가정)		
이슈	신점	설날 베이징 동계 올림픽	삼일절 대통령선거	식목일, 벚꽃축제 중간고사, KBO 개막	어린이날, 성년의날 부처님오신날	현충일, 지방선거 기말고사
테마	2022년 새해 새로운 출발	전세계인들의 축제, 우리 선수 힘내라!	새로운 시작, 반가워 친구들	금융권 최초 메타버스의 등장!	대학 축제에 메타버스가 빠질 수 없지!	공부에 전념해도 알아서 성장하는 아바타
마케팅		✔신한의 메타버스 엿보기 (인스타그램/유튜브)	✔신한 메타버스로 놀러와 (TV/유튜브 CF 송출) ✔신한 메타버스 소개 (인스타그램/유튜브)	✔신한 메타버스로 놀러와 (TV/유튜브 CF 송출) ✔모프라인 캠퍼스 어택 (신한 제휴 학교에서 메타버 스 홍보 부스 운영)	✔대학 축제 부스 운영 (신한 제휴 학교 중심)	✔기말고사 응원 이벤트 ✔아바타 육성 시스템 강조
		메타버스 마맞선팅 서비스 (동계올림픽 함께 응원하기! SOL앱에서 추첨)		메타버스 내 벚꽃축제 구현 KHO 예구장 이벤트	메타버스 대학 축제 지원 힘내라 첫 정미꽃 이벤트	아바타 자랑대회 (유저 간 아바타 경쟁)

마케팅 캘린더(하반기)
추진 방안

메타버스·콘텐츠·커뮤니케이션

구분	7월	8월	9월	10월	11월	12월
개발						
이슈	제헌절 여름방학&휴가철	광복절 수능 D-100	새학기, 추석	개천절, 한글날 할로윈데이, 중간고사	빼빼로데이 2023 대학수능시험	크리스마스 겨울방학&연말
테마	메타버스에서 시원한 여름 휴가를	랜선 모임은 아지트 AZIT 에서!	한가위도 신한과 함께 해~	메타버스에서 즐기는 할로윈파티	너의 수능을 응원해!	2022년의 마무리는 메타버스에서!
마케팅	✔여름철 휴가 ✔미니게임 시스템 강조	✔아지트에서 친구 사귀자 (아지트 시스템 광고)	✔2학기역 제작 함께해 (신학기 응원 이벤트) ✔추석 이벤트 소개 (인스타그램)	✔중간고사 응원 이벤트 ✔할로윈 이벤트 소개 (인스타그램)	✔빼빼로 이벤트 소개 (인스타그램)	✔기말고사 응원 이벤트
	더룸 익재, 캐구 추가 메타버스 해수욕장 구현		할로윈을 집꾸미 (추석맞이 이벤트)	할로윈 기뷰 익재, 캐구 추가 할로윈 파티 가리 소개 빼빼로데이/이벤트	메타버스 내 GS25와 콜라보 빼빼로데이 이벤트	겨울 익재, 캐구 추가 메타버스 내 크리 트리 구현

2022 COEX 신사업 제안서

제약된 공간을 넘어 새로운 문화의 세계로,
Centa X-pace

X-pace 콘텐츠 확장 사업 제안

CONTENTS

Contents 1
-코엑스란?
-코엑스의 조직도
-코엑스의 기업방향
-코엑스 2020 재무분석
-코엑스 사업부문 현황

Contents 2
-SWOT 분석
-아이템 선정
-컨셉 추출
-액션플랜 (4P)
-캘린더

Contents 1	기업 소개

코엑스 전시컨벤션 센터

1979년 3월 개관

서울 강남구에 위치해 있으며 지상 1층부터 4층까지 총 4개의 전시장과 50개의 회의실, 편의시설과 공연장, 오피스 공간 보유

글로벌 전시회와 국제회의 개최 통한 전시 문화, 관광의 명소로 자리매김

아시아 마이스(MICE) 비즈니스의 중심

(MICE: 회의(Meeting), 포상관광(Incentives), 컨벤션(Convention), 전시회(Exhibition)의 머리글자를 딴 용어로, 전시·박람회 산업을 폭넓게 뜻함)

Contents 1 조직도

대표이사

홍보CS팀

총괄전무

감사
감사실

전시사업본부
육성전시1팀
육성전시2팀
육성전시3팀
해외전시팀

베뉴사업본부
베뉴마케팅팀
컨벤션팀
공간사업팀
CECO사업단

경영지원실
미래전략팀
전시장임대팀

Contents 1 기업방향

MICE 산업을 선도(先導)하는 글로벌리더

도전
코엑스의 시작이자 혁신 가치

성과
목표달성의 지향

신뢰
차별화된 전문 서비스

성장
내실의 성장

Contents 1 재무분석

요약 재무상태표 　　　　　　　　　　단위:백만원

구분	2018	2019	2020
유동자산	27,454	41,036	15,029
비유동자산	17,368	19,612	19,068
자산총계	44,822	60,648	34,097
유동부채	21,380	85,743	19,231
비유동부채	1,189	1,300	1,379
부채총계	22,569	37,043	20,610
지본금	7,000	7,000	7,000
자본총계	22,253	23,605	13,486

요약 손익계산서 　　　　　　　　　　단위:백만원

구분	2018	2019	2020
매출액	87,692	86,454	30,779
매출총이익	7,109	7,798	-4,246
영업이익	2,874	3,841	-8,088
영업외수익	1,806	1,307	812
영업외비용	29	19	16
법인세차감전이익	4,651	5,129	7,292
법인세비용	1,080	1,187	306
당기순이익	3,572	3,942	-7,599

요약 현금흐름분석 　　　　　　　　　　단위:백만원

구분	2018	2019	2020
현금영업이익	5,720	10,667	-7,684
감상활동후익현금흐름	1,696	4,485	-9,662
투자활동후익현금흐름	6,820	3,747	-11,088

재무비율

구분	2018	2019	2020
총사산증가율	1.22	35.31	-43.78
매출여자산증가율	25.74	-1.41	-64.4
순이익증가율	279.67	10.38	-
영업이익률	3.78	4.44	-76.78
부채비율	101.42	156.93	152.83
총자본회전율	1.97	1.64	0.65

부채비율(안정성): 적자임에도 불구하고 2019년과 크게 변동 없음
총자본회전율(효율성): 매출 타격 + 전시업계 돕는 조치(취소된 전시회 위약금 60% 면제, 예정된 행사 임대료 70% 면제)

-> **위기에도 다시 일어날 수 있는 가능성을 지닌 기업**
-> **기업가치를 실현할 줄 아는 기업**

| Contents 1 | 사업 부문(1) |

MICE 사업 ▼

전시 주최
-관광/레저/생활용품,
-농임/축산/식품,
-교육/문화/기타,
-IT/기계/에너지 분야

전시 컨벤션 위탁운영
-청원컨벤션센터 (CECO)
-베트남 빈증 전시컨벤션센터
 (WTC Binh Duong New City Expo)

전시.행사/ 국제회의 대행
-전시, 이벤트, 축제, 공연 등의 행사 용역 대행 서비스
-국제회의 유치부터 운영, 관리까지 토탈 서비스 업무 수행

컨설팅 사업
-공간 컨설팅
-로케이션 컨설팅
-MICE 사업 컨설팅

| Contents 1 | 사업 부문(2) |

캐릭터/라이선싱 사업 ▼

스토리:
코코, 롱코, 힙코, 옥코, 편코, 문코는 **머나먼 우주의 센타우리행성으로부터 코엑스에 불시착한 외계인 친구들**이에요. 고장난 우주선을 고치기 위해서는 넓디넓은 코엑스에서 필요한 부품을 찾아야 합니다. 그래서 오늘도 리더 코코와 친구들은 그리다 만 지도를 손에 든 채 코엑스를 이리저리 돌아다니고 있답니다. 재미나고 다양한 것들이 넘쳐나는 코엑스에서 코코와 친구들에게 오늘은 어떤 일이 생길까요?

| Contents 1 | 사업 현황 |

XPACE ▼

디지털미디어 플랫폼

2020년 신사업으로, 코엑스 로비에 런칭한 국내 최초 상업광고 플랫폼

행사 개최 과정에서 배출되는 현판, 현수막 배너 등의 폐기물 대체하는 친환경적 MICE 공간 제공

Contents 2	SWOT 분석

- 글로벌 도시 서울의 이미지 활용 가능
- **편리한 접근성**
- 월등한 부대시설 및 편의시설 (호텔, 코엑스몰, 레스토랑, 주차장 등)
- **풍부한 경험과 높은 전문성의 조직** (20년 간의 전시, 국제 이벤트 개최 경험)

- 작은 규모로 인한 국제 행사 개최 실패, 대형 중량물 전시 어려움
- 고질적인 교통 체증
- **대면 사업의 제약**
- **전시컨벤션센터로서의 브랜딩 부족**

S W

O T

- 유동인구가 상당히 많음
- **높은 인지도**
- 일반인들이 관심을 많이 갖는 분야의 행사가 자주 개최됨
- 6개의 국제전시협회로부터의 인증
- **세계 MICE 산업의 성장가능성** (상위 10개 기업이 차지한 점유율 20% 정도)
- **K-contents 주목 추세**

- 지자체 간 전시회 및 회의 유치경쟁 심화
- 중소 도시의 대형전시장 건설 증가
- **코로나19로 인한 비대면 활동**

Contents 2	아이템 선정

WO전략: 국내 대표 전시컨벤션 기업이라는 인지도를 통한 메타버스 전시컨벤션 플랫폼

CENTA-XPACE

Contents 2	아이템 선정

WO전략: 국내 대표 전시컨벤션 기업이라는 인지도를 통한 메타버스 전시컨벤션 플랫폼

CENTA-XPACE

단순 홍보미디어로 쓰이는 XPACE를 확장.
메타버스를 통한 COEX의 새로운 컨벤션 SPACE를 제공

팬데믹 장기화에 대응

메타버스 사업에 진출로 콘텐츠 확장

코엑스 캐릭터 스토리 활용함으로써 세계관 확장(센타우리행성)

단순 온라인 컨벤션보다 더욱 생생한 비대면 컨벤션 제공

풍부하고 다양한 고객가치 제공

전시 컨벤션으로서의 코엑스의 혁신적 브랜딩 제고

Contents 2   액션 플랜

대표이사

Mission: 메타버스에서의 코엑스 구현
1. 코엑스 공간 구현 (공간 그래픽 NFT)
2. 메타버스 플랫폼 선정 (입점/자체 플랫폼, 고정/유동)
3. 온라인 전시 아이템 선정 (코엑스 앵콜전시/새 기획)
4. 메타버스 국제 이벤트 기획. 유치

홍보CS팀

메타버스 플랫폼 선정 후
홍보 마케팅

총괄전무

감사

감사실

전시사업본부

온라인 전시 아이템 선정
(코엑스 앵콜전시/새 기획)

베뉴사업본부

코엑스 공간 구현
(공간 그래픽 NFT)

경영지원실

미래전략팀

전시장임대팀

메타버스 국제 이벤트 기획. 유치

Contents 2   2022 상반기 마케팅 캘린더

구분		1	2	3	4	5	6
이슈		신년, 팬데믹 장기화		입학, 대통령선거	봄	가정의 달	전국동시지방선거, 제43회 국제환경 산업기술&그린에너지전
주제		신년, 코엑스 신사업(X-pace) 소개		시작	문화생활	가족과의 문화생활	AR XPACE
4C	콘텐츠	코코 캐릭터 스토리&세계관 강화	코코 캐릭터 스토리&세계관 강화	입학 박람회,	아트 전시회/박람회, 3D 그래픽 디자인 전시	어린이용 박람회, 체험관	, 제43회 국제환경 산업기술&그린에너지전
	커뮤니케이션	코엑스몰, 전시컨벤션컨텐츠 이용, SNS	코엑스몰, 전시컨벤션컨텐츠 이용, SNS	CENTA-XPACE 통한 온라인 참여	CENTA-XPACE	CENTA-XPACE와 COEX 연계	코엑스 전시관, CENTA-XPACE
	커뮤니티	컨벤션 참여자, 관람객	컨벤션 참여자, 관람객	관람객	관람객, 전시작가	관람객, 관람객	오프라인 관람객과 플랫폼 이용자
	커머스	상품판매, 콜라보	상품판매, 콜라보	가상경제	상품판매, NFT 거래 (가상경제)	체험비, 입장비, NFT 거래 ...	입장비

메타버스로 전시컨벤션의 한계를 넘다, CENTA-XPACE

Dear my —
TOMBOY

○ 01. 기업소개 ㅣ위기에 빛난 신세계인터내셔날   1

**신세계
인터내셔날**

소개 패션, 뷰티, 리빙 등의 영역에서
제품 및 서비스를 제공하는 국내 대표 라이프스타일 기업

비전 언제 어디서든 고객에게 최고의 감동과 행복을 주는 라이프 파트너

핵심가치 Customer, Brand, Creativity, Talent, Partnership

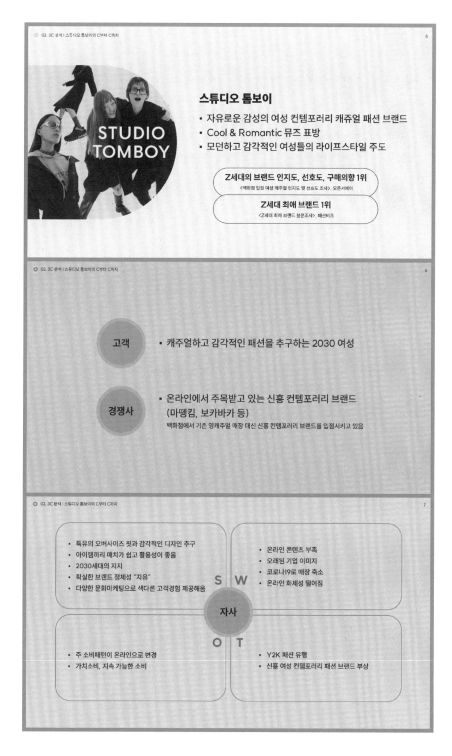

스튜디오 톰보이

- 자유로운 감성의 여성 컨템포러리 캐쥬얼 패션 브랜드
- Cool & Romantic 뮤즈 표방
- 모던하고 감각적인 여성들의 라이프스타일 주도

Z세대의 브랜드 인지도, 선호도, 구매의향 1위
〈백화점 입점 여성 캐주얼 인지도 및 선호도 조사〉, 오픈서베이

Z세대 최애 브랜드 1위
〈Z세대 최애 브랜드 설문조사〉, 패션비즈

고객
- 캐주얼하고 감각적인 패션을 추구하는 2030 여성

경쟁사
- 온라인에서 주목받고 있는 신흥 컨템포러리 브랜드 (마뗑킴, 보카바카 등)
  백화점에서 기존 영캐주얼 매장 대신 신흥 컨템포러리 브랜드를 입점시키고 있음

S
- 특유의 오버사이즈 핏과 감각적인 디자인 추구
- 아이템끼리 매치가 쉽고 활용성이 좋음
- 2030세대의 지지
- 확실한 브랜드 정체성 "자유"
- 다양한 문화마케팅으로 색다른 고객경험 제공해옴

W
- 온라인 콘텐츠 부족
- 오래된 기업 이미지
- 코로나19로 매장 축소
- 온라인 화제성 떨어짐

자사

O
- 주 소비패턴이 온라인으로 변경
- 가치소비, 지속 가능한 소비

T
- Y2K 패션 유행
- 신흥 여성 컨템포러리 패션 브랜드 부상

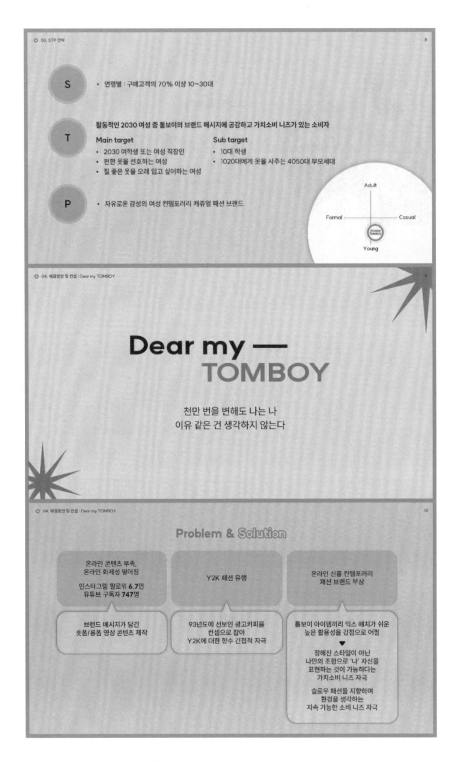

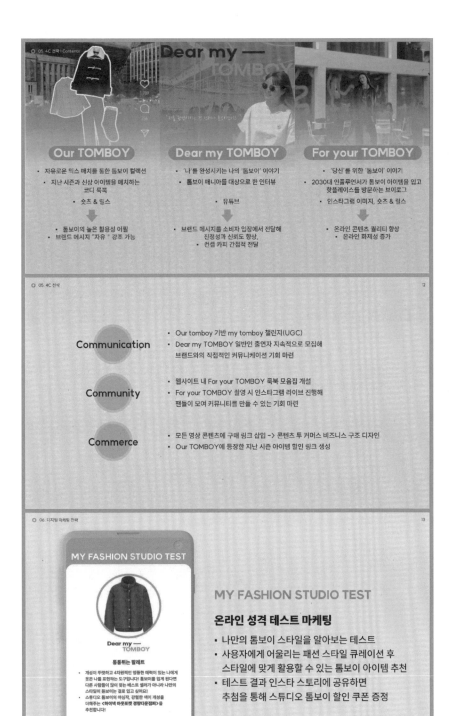

Dear my —
TOMBOY 2023 액션플랜

구분	1	2	3	4	5	6
이슈	신학기 프로모션, 연말정산	졸업, 발렌타인데이	S/S 패션위크, 입학	지구의 날	입하, 대학 축제 시즌	환경의 날
주제	Our TOMBOY	For your TOMBOY	Get Ready with TOMBOY	Dear my TOMBOY, 지속 가능한 소비	Our TOMBOY	환경
콘텐츠	신학기 추천룩 영상	발렌타인데이 핫플 방문 영상	톰보이와 함께 준비하는 패션위크 현장이 담긴 영상 (패션 유튜버와 협업)	톰보이로 지속 가능한 소비를 경험했던 사람 인터뷰 영상	여름철 추천룩 영상 (대학생 유튜버와 콜라보)	한강 플로깅 챌린지 (숏폼)
커뮤니케이션			실시간 라이브	유튜브 댓글		챌린지 SNS 업로드
커뮤니티	룩북 업로드					
커머스	구매 링크 삽입	핫플과 콜라보 제품 런칭				

Dear my —
TOMBOY 2023 액션플랜

구분	7	8	9	10	11	12
이슈	여름휴가	광복절	개강	F/W 패션위크	입동, 수능, 블랙프라이데이	크리스마스
주제	For your TOMBOY	광복절	Our TOMBOY	Get Ready with TOMBOY	Dear my TOMBOY	For your TOMBOY
콘텐츠	여름휴가지 핫플 방문 영상	SNS에 광복 기념글 포스팅	개강룩 추천 영상 (숏츠&릴스 업로드)	톰보이와 함께 준비하는 패션위크 현장이 담긴 영상 (패션 유튜버와 협업)	톰보이와 함께했던 지난 1년을 담은 인터뷰 영상	크리스마스 핫플 방문 영상
커뮤니케이션				실시간 라이브	유튜브 댓글	
커뮤니티						
커머스	핫플과 콜라보 제품 런칭		구매 링크 삽입		블랙프라이데이 할인	핫플과 콜라보 제품 런칭

콘텐츠기획 가이드북

**콘텐츠 시대,
나만의 기획으로 승부하라**

지은이   노동형
발행일   2023년 4월 27일
펴낸이   양근모
펴낸곳   도서출판 청년정신
출판등록 1997년 12월 26일 제 10-1531호
주 소   경기도 파주시 문발로 115 세종출판벤처타운 408호
전 화   031) 955-4923 팩스 031) 624-6928
이메일   pricker@empas.com
ISBN   978-89-5861-231-5 (13320)